삼봉 공부법

삼봉 공부법

발행일	2020년 3월 31일			
지은이	김유환			
펴낸이	손형국			
펴낸곳	(주)북랩			
편집인	선일영	편집	강대건, 최예은, 최승헌, 김경무, 이예지	
디자인	이현수, 한수희, 김민하, 김윤주, 허지혜	제작	박기성, 황동현, 구성우, 장홍석	
마케팅	김회란, 박진관, 조하라, 장은별			
출판등록	2004. 12. 1(제2012-000051호)			
주소	서울특별시 금천구 가산디지털 1로 168, 우림라이온스밸리 B동 B113~114호, C동 B101호			
홈페이지	www.book.co.kr			
전화번호	(02)2026-5777		팩스	(02)2026-5747

ISBN   979-11-6539-136-2 03370 (종이책)   979-11-6539-137-9 05370 (전자책)

이 도서의 국립중앙도서관 출판예정도서목록(CIP)은 서지정보유통지원시스템 홈페이지(http://seoji.nl.go.kr)와
국가자료공동목록시스템(http://www.nl.go.kr/kolisnet)에서 이용하실 수 있습니다.
(CIP제어번호: 2020013172)

한 과목씩 공략해서 반드시 이기는 합격의 기술

삼봉 공부법

김유환 지음

기본기 없이 단기에 합격한 이들의 공부법을
공무원 수험생의 멘토 삼봉쌤이 공개한다!

could
should
must

북랩 book Lab

머리말

공부 방법에 관한 원고를 준비하면서 공부법에 관한 책을 많이 보게 되었다. 저자는 두 종류이다. 공부에 본인이 성과를 낸 저자와 본인의 학력조차 밝히지 않고 공부에 성과를 낸 적이 없는 저자이다. 저자 본인이 공부에 성과를 내지 못한 경우 어떻게 공부를 잘하는 노하우를 알고 있는지 의문이다. 한편, 공부에 성과를 냈던 저자의 경우 잠을 3~4시간밖에 자지 않고 엉덩이의 힘으로 성과를 냈다는 저자가 대부분이다. 그건 공부 방법이 아니다. 누구나 열심히, 오래 공부하면 웬만한 성적은 나오기 마련이다.

공부 방법은 같은 정도의 노력을 하더라도 성과가 있어야 의미가 있다. 그리고 실천하는 것이 어렵지 않아야 현실적이다. 잠을 거의 자지 않는다든지 하는 신체적 한계, 돈이 많이 든다는 경제적 한계, 심리적 한계가 없어야 좋은 공부법이라 할 수 있다.

그런 면에서 삼봉 공부법은 공부 습관만 바꾸면 되는 아주 실천하기 쉬운 공부법이라 할 수 있다. 잠도 충분히 자고, 여행이나 연애도 즐기면서 공부해도 성과가 나는 효율적인 공부법이다. 공부 방법만 바꾸면 성과가 단기간에 나타나기 때문에 경제적인 공부법이기도 하다. 지금은 개천에서 용이 나지 않는 시대라고 한다. 그러나 삼봉 공부법은 개천에서 용을 만들어 낼 수 있는 방법이다. 경제적으로 어려운 친구라 하더라도 교과서와 자습서 살 정도만 되면 원하는 대학에 진학하고, 고시에도 합격할 수 있다.

이 책은 첫째, 검증된 공부 방법이라는 점을 강조하고 싶다. 조선 시대부터 인정해도 600년이나 되는 기간 동안 우리 선조들이 해 왔던 공부 방법이다. 일제강점기가 초래한 부정적인 역사적 유산은 비단 물질적인 것만이 아니다. 우리의 소중한 문화유산과 함께 공부 방법에 관한 학문적 관습도 단절시키고 말았다. 삼봉 공부법은 단절된 역사를 잇는다는 의미도 함께 포함하고 있다.

둘째, 이 책은 고시가에 전해 내려오는 공부 비법을 일반에 소개하는 최초의 것이다. 대부분의 공부법은 고시 수험가의 공부법과 전혀 무관한 저자들의 책들이다. 그래서 한때 고시생으로서 고시 공부를 하고 합격한 경험자로서 그 노하우를 사장시키지 않고 일반

국민들에게 소개하는 것이 필요하다고 생각했다. 형식적으로 고시는 거의 없어졌다. 외무고시를 필두로 행정고시, 사법시험 모두 역사의 뒤안길로 사라졌다. 그래서 신림동 고시 수험가에서도 고시생들이 그전에 공부하던 방법이 단절되면서 퇴행하는 현상을 보이고 있다. 이 책은 사라져 가는 고시가의 공부법을 정리한다는 의미가 있다.

셋째, 이 책은 심리학, 인지심리학, 뇌과학, 발달심리학, 교육학, 교육심리학, 유아교육학 등에 관한 이론과 내가 수험생으로 겪은 경험, 신림동과 노량진에서 고시생과 공무원 수험생들을 지도하면서 얻은 노하우가 종합된 책이다. 단순한 이론서도 아니고, 이론적 근거 없이 직관에만 의존한 책도 아니다. 양자를 종합적으로 정리한 실용적이고 실전적인 책이 될 것이다.

넷째, 이 책은 공부에 관한 이론부터 구체적인 공부 방법, 스트레스 관리나 이성 교제 등 생활과 관련되는 쟁점들, 과목별 공부 방법 등 공부 방법에 관한 쟁점을 망라해서 종합적으로 정리한 이른바 공부에 관한 핵심정리집의 성격을 갖는다. 더 이상 다른 책을 보지 않아도 이 책 한 권이면 공부 방법에 관한 나름의 결론을 도출할 수 있게 될 것이다.

신림동과 노량진에서 강의를 하며 가장 안타까웠던 것은 경제적 능력이 없어서 수험을 포기하는 학생들을 보는 것이었다. 노량진에서 강의를 할 때는 몇 명에게 장학금을 주기도 했지만 그것이 문제를 해결하는 길이 아님은 자명했다. 이 책은 경제적인 어려움에 처한 학생들에게 바치는 책이다. 경제적으로 어려워서 과외는커녕 학원 강의도 제대로 수강하지 못하고 공부를 포기하기 직전에 몰린 학생들에게 주는 선물이다. 이 책에서 제시한 방법으로 공부를 하면 경제적 어려움과 관계없이 원하는 성과를 얻을 수 있을 것이라 확신한다.

원고를 보기 좋게 편집하고 꼼꼼하게 교정을 보아 준 북랩 출판사 여러분에게 고마움을 전한다.

이 책은 내가 경제적으로 어려움에 처했을 때 평생 독자가 되어서 후원해 준 여러분들의 도움이 없었더라면 나오지 못했을 책이다. 평생 독자는 친척들, 고향 친구들, 대학 동기 선후배, 고시 동기들, 공직 생활에서 인연이 된 국방부 재직자들, 노량진에서 강의할 때 인연이 된 소중한 제자들, 개포도서관에서 만나 20년 넘게 인연을 이어 가고 있는 형님들 등 다양하다. 여기에 소중한 이름을 적어서 밝힌다. 이름을 밝히지 않고 성원한 분도 몇 분 있다. 그 은혜는 평생 잊지 않겠다. 그리고 더 좋은 책을 만들어 선물하는 것이 보답이고 내 의무라고 생각한다. 진심으로 감사를 전한다.

 강명화, 강병길, 강현식, 고장혁, 구헌상, 김광연, 김록훈, 김미숙, 김부철, 김성호, 김영규, 김영환, 김일남, 김재원, 김정미, 김현수, 남광희, 남한샘, 박경희, 박성옥, 박연숙, 박종인, 박준홍, 배호길, 서병근, 서상덕, 송경진, 신국주, 심은섭, 염경아, 오지연, 우수진, 이경진, 이명복, 이명석, 이상백, 이용찬, 이재혁, 이호용, 임상민, 임재근, 장영기, 장종운, 전영석, 전주희, 정연경, 정영학, 정진교, 조규상, 조원아, 조은종, 조현근, 차봉수, 최문길, 최철우, 허준, 홍종우, 홍지연.

2020년 3월
김유환

목차

Part 03 삼봉 공부법, 어떻게 할까?

Part 04 과목별 공부 방법

삼봉 공부법이란?

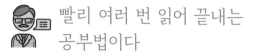

빨리 여러 번 읽어 끝내는 공부법이다

공부 방법은 수능 공부법, 고시 공부법, 삼봉 공부법으로 대별할 수 있다.

∷ 수능 공부법

이는 대학 입시인 수능 시험과 공무원 시험을 준비하는 수험생들의 보편화된 공부 방법이다. 아니, 아직 대입 시험을 준비하지 않는 초등학교·중학교·고등학교 학생들 모두가 공부하는 가장 보편화된 공부 방법이다. 이 방법은 누구나 알고 있겠지만 하루에 시간을 배분해서 여러 과목을 동시에 공부하는 방법이다.

이 방법의 장점으로는 대부분이 이렇게 공부하기 때문에 공부 방법에 대한 의심이나 갈등이 없다는 점, 하루에 여러 과목을 모두 공부했다는 데에서 오는 만족감이나 안도감을 느끼게 된다는 점, 같은 내용만 계속 반복하는 데서 오는 지루함이나 지겨움이 없다는 점 등을 들 수 있다.

반면에 이 방법의 치명적인 단점은 외우는 속도와 망각하는 속도가 비례한다는 점이다. 즉, 공부한 내용이 장기 기억으로 저장되지 않고 단기 기억 속에서 끊임없이 사라진다는 점이다. 뒤에서 자세하게 살펴보겠지만 눈이든 귀로든 어떤 정보가 입력될 때 일단 단기 기억 장치로 들어가게 된다. 여기서 단기 기억 장치를 관장하는 기관인 해마가 이 정보를 단기 기억 장치에서 소멸시킬지 장기 기억 장치로 보내 저장할지를 결정하게 되는데, 그 판단 기준은 정보가 반복해서 입력되는지 여부이다. 즉, 영어 단어나 문장이 계속 반복적으로 입력되면 영어에 관한 정보 모두를 해마가 중요하다고 판단하게 됨으로써 장기 기억 장치로 저장하게 되는 것이다. 그런데 영어 공부를 두 시간 하다가 수학 공부를 두 시간 하고 국어 공부를 두 시간 하게 되면 중요한 정보인지 아닌지 해마가 헷갈리게 된다. 영어에 관한 정보가 중요한지 아닌지 고민하고 있는데 다른 이질적인 정보가 들어오게 되면 영어에 관한 정보를 중요하지 않다고 판단하게 되는 것이다. 이런 식으로 그날 공부한 내용들이 장기 기억으로 저장되지 못하고 소멸되고 만다. 밑 빠진 독에 물 붓기식 공부인 셈이다.

한편, 대뇌는 좌뇌와 우뇌로 나뉘어 있다. 좌뇌와 우뇌도 각 부위에 따라 각각 담당하고 있는 기능이 다르다. 예를 들어 언어에 관한 공부를 할 때 좌뇌에서 언어를 담당하는 조직인 베르니케 영역과 브로카 영역이 활성화된다. 그래서 한참 가속도가 붙어 뇌 기능이 활성화되어 있는 상태인데, 갑자기 수학 공부를 하게 되면 관련 뇌 조직이 활성화되는 데 시간이 필요하게 된다. 뇌에도 관성의 법칙이 적용되는 것이다. 서울에서 부산까지 자동차 경주를 한다고 가정하자. A는 출발해서 가속도가 붙어 시속 110㎞의 속도로 계속 달리는데, B는 가속도가 붙을 즈음 휴게소에 들러 다른 차로 갈아타고 다시 달린다고 가정하자. 누가 부산에 더 빨리 도착할 것인가? 수능 공부 방법은 가속도가 붙은 차의 속도를 죽이면서 달려가는 꼴이라고 생각하면 된다.

이 방법을 옹호하는 친구들은 매일 조금이라도 공부하지 않으면 감이 떨어지게 될 것을 걱정한다. 더군다나 국어와 영어 같은 어학 과목은 매일 조금씩이라도 해야 감을 유지하게 된다는 것이다. 얼핏 들으면 그럴듯해 보인다. 하지만 이는 달리 말하면 매일 공부하지 않으면 감이 유지되지 않는 비효율적인 방법이라는 실토에 다름 아니다. 매일 공부해도 그 감이 하루밖에 가지 않는 방법이라는 말이다. 사할린 교포나 중국 교포, 재미 교포, 재일 교포, 러시아 교포를 생각해보자. 조국을 떠난 지 몇 십 년이 지났는데 아직도 한국말을 유창하게 사용하고 「아리랑」이라는 노래도 유창하게 부른다. 어학이라는 것이 입에 밸 정도로 익혀 두면 몇십 년간 유지된다는 증거가 아닌가.

스포츠 선수들의 예를 들어 보자. '숯도사'라는 별명을 가진 이충희 농구 선수가 현역 선수에서 은퇴한 후 몇 년 만에 고려대와 연세대 출신 농구 선수들의 OB전에 참가한 적이 있다. 경기장에서 직접 눈으로 확인했는데, 은퇴 후 오랜 공백이 있었음에도 슛 감각이 그대로 유지되고 있었다는 사실에 경악을 금치 못했다. 3점 슛 성공률도 거의 90% 이상이었다. 당장 현역 선수로 뛰어도 될 정도의 감각과 기량이 유지된 것이다. 프로 야구에서 국보급 투수라고 평가되는 선동렬 선수도 은퇴 후 올스타전에서 경기를 한 적이 있다. 이 경기는 직접 보지는 못하고 나중에 기사로만 확인했는데, 역시 오랜 공백에도 불구하고 공의 빠르기나 제구력이 현역 시절 못지않았다는 평가이다. 제대로 된 감은 이처럼 오랜 공백이 있더라도 사라지지 않고 유지되는 법이다.

매일 여러 과목을 공부한다는 것은 현실적으로도 불가능한 얘기이다. 예를 들어 하루에 한국사, 영어, 국어, 수학을 골고루 공부했다고 하자. 그런데 한국사는 한 부분으로 된 것이 아니라 고대사, 중세사, 근대사, 현대사로 나뉘어 있다. 오늘 삼국시대에 관해 공부했다고 가정해 보자. 그럼 한국사에 대한 감이 유지되는가? 위의 논리라면 이런 질문이 가능할 것이다. "너 오늘 한국사 공부했어?" "당연히 공부했지" "그럼 어디를 공부했는데?" "삼국시대" "너 큰일이다. 삼국시대만 공부하면 어떻게 해? 그럼 고려시대, 조선시대는 어떻게 하고?" "아뿔싸! 큰일이네? 고려시대, 조선시대에 대한 감을 유지하지 못했네?" 그렇다면 한국사에 대한 감을 유지하려면 한국사 전 범위를 하루에 다 공부해야 한다는 말인데, 그게 현실적으로 가능한가?

영어도 마찬가지다. 오늘 동명사에 관해 공부했다고 했을 때 그렇다면 부정사, 분사, 명사, 형용사, 부사, 절, 가정법의 감은 어떻게 유지할 것인가? 수학도 오늘 미분을 공부했다면 적분, 확률, 통계, 집합, 함수, 인수분해는 도대체 어떻게 할 것인가? 그렇다면 전 과목의 전 범위를 매일 공부해야 감이 유지된다는 것인데, 이런 독서 능력을 가진 수험생이 현실적으로 존재한단 말인가? 만일 존재한다면 그런 수험생은 공부 방법에 대해 전혀 고민할 필요가 없다. 매일 전 과목의 전 범위를 읽어 낼 정도의 독서 능력이라면 그냥 그렇게 공부하기만 해도 당연히 전 과목 만점을 받는 것은 일도 아닐 것이다.

결론적으로 수능 공부법은 값싸고 일시적인 위안과 만족감만 안겨주는 가장 비효율적인 공부 방법이다.

:: 고시 공부법

고시 공부법은 동시에 여러 과목을 공부하지 않고 한 과목에 대한 교과서를 1회독한 후 다른 과목으로 전환하는 방법이다. 한 과목의 기본서를 선정해서 그 책을 다 읽기 전에는 다른 과목을 전혀 공부하지 않고 오로지 그 한 과목의 책만 계속 읽는 공부법이다. 전에 고시 공부하는 수험생들이 보편적으로 사용한 공부법이다.

일단 이 방법은 수능 공부법보다는 효율적이다. 한 과목은 목차별로 주제가 나뉘어 있기 때문에 일견 서로 무관한 것 같지만, 전체적인 체계하에 부분들이 연결되어 있다. 수능 공부법은 각 과목의 일부만 나눠서 공부하기 때문에 한 과목의 특성이나 체계에 대한 감을 잡기가 쉽지 않다. 과목의 체계나 특성을 파악한 후 부분을 읽을 때 이해가 쉬운 법이다. 그래서 처음 공부할 때는 무조건 통독을 해야 한다. 발췌독은 공부가 완성된 후에 취약한 부분만 골라서 읽을 때 도움이 되는 독서법이다. 흔한 말로 숲은 보지 않고 나무만 보아서는 숲의 생태계를 파악할 수가 없다. 고시 공부법은 통독의 장점을 잘 살린 공부법이기 때문에 수능 공부법보다는 낫다고 할 수 있다.

그러나 이 방법의 취약점은 양이 많은 과목의 경우 1회독만으로는 기억에 남는 부분이 많지 않다는 점이다. 물론 암기력이 뛰어나서 1천 페이지를 한 번 보고 다 외울 수 있는 수험생이라면 이 방법도 괜찮다. 그러나 그런 수험생이 얼마나 되겠는가? 평균적인 고시생은 한 과목을 정복하는 데 드는 회독 수를 7회독으로 보고 있다. 분량이 많고 암기력이 특별하지 않은 수험생이 고시 공부법으로 공부를 하면 몇 달 후 다시 그 책을 읽을 때 마치 처음 읽는 것처럼 낯설다는 느낌을 받게 된다.

민법은 말이 한 과목이지 실제로는 민법총칙, 물권법, 채권총론, 채권각론, 친족상속법 등 5권으로 되어 있다. 한 교수의 책만 거의

5천 페이지에 다다르고, 1회독 하는 데만 두 달 가까이 걸린다. 3회독 하면 6개월이다. 그런데 다른 교수가 쓴 참고서까지 해서 3권을 읽어야 하기 때문에 1회독에만 15,000페이지라는 분량을 소화해야 한다. 그래서 전에 사법 시험을 준비하는 수험생들은 민법 공부에만 1년의 절반인 6개월을 투자하고, 나머지 과목인 형법, 헌법, 국제사법, 한국사, 세계사, 외국어, 경제학 등 7과목을 6개월에 나눠서 공부한 것이다. 민법이라는 방대한 과목을 1회독하면서 앞부분의 기억이 점점 사라지는 것을 느끼게 된다. 민법총칙 뒷부분을 읽을 때 민법총칙 앞부분이 서서히 사라져 가고, 물권법에 진입하면 민법총칙이 완전히 사라지는 식이다. 민법은 아주 방대한 분량이지만 이 모든 것이 유기적으로 연결된 정교한 체계이다. 이 모든 지식이 동시에 머리에 저장되어야 비로소 이해가 가능한 과목이다. 파편화된 지식으로는 도저히 민법을 정복할 수 없다. 이런 식으로 다른 과목을 1회독하고 난 몇 달 후에 다시 민법을 읽게 될 때 남아 있는 게 거의 없다는 좌절감을 맛보게 된다.

대학 재학 중에 법대 동기가 영어 때문에 상담을 요청해 왔다. 사법시험 영어 점수가 50점밖에 안 나온다는 것이다. 내게 고등학교 때 영어를 어떻게 공부했느냐고 물어서『성문 종합 영어』랑『베스트 영어』중심으로 했다고 하자, 그 친구가 자기도『성문 종합 영어』로 공부했다는 것이다. 대학에 들어올 때는 둘 다 영어 만점을 받고 들어왔는데, 대학에 와서 그 친구는 매일 3시간씩 영어 공부를 하고 나는 전혀 공부를 하지 않는데도 차이가 벌어진 이유를 궁금해한 것이다. 그래서 고등학교 2학년 때 학교를 중퇴하고 나서 2달간 새벽부터 밤까지 영어만 집중적으로 공부했다고 했다. 그 말을 들은 친구는 그게 그 친구와 나의 차이인 것 같다고 말했다. 두 달 공부한 지식이 내겐 고스란히 저장되어 있는데 그 친구는 그렇지 않았던 것이다.

민법에 관한 질문도 했다. 민법 교과서가 안 외워져서 큰일이라고. 그래서 조언을 해 주었다. 3회독을 연속으로 해 보라고. 내 조언을 따른 그 친구는 다음 해 사법 시험 1차에 합격했다. 어쨌든 과거 고시 공부를 하던 소위 공부 잘하는 친구들은 수능 수험생 여러분과 같이 공부하지 않았다는 명백하고 객관적인 사실을 음미해 보기 바란다. 공부를 잘한다는 그들이 왜 그렇게 공부했는가를.

::삼봉 공부법

삼봉 공부법은 한 과목을 완전히 정복할 때까지 그 과목만 집중적으로 공부하고 나서 다른 과목으로 전환하는 '과목별 집중 공부법'을 말한다. 달리 말하면 한 과목에 관한 책을 '여러 번 읽기' 방법으로 공부하는 방법이다. 시중에 『7번 읽기 공부법』이라는 책이 있는데, 그 책에서 말하는 방법은 한 권의 책을 연속해서 7번 반복해서 읽는 방법을 제시한다. 삼봉 공부법은 꼭 한 권의 책을 여러 번 읽는 것에 한정되지 않는다. 한 과목에 관한 책이라면 여러 권을 읽으면서 한 과목에 관한 공부를 반복하는 것도 포함하는 공부법이다. 같은 과목이기만 하면 어느 정도 이해와 암기가 될 때까지 다른 과목을 공부하지 않고 반복해서 여러 번 읽는 공부법이다. 이렇게 공부하면 관련된 정보가 반복적으로 계속 입력됨으로써 입력된 모든 정보를 해마가 중요한 정보라고 판단하고 장기 기억 장치로 보내 장기 기억으로 저장된다는 점에서 가장 효율적인 방법이라고 할 수 있다.

삼봉 공부법의 가장 큰 장점은 단기간에 성취감과 자신감을 맛볼 수 있다는 점이다. 공부량 내지 공부 시간과 성적은 비례 관계에 있지 않다. 만일 공부 곡선이 비례 곡선이라면 공부한 만큼 바로 성적으로 연결되는 것을 실감할 수 있기 때문에 공부를 잘하지 못하는 사람은 없을 것이다. 그러나 공부량이나 시간이 일정한 단계에 이르기까지 성적은 변함이 없다. 이는 물이 99℃까지 끓어도 수증기가 되지 않다가 100℃에 이르러야 비로소 수증기로 변하는 것과 같다. 일단 공부가 축적돼서 성적으로 연결될 때까지 쉬지 않고 꾸준히 공부하는 것이 중요하다. 그래서 반드시 단기간에 성취감을 맛보아야 한다.

그런데 문제는 공부가 성적으로 연결될 때까지 지나치게 오랜 시간이 걸린다면 지쳐서 포기하고 만다는 것이다. 수능 공부법은 여러 과목을 동시에 공부하기 때문에 전 과목에 대한 공부가 성적으로 연결되려면 시간이 많이 걸린다. 그러나 삼봉 공부법으로 공부를 하면 영어 두 달, 국어와 수학은 한 달, 나머지 단순 암기 과목은 2주 정도에 정복이 가능하고 성적으로 연결되는 것을 확인할 수 있게 된다.

내가 노량진에서 강의를 할 때 '나이트 실신녀'라고 별명을 붙인 지방대 출신 여학생이 있었다. 나이트에 가서 노는 것을 얼마나 즐겼느냐면, 밤새 나이트에서 춤을 추고 옷을 갈아입을 틈도 없이 같은 옷을 입고 학교에 가는 일이 비일비재했고 어떤 날은 나이트에서 춤을 추다가 실신해서 119 구조대에 의해 병원으로 실려 간 일도 있었다. 그녀는 경찰 특채 시험을 준비하고 있었는데 일반 순경을 선택하지 않은 이유는 영어 때문이었다. 경찰 특채 시험은 영어 대신 행정법이 시험 과목이었다. 경찰 특채 시험에 아깝게 떨어지고 나서 다음 해 시험을 기다리기에는 많은 시간이 남아서 얼마 후에 치러지는 일반 순경 시험에 응시하기로 하고 영어를 삼봉 공부법으로 공부하게 되었다. 영어가 거의 바닥권이었는데 한 달 반가량 집중적으로 공부해서 80점이라는 놀라운 점수를 받게 되었다. 그러나 서울을 선택하는 바람에 아깝게 떨어졌다. 서울 이외의 다른 지역에는 모두 합격할 정도의 성적이었다. 이 놀라운 사실을 확인한 그녀의 대학 동기도 삼봉 공부법으로 공부 방법을 바꾸었다. 그리고 다음 해 나이트 실신녀는 경찰 특채 전국 수석, 그녀의 친구

삼봉 공부법

는 서울 순경 공채 수석으로 나란히 합격했다. 또 다른 제자는 노원구에서 학원을 경영하고 있었는데, 원생들을 삼봉 공부법으로 지도한 결과 탁월한 결과를 만들어 냈고, 덕분에 아파트를 3채나 구입하게 되었다고 술을 대접하러 찾아온 일도 있었다.

좋아하는 선생님의 관심을 끌고 인정을 받기 위해서 방학 한 달 동안 그 과목만 집중적으로 공부해서 다음 학기 중간고사에서 만점을 받고 선생님의 인정을 받아 본 경험이 있는 수험생은 그 방법에 확신을 가져도 좋다. 내가 강의할 때 그런 경험이 있는 수험생은 삼봉 공부법을 믿고 바로 실천하는 경우가 많았다. 그는 그런 경험이 있었는데 왜 그 이후에 그런 방법으로 공부하지 않았는지 후회가 된다고 했다. 그러나 인생에 단 한 번도 그런 경험이 없는 수험생은 이런 방법이 생소하고 의심이 들 것이다. 속는 셈 치고 수학에 한 달만 투자해 보라. 아니, 수학이 엄두가 나지 않는다면 먼저 암기 과목에 2주만 투자해 보라. 그리고 그 결과를 확인해 보라. 여러분의 인생이 바뀔 것이다.

삼봉 공부법의 두 번째 장점은 한 번 공부한 과목의 내용을 오랫동안 기억할 수 있다는 점이다. 짧은 기간에 공부하고 까먹고 공부하고 까먹기를 반복하면 그 지식은 오랜 시간이 지나지 않아도 절대 까먹지 않는다는 것을 누구나 경험했을 것이다. 내 경우도 검정고시 때 영어 두 달, 검정고시가 끝난 후 수학과 국어 각 한 달씩을 투자해서 만점 수준으로 올려놓았다. 그런데 오대산에서 호랑이를 타고 수련했다는 할머니들이 대한민국이 세계를 다스리는 시대가 온다고 해서 세계 대통령이 되겠다는 망상을 갖고 대학 입학을 포기하게 되었다. 뒤늦게 정신을 차렸을 때는 학력고사가 불과 20여 일밖에 남아 있지 않았다. 국영수는 따로 공부할 시간이 없었다. 그런데 모의고사 문제집을 사서 풀어 봤더니 거의 1년 전에 공부한 내용들이 고스란히 기억났다. 삼봉 공부법이 아니었으면 불가능한 일이라고 생각한다. 그때 한 번 제대로 한 영어 공부는 대학 입학시험만이 아니라, 6년 후에 치른 행정고사 1차 시험 영어에서도 총 40문제 중 독해 35문제 만점이라는 결과로 보답했고, 30년도 더 지난 2018년 2학기 한국방송통신대학교 국어국문학과 영어 시험에서도 별도로 공부하지 않고 96점을 받을 수 있는 원동력이 되었다. 이처럼 공부를 제대로 해 놓으면 인생이 수월한 법이다. 모든 공부는 한 번이면 족하다. 고등학교 때 제대로 영어를 공부했다면 대학교나 공무원 시험에서 다시 영어를 공부하지 않아도 된다. 그게 바로 삼봉 공부법이다.

그럼 삼봉 공부법은 장점만 있는가? 그렇진 않다. 삼봉 공부법의 가장 큰 문제점은 한 과목을 한 달에서 두 달간 계속 공부하기 때문에 지루하고 지겹게 느껴지고 집중력이 떨어질 수가 있다는 점이다. 이에 대해서는 뒤에서 별도로 다룰 예정인데, 일단 한마디를 덧붙이자면 이는 눈높이의 문제라는 것이다. 나도 고등학교 2학년이라는 어린 나이에 한 달이나 두 달이라는 기간을 견뎌냈다. 그것도 평소 8시간 이상 자던 잠을 6시간으로 줄여 가면서 자습실에 가는 시내버스를 타는 순간부터 집에 도착하는 시간까지 『성문 종합 영어』를 끼고 살았다. 식당에서 밥을 먹을 때에도 『성문 종합 영어』를 들고 가서 보았다. 골목 으슥한 곳에서 은밀히 키스를 나누는 연인들을 보면서 '너희가 연애할 때 난 『성문 종합 영어』를 본다'라고 되뇌며 온통 영어에만 집중했다. 여러분이 못할 이유가 무엇인가? 나도 고등학교 2학년 때 했던 일인데.

대학교에 진학하자 한 과목에 대한 공부 시간이 적어도 6개월, 길게는 1년 단위로 늘어났다. 1학년 2학기 때 제일 처음 공부한 과목은 국사였다. 법과대학을 소신 지원했다고 생각했는데 역사 분야가 내 적성에 맞는다고 생각하게 되어 역사에 관한 책만 보느라 법과대학에서는 수업도 듣지 않고 시험도 보지 않아서 0.93이라는 점수를 받고 기숙사에서 쫓겨나는 수모를 겪었다. 그러나 덕분에 대학교 1학년 2학기 동안 역사 전문서 60여 권을 암기할 정도로 공부를 했다.

그때 한영우 교수님의 단행본을 통해 알게 된 분이 바로 삼봉 정도전 선생이다. 이후에 삼봉 선생은 내 인생의 사표가 되었고, 행정고시를 통해 국방부에 근무한 것도 삼봉 선생의 영향이었다. 삼봉 선생이 이루지 못한 요동 정벌을 하겠다는 목표 때문이다. 내 강의의 교재 제목이 『삼봉행정법』인 이유도, 수험 카페 이름과 블로그 이름이 '삼봉정도전'인 이유도 거기에 있다. 뜻하지 않게 나를 지칭하는 이름도 어느새 '삼봉쌤'으로 변해 있었고, 내 공부법의 이름을 '삼봉 공부법'이라고 지은 이유도 다 거기에 있다. 삼봉 선생도 나와 같은 공부법으로 공부를 하셨다는 사실은 최근에 알게 되긴 했지만. 삼봉 공부법은 서울법대 재학 중 고시 3관왕이 된 고승덕 씨도 실천한 방법이다. 그는 한 과목당 이론서 10회독, 문제집 10회독, 총 20회독을 한 후에 다른 과목으로 전환했다고 한다. 하루 실제 공부한 시간만 17시간이었고 그것이 그가 재학 중에 사법시험, 행정고시, 외무고시라는 고시 3개에 합격할 수 있었던 비결이다. 동경대학교 법학과 수석 입학에 수석 졸업, 재학 중 사법시험과 우리나라의 행정고시에 해당하는 시험인 국가공무원 제1종 시험에 합격한 야마구치 마유의 『7번 읽기 공부법』도 삼봉 공부법과 맥을 같이한다. 위 경우 모두 대한민국이나 일본의 고시 출신들이 삼봉 공부법으로 공부한 사례들이다.

역사 다음으로 몰입한 주제는 여성학이다. 무려 1년간 여성학 관련 책만 읽었다. 첫사랑 때문이다. 둘이 서로 사랑한다는 사실을 확인하고 난 후 내가 사랑하는 사람이 어떤 특성을 갖고 있는지 알아야겠다고 생각해서 여성학 공부를 하게 된 것이다. 그러나 여성학은 종합 학문의 성격을 가진 분야이다. 여성학이 다루는 분야는 법학, 생물학, 문화인류학, 가족사회학, 사회학, 심리학, 철학, 문학과 미술 등 다양하다. 각주에 있는 책들을 찾아 읽어 나가다 보니 어느새 1년이 소요되었다. 덕분에 많은 것들을 알게 되었다. 내가 사랑하는 여성이 단지 여성이라는 이유로 취업에서 배제될 때 내가 아무리 그녀를 사랑하더라도 그녀가 행복할 수 없다는 사실을. 여성이 취업에서 배제되고 차별을 받게 된 건 그녀의 게으름이나 지적 능력 때문이 아니라 바로 여성을 제도적으로 배제하고 차별하는 사회의 구조 때문이라는 사실을 말이다.

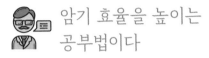# 암기 효율을 높이는
공부법이다

　암기력은 유전적으로 타고나는 부분이 많다. 시중에는 암기력을 좋게 해 주는 약이나 차가 판매되긴 하지만 크게 기대하면 실망도 클 것이다. 대부분 위에서 소화되어 뇌에 전달되지 않는 경우가 많다. 그렇다고 비관할 필요는 없다. 뇌는 사용하면 사용할수록 가소성에 따라 변화하고 발전하기 때문에 암기력도 장기적으로 노력하면 좋아질 수 있다. 그러나 단기적으로 암기력을 높이는 방법은 없다고 보아야 한다. 관건은 동일한 암기력이라 하더라도 암기의 효율을 높이는 방법을 연구하면 될 것이다.

　그렇다면 암기의 효율을 높이는 방법에는 어떤 것들이 있을까? 크게 암기 자체의 효율을 높이는 방법과 암기할 분량을 줄이는 방법이 있다. 암기 자체의 효율을 높이는 방법에는 집중해서 공부하는 것, 암송(Rehearsal), 인출 연습, 조직화(범주화, 유형화), 정교화 등이 있다. 암기할 분량을 줄이는 방법에는 개념과 사례(종류)의 연계, 이론과 사례의 연계, 이해·인과관계·논리를 활용하는 방법, 한자어 암기 시 줄임말 연상하기, 핵심정리와 단권화 등이 있다.

암기의 효율 높이기	- 집중해서 공부 - 암송(Rehearsal) - 인출 연습 - 조직화(범주화, 유형화) - 정교화
암기할 분량 줄이기	- 개념과 사례(종류)의 연계 - 이론과 사례의 연계 - 이해·인과관계·논리 활용 - 한자어 암기 시 줄임말 활용 - 핵심정리와 단권화

∷ 암기의 효율 높이기

집중해서 공부

집중해서 책을 읽을 때와 집중력이 흩어지고 산만한 상태에서 책을 읽을 때, 둘 중 어느 때 더 암기가 잘되고 학습 효과가 큰가? 이에 대해서는 굳이 설명이 필요하지 않을 것이다. 공부에 집중이 필요한 이유는 인간의 작업 기억(단기 기억)의 처리 용량이 제한되어 주의집중이 된 정보 외에는 동시에 처리하기가 불가능하기 때문이다. 이는 실험심리학이나 대뇌생리학에 의해 규명되고 있는 사실이다.[1]

다른 과제를 수행하는 것과 공부의 절대적인 차이가 집중이다.

---

1) 노구치 유키오, 김용운 역, 『초학습법』, 중앙일보사, 1996, 224쪽.

삽질은 생각 없이 기계적으로 해도 된다. 군대를 다녀온 친구들은 행군 중에 졸면서 행군을 한 경험도 있을 것이다. 그러나 공부는 집중하여 하는 것만 의미가 있다. 하루에 8시간 책상에 앉아 공부를 했다 하더라도, 실질적인 공부 시간은 집중한 시간이다. 집중하지 않는 시간은 공부의 효율을 따질 필요도 없이 공부를 하지 않은 것과 같다. 집중력이 고도화되어 '몰입'에 이른 상태를 '플로우(Flow)'라고 한다. 플로우는 미국의 심리학자인 미하이 칙센트미하이(Csik-szentmihalyi)가 개념화한 것으로, 사람들이 총체적으로 관여되어 행동할 때 느끼는 푹 빠진 감정(The Holistic Sensation), 사람들이 완전히 몰입된 상태에서 행동할 때 느끼는 정신적, 신체적 흥분으로 정의된다. 몰입 상태에 빠지면 물이 막힘없이 자연스레 흐르는 것과 같이 된다는 의미로 '플로우'라고 표현하는 것이다. 집중력을 어떻게 높일 수 있는지는 뒤에서 별도로 다루기로 한다.

암송(Rehearsal)

연도나 숫자처럼 아무런 논리적 배경 없이 암기해야 하는 정보의 경우에 암송이 효과적이다. 암송이란 어떤 정보를 소리 내어 낭독하여 장기 기억에 저장하는 것을 의미한다. 혼자 독립된 공간에서 공부할 때는 소리를 내어 암송하고, 독서실이나 도서관처럼 다른 사람과 함께 공부해야 할 때는 속으로 공부한 내용을 되뇌면서 암기하는 방법이다. 우리나라 선조들도 암송법을 주로 사용했다. 지금도 사극을 보면 서당에 꼬마 애들이 모여 앉아 "하늘 천, 따 지, 검을 현, 누를 황…"이라고 낭랑하게 외는 모습이 가끔씩 나온다. 당시 필기구는 붓이었기 때문에 먹으로 벼루를 갈아서 그 큰 붓으로 써 가며 암기하는 건 매우 불편했을 게 분명하다. 또한 종이 기술도 발달되지 않아서 종이의 값도 상대적으로 비쌌을 것이다. 그래서 빠른 속도로 암기하는 방법인 암송법을 활용했던 것이다.

그러면 오늘날처럼 필기구가 발달된 상태에서는 펜으로 써 가면서 암기하는 것이 더 효율적일까? 전혀 그렇지 않다. 암기는 눈을 통해 정보를 수집하고, 대뇌에서 이를 처리·저장함으로써 하는 것이지, 손이 하는 것이 아니다. 손에 뇌가 달려 있는 사람은 없다. 그렇다면 쓸 때 집중이 더 잘되고 더 잘 외워지는 현상은 무엇으로 설명할 수 있을까? 손으로 쓰는 것은 암기 자체와 직접 관계가 있는 것이 아니고, 집중하기 위한 수단이라는 점이고, 집중이 되기에 잘 외워지는 것뿐이다.

그러나 쓰면서 외우는 데는 많은 시간이 필요하다. 쓰지 않고 눈으로 보면서 집중하는 습관을 기른다면 외우는 속도가 엄청 빨라질 것이다. 따라서 쓰지 않고 눈으로 보면서 집중하는 연습을 해야한다. 눈으로 보는 속도와 쓰는 속도, 어느 것이 더 빠를 것인지는 이미 알고 있지 않은가? 당장 힘들다면 의식적으로 펜을 놓고 읽다가 집중력이 흐트러진다고 느낄 때 잠시 써 가면서 집중하고 집중이 되면 다시 의식적으로 펜을 놓고 읽는 것을 반복해 보자. 어느 순간 쓰지 않고도 집중할 수 있게 될 것이다. 독서실에서 필기구와 필기 노트 없이 팔짱을 끼고 눈으로 읽어 가면서 책장을 넘기는 친구들이 바로 내 수제자들이다. 눈으로 읽어 가는 속도와 쓰면서 읽는 속도는 비교할 수 없을 정도의 차이가 있다. 이게 바로 경쟁력으로 이어지는 것이다. 눈으로 집중하는 습관만 기른다면 하루에 300쪽 이상 읽는 것도 그리 어려운 일이 아니다.

이렇게 눈으로 집중하는 훈련이 된 나의 경우 고시 수험생 시절 민법책은 하루 평균 300쪽, 정치학과 행정학 등 사회과학책은 600쪽 정도 읽을 수 있었다. 웬만한 사회과학책은 하루에 한 권씩 읽는 속도이다. 물론 정독으로 말이다. 속독은 독서에 도움이 되지 않는다. 그러니 고시 공부란 게 별것이 아니다. 일주일이면 한 과목을 7회독으로 정복하게 되는 셈이니까. 공무원 재직 시절 공문서는 하루에 1,000페이지 이상 읽을 수 있었다. 공문서는 여백도 많고 활자 크기도 커서 글자 수가 별로 많지 않다. 이 정도 독서 능력을 기르고 나면 뭐든 두려울 것이 없다. 공부든 공무수행이든. 한마디로 인생이 바뀌는 것이다. 여러분도 도전해 보라. 쓰지 말고 눈으로 집중하는 훈련을 하기 바란다. 여러분 인생이 바뀐다.

다만 생각 없이 기계적으로 암송만 하는 수동적 태도를 가져서는 기억으로 연결이 되지 않는다. 내용을 음미하면서 능동적으로 암송해야 장기 기억으로 전환된다는 점을 명심하자. 또한 공부한 내용을 가끔씩 기억에 떠올려 보는 재인이나 회상도 암기에 도움이 된다.

인출 연습

암송을 통해 공부한 내용이 장기 기억으로 저장된 후에 필요할 때 저장된 기억으로부터 정보를 꺼내오는 것을 인출(Retrieval)이라고 한다. 아무리 많은 지식이 저장되어 있다 하더라도 필요할 때 인출이 되지 않으면 기억한 것의 의미가 없어진다. 따라서 인출은 매우 중요한 기억 전략이라고 할 수 있다. 그러나 인출 연습은 단순히 인출에만 관계되는 것이 아니라 적절한 기간에 인출을 반복함으로써 장기 기억을 유지하는 데 도움이 된다.

인출을 위한 대표적인 방법은 공부한 내용을 노트에 요약해 보는 방법과 시험을 보는 방법이 있다. 시험의 종류도 수업 직후에 보는 간단한 쪽지 시험부터 문제집을 통한 문제 풀이, 중간고사 및 기말고사와 같은 학교 시험, 모의고사 등 다양하다. 어쨌든 중요한 것은 공부를 한 후 얼마간 시간이 지나면 반드시 인출 연습을 해야 한다는 점이다. 매일 공부한 내용을 복습하면서 노트에 기억을 되새기며 써 보는 것은 물론 좋은 방법이다. 그러나 현실적으로 그렇게 인출을 하는 것은 매우 번거롭고 귀찮은 일이다. 실천 가능성이 떨어지는 방법은 이론적으로 아무리 훌륭하더라도 현실에 도움이 되지 않는다. 그래서 어느 정도 이론에 관한 공부가 됐다고 판단할 때 문제집을 풀어 보면서 인출 연습을 하는 것이 가장 자연스러운 인출 연습이라고 생각한다.

수험생 가운데는 이론서만 보면 된다는 생각으로 문제집을 아예 보지 않고 공부하는 친구들도 있는데 이런 방법은 절대로 권하지 않는다. 문제 풀이는 인출 연습이자 취약한 부분이 어떤 곳인지 미리 확인하는 과정이고 시험에서 발생할지 모르는 실수를 미리 점검하는 과정이다. 본 시험에서 잘못된 정답을 고르면 돌이킬 수 없다. 그러나 문제 풀이를 통해 잘 이해가 되지 않는 부분이나 암기가 되어 있지 않은 부분이 어딘지 미리 확인하고 보완하게 되면 본 시험에서 시행착오를 막을 수 있다. 또한 문제를 풀면서 취약한 부분에 대한 암송을 통해 기억하는 데도 도움이 된다. 거듭 강조하지만 이론만 공부해서는 안 된다. 위험한 방법이다. 이론이 끝난 후에 반드시 문제를 통해 확인하고 인출 연습을 해야 한다.

조직화(범주화, 유형화)

심리학에서는 '조직화'라는 용어를 많이 쓰는데 국어 단어의 뜻과 연결할 때는 오히려 '유형화'나 '분류'라는 단어가 더 적절해 보인다. 여러 사례를 외운다고 할 때 무질서하게 섞어 놓으면 일일이 외워야 하는 부담이 생긴다. 그런데 이를 유형화시키면 간단하게 몰아서 정리할 수 있다. 예를 들어 헌법이나 행정법에서 다루는 통치 행위의 사례 중 대통령의 권한에 속하는 것만 보기로 하자. 법학 전공자나 공무원 수험생은 당연히 알아야겠지만, 일반 독자들은 통치 행위에 대해 모르더라도 부담 없이 읽기 바란다. 이해를 위한 예일 뿐이니까.

> 긴급재정·경제명령 및 처분권의 행사와 긴급명령발동, 사면권의 행사, 법률안거부권의 행사, 중요 정책의 국민투표 부의, 외교에 관한 행위(조약·협정체결), 계엄선포, 영전의 수여, 선전포고(전쟁의 개시)·강화, 국무총리 국무위원의 임면, 군사에 관한 행위

통치 행위의 사례에 대해 교수님들의 교과서도 저렇게 무질서하게 단순히 나열만 하고 있을 뿐이다. 이때 최악의 암기법은 두문자, 즉 각 단어의 앞글자를 따서 '긴사법중외계영선' 식으로 외우는 방법이다. 외우지 않고 몰아서 정리할 수 있는 것을 두문자로 외우는 것은 비효율적이다. 위의 사례를 유형화시키면 간단하다.

국제 관계	**외교·군사**: 대통령의 외교에 관한 행위(조약·협정체결), 군사에 관한 행위, 선전포고(전쟁의 개시)·강화
국가 긴급사태	**긴급**재정·경제명령 및 처분권의 행사와 **긴급**명령발동, 계엄선포
고도의 정치적 논란	• 사면권의 행사(제79조): 내란수괴 전두환에 대한 사면 • 영전의 수여(제80조): 내란수괴 전두환에 대한 훈장치탈 • 국무총리·국무위원의 임면(제86·87조): 역대 정권마다 반복되는 정치적 논란. 특히 최근의 조국 법무부장관 임명을 둘러싼 논란 • 법률안거부권의 행사(제53조 제2항): 여소야대정부(노태우정권) 시절 대통령의 법률안거부권 남발 • 중요 정책의 국민투표 부의: 노무현 대통령의 신임국민투표 제의 파동

이렇게 유형별로 재분류하면 외울 것은 국제관계, 국가긴급사태, 고도의 정치적 논란뿐이다. 이것만 외우면 나머지 구체적 사례는 외우지 않고도 판별할 수 있게 된다.

다른 예를 하나만 더 들어보기로 한다. 다음은 공무원 시험에서 행정법에 자주 출제되는 행정절차법의 적용 배제 사항이다. 법률 내용은 다음과 같다.

이 법은 다음 각 호의 어느 하나에 해당하는 사항에 대하여는 적용하지 아니한다(행정절차법 제3조 제2항).

1. 국회 또는 지방의회의 의결을 거치거나 동의 또는 승인을 받아 행하는 사항
2. 법원 또는 군사법원의 재판에 의하거나 그 집행으로 행하는 사항
3. 헌법재판소의 심판을 거쳐 행하는 사항
4. 각급 선거관리위원회의 의결을 거쳐 행하는 사항
5. 감사원이 감사위원회의의 결정을 거쳐 행하는 사항
6. 형사, 행형 및 보안처분 관계 법령에 따라 행하는 사항
7. 국가안전보장·국방·외교 또는 통일에 관한 사항 중 행정절차를 거칠 경우 국가의 중대한 이익을 현저히 해칠 우려가 있는 사항
8. 심사청구, 해양안전심판, 조세심판, 특허심판, 행정심판, 그 밖의 불복절차에 따른 사항
9. 병역법에 따른 징집·소집, 외국인의 출입국·난민인정·귀화, 공무원 인사 관계 법령에 따른 징계와 그 밖의 처분, 이해 조정을 목적으로 하는 법령에 따른 알선·조정·중재·재정 또는 그 밖의 처분 등 해당 행정작용의 성질상 행정절차를 거치기 곤란하거나 거칠 필요가 없다고 인정되는 사항과 행정절차에 준하는 절차를 거친 사항으로서 대통령령으로 정하는 사항

이에 대해서도 두문자를 따서 외우고 싶은 충동을 느끼는가? 이제 그런 저급하고 비효율적인 암기법은 버려라. 특히나 법학이나 사회과학, 사회탐구와 같이 논리적 사고가 중시되는 과목의 경우에는 일단 논리적 사고력을 발휘해야 한다. 두문자암기는 맥락 없이 외워야 하는 분야에 최후에 적용돼야 할 암기법이다. 일단 출발은 개념이다. 법률의 명칭이 답을 주고 있다. 행정절차법이라는 법률 명칭

에 말 그대로 행정에 관한 절차법이라는 의미가 담겨 있다. 따라서 행정이 아닌 사항을 논리적으로 생각해내고 유형화시키며 외울 필요가 전혀 없는 것이다. 일단 행정이 아닌 것으로는 입법, 사법, 통치 행위를 들 수 있다. 먼저 입법에 관한 사항을 보면 1이 있고, 사법에 관한 사항은 2, 3, 4, 5, 6, 8 등이 있으며, 통치 행위나 이에 유사한 것으로는 외교군사에 관한 7, 9 등이 있다. 이처럼 외우지 않고도 외운 것과 다름없는 효과를 거두는 방법이 유형화이다.

조직화와 관련해서 다산 정약용 선생도 천자문의 구성을 비판한 바 있다. 하늘 천, 땅 지가 나오면 같은 종류인 일월, 성신, 산천이 들어가야 하는데, 천지 다음에 색을 나타내는 현황이 나오니 아동들이 글을 이해할 수 없다고 지적한 것이다.[2] 다산 선생도 교육에 있어서 유형화가 얼마나 중요한 것인지 알고 있었던 것이다. 또한 "대저 무릇 문자를 배울 때는 맑을 청(淸) 자로 흐릴 탁(濁) 자를 일깨우고, 가까울 근(近)으로 멀 원(遠) 자를 깨우치며, 가벼울 경(輕)으로 무거울 중(重) 자를 가르치고, 얕을 천(淺)으로 깊을 심(深)을 알게 해야 한다. 짝지어 둘이서 함께 펼쳐 보여 주면 두 가지 뜻을 다 통하게 된다"라고 강조하고 있다.[3] 그래서 『아학편(兒學編)』이라는 2천 자로 된 책을 하늘, 땅, 달, 해, 별의 문제에서 동물의 포유류, 조류로부터 식물의 나무 이름에 이르기까지, 형태가 있는 것에서

---

2) 박석무, 『풀어쓰는 다산이야기』, 문학수첩, 2005, 268-269쪽.
3) 정민, 『다산선생 지식경영법』, 김영사, 2010, 39-40쪽.

없는 것, 이치로 구별하는 것, 일로 구별하는 것 등 연상 작용을 통해 글자를 이해할 수 있는 과학적인 책을 만들었다.[4]

정교화

정교화란 학습자가 학습한 자료를 의미 있게 하기 위해 새 자료를 이전 정보와 관련시켜서 특정한 관계를 지니도록 하는 인지 전략이다. 즉, 공부하려는 여러 내용을 서로 분리하여 단순히 외우는 것이 아니라 서로 간에 연결을 형성하여 관련성을 맺는 과정이라 말할 수 있다. 달리 말하면 정교화란 자료 내에서 서로 연결을 만들거나 학습하려는 자료와 이미 알고 있는 다른 자료의 내용 사이에 연결고리를 만드는 과정을 말한다.[5] 좀 전에 살펴본 행정절차법의 적용 배제 사항에 관한 것도 이에 해당한다. 앞에서 배운 통치 행위 사례를 행정절차법의 적용 배제 사항에 연관 지어 적용함으로써 해결하는 암기법이다.

국어에서 구개음화는 구개음이 아닌 자음이 뒤에 오는 모음 'ㅣ'나 반모음 'j'의 영향을 받아 구개음으로 바뀌는 현상으로서 주로 'ㄷ'과 'ㅌ'이 이들 모음 앞에서 'ㅈ', 'ㅊ'으로 바뀌는 현상을 말한다. 그런데 이는 구개음이라는 단어와 연결하면 이해가 쉽다. 구개음은 설면(舌面)이 경구개에 가 닿아서 내는 소리이다. 따라서 구개음의 '구개'는

---

4) 박석무, 앞의 책, 274-275쪽.
5) 송인섭, 『현장적용을 위한 자기주도학습』, 학지사, 2006, 66쪽.

경구개의 의미를 가지는 셈이다. 'ㅈ, ㅊ, ㅉ'이 여기에 속한다.[6] 구개음이 'ㅈ, ㅊ, ㅉ'이라는 지식과 구개음화라는 개념을 연결하면 구개음이 아닌 자음이 구개음으로 변화하는 것이라는 것을 쉽게 이해할 수 있다.

기타

그밖에 기억술과 관련해서 고대 그리스 시대부터 내려오는 궁전의 기억 등 공간을 활용한 기억술이 있지만 이는 영국의 경험주의 철학자 베이컨도 지적했다시피 잡술에 불과하다. 인류의 석학이 그런 잡술에 의존해서 공부한 경우는 전혀 없다. 또 기억술 대회 우승자의 노하우도 전해지는데 역시 현혹될 필요는 전혀 없다. 그런 대회 우승자가 제대로 공부해서 성과를 보인 적이 없기 때문이다. 더군다나 기억술은 의미 없는 철자 등 공부와 무관한 내용을 다룰 뿐이다. 심리학자 중에 에빙하우스가 망각이론을 주장한 바 있다. 그러나 이 또한 내용이나 의미와 무관한 무의미철자로 연구한 것이기 때문에 실제 공부에 별 도움이 되지 않는다. 우리가 실제 배우는 내용은 의미가 있는 정보이다. 의미를 잘 음미하면 맹목적으로 외우지 않아도 되는 그런 지식들이다. 따라서 실제 생활의 망각 속도는 에빙하우스의 실험 결과보다 훨씬 덜 급격할 것이라고 짐작할

---

6)   이익섭·고성환, 『국어학개론』, KNOUPRESS, 2017, 37-38쪽.

수 있다.[7] 시간이 지나면 망각이 일어난다는 당연한 것을 지적한 것이 망각곡선이다. 그럼에도 이를 일부 공부 방법에 관한 책에서 마치 대단한 지식인 것처럼 강조하는 것은 우스운 일이다.

:: 암기할 분량 줄이기

개념과 사례(종류)의 연계

모든 학문의 기본은 개념 정의이다. 정의란 '어떤 말이나 사물의 뜻을 명백히 밝혀 규정함'을 의미한다. 어떤 개념의 정의를 명확히 내려야 이를 토대로 논의가 진행될 수 있기 때문에 모든 학문은 주요 개념의 정의를 둘러싸고 논쟁을 벌이기 마련이다. 그러나 수험생은 학문을 하는 것이 아니기 때문에, 개념정의를 둘러싼 심도 있는 논쟁까지 알 필요는 없다. 가장 보편적으로 사용하는 정의를 공부에 활용하는 기술만 익히면 된다. 교과서에 실린 개념정의는 그 학문분야의 가장 보편적인 정의라고 생각하고 공부하면 된다.

그런데 개념정의는 이후 논의의 핵심적인 사항만 압축적으로 정리한 것이라 매우 추상적이라는 것이 문제이다. 이럴 때 개념정의와 사례나 종류를 연결하면, 추상적인 개념정의가 구체적으로 어떤 것

---

7) 조화태·김계현·전용오 공저, 『인간과 교육』, KNOUPRESS, 2018, 104쪽.

인지 감을 잡을 수가 있고, 개념정의 따로 종류 따로 외우지 않고 이해를 통해 정리할 수 있기 때문에 암기할 분량도 크게 줄어든다는 이점이 있다.

이론과 사례의 연계

특히 국어 중 문법이나 어법 그리고 문학 부분이 이론과 사례를 연계할 필요성이 가장 큰 부분이라고 할 수 있다. 문학이론은 매우 추상적이다. 작가의 생애나 작품세계의 특징도 매우 추상적이다. 따라서 작가의 생애나 작품세계에 관한 이론적 분석은 실제 그 작가의 작품과 연계해서 읽어야만 구체적인 이해가 가능하다.

작품만 별도로 읽는 것도 작품에 대한 분석능력이 없을 때는 얻는 게 별로 없다. 또한 수백 개의 작품을 이론적 배경 없이 읽고 그 내용을 외우는 것은 비효율적이다. 수백 개 작품을 작가별, 주제별로 유형화하는 것이 위에서 본 조직화·범주화라는 기억 책략의 일종이기 때문에 몰아서 정리할 수 있다. 작가의 생애나 작품세계에 대한 배경지식을 토대로 문학작품을 읽어야 한다. 내 경우도 한국방송통신대학교 국어국문학과에 재학하면서 『한국근대작가론』을 통해 작가의 작품세계에 대해 공부하고, 『한국근현대문학사』라는 교재를 통해 작품이 창작될 당시의 역사적 배경에 대해 공부하고, 『현대소설』과 『현대시론』을 통해 이론을 공부하면서 동시에 소설 작품과 시를 병행해서 함께 읽으면서 공부하고 있다. 『고소설론과 작가』를 먼저 읽고 고소설 작품을 읽는 것과 연계하고 있다.

대입 수험생들도 다양한 독서를 하는 것이 시간적으로 어렵다면 적어도 교과서에 나오는 내용이라도 직접 그 작품을 읽어보는 것이 좋다. 소설은 구성 자체가 치밀하게 배열된 문학 장르이기 때문에, 교과서에 일부 발췌된 내용만으로 작품 전체의 구성을 이해하기 어렵다. 전체의 구성이 이해되지 않으면 교과서에 실린 내용을 이해하기도 어렵다. 그래서 문학작품은 시험 준비에 부담이 본격화되는 중학교 이전에 미리 읽어두는 것이 무난하다. 초등학교 때는 시험 준비에 많은 시간을 쏟는 것이 별 의미가 없다. 오히려 장기적으로 대비해서 필요한 문학작품들을 다양하게 읽어두는 것이 도움이 된다. 문학은 이렇게 이론과 작품을 연계해서 공부해야 시너지 효과를 볼 수 있는 분야라는 것을 명심하자.

이해·인과관계·논리 활용

많은 양의 정보를 기억하는 것보다 적은 양의 정보를 기억하는 것이 더 쉽다는 것은 누구나 상식적으로 알고 있는 내용이다. 그래서 가능한 한 이해를 통해 암기할 분량을 줄이는 것이 최선이다. 또한 같은 암기량이라고 하더라도 전후관계의 맥락을 따지지 않고, 이해도 되지 않은 상태에서 맹목적으로 암기를 하려고 할 때 잘 외워지지 않는 것은 당연하다. 특히나 역사적 사건이 일어난 연도나 우연한 숫자, 사람 이름과 같이 맥락 없이 외워야 하는 경우와는 달리 이해를 통해서 자연스럽게 저장과 인출이 가능한 경우에는 더 말할 나위도 없다. 예를 들어 사법시험이나 법원행시, 법무사 시험, 7급 공무원 시험에 자주 출제되는 관습헌법의 성립요건에 관한 다음 헌법재판소의 결정례를 보자.

> 관습헌법이 성립하기 위하여서는 관습법의 성립에서 요구되는 일반적 성립요건이 충족되어야 한다. 첫째, 기본적 헌법사항에 관하여 어떠한 **관행 내지 관례가 존재**하고, 둘째, 그 관행은 국민이 그 존재를 인식하고 사라지지 않을 관행이라고 인정할 만큼 충분한 기간 동안 반복 내지 계속되어야 하며(**반복·계속성**), 셋째, 관행은 지속성을 가져야 하는 것으로서 그 중간에 반대되는 관행이 이루어져서는 아니되고(**항상성**), 넷째, 관행은 여러 가지 해석이 가능할 정도로 모호한 것이 아닌 명확한 내용을 가진 것이어야 한다(**명료성**). 또한 다섯째, 이러한 관행이 헌법관습으로서 국민들의 승인 내지 확신 또는 폭넓은 컨센서스를 얻어 국민이 강제력을 가진다고 믿고 있어야 한다(**국민적 합의**)(헌재결 2004.10.21, 2004헌마554·566).

이 결정례는 대한민국 최고 법관들이 쓴 것이라고는 믿기 어려울 만큼 논리적으로 문제투성이이다. 이 결정례에서 헌법재판소는 관습헌법의 성립요건으로 ① 관행 내지 관례의 존재, ② 반복·계속성, ③ 항상성, ④ 명료성, ⑤ 국민들의 승인 내지 확신 또는 폭넓은 컨센서스의 다섯 가지를 들고 있다. 어떤 요건을 병렬적으로 나열하는 것은 그 내용이 다를 경우에 가능하다. 그런데 이 요건을 재구성하면 ②는 첫 번째와 독립된 별개의 요건이 아니라 관행 내지 관례의 개념정의이고 이는 이미 국어적 의미로 해석이 가능한 것이기 때문에 별도로 암기할 필요가 없다. 그리고 관행이라는 개념에는 이미 반복과 계속이라는 의미가 포함되어 있기 때문에 ③ 이하 ④

까지는 첫 번째 요건인 관행과 동의어일 뿐이다. 그렇다면 병렬적으로 나열할 것이 아니라 부연설명으로 풀어야 하고, 이렇게 재구성하면 결국 관습헌법의 성립요건은 ① 관행과 ② 법적 확신 두 가지일 뿐이다.

그건 그렇다 치고 이 요건을 암기하는 방법 중에 이른바 '두문자(단어의 제일 앞글자)'를 딴 암기, 즉 '관반항명승'으로 외우는 것은 가장 최악의 암기 비법이다. 되풀이하여 말하지만 이해하고 넘어가도 될 것을 굳이 두문자를 따서 외우면 오히려 암기량이 증가하기 때문이다. 경쟁자들이 이해를 통해 암기하지 않고도 넘어가고 시험 당일에 인출해서 문제를 해결하는 것을 혼자서만 바보같이 생으로 외우고 있기 때문이다. 당연히 경쟁에서 도태될 수밖에 없다. 신림동 고시학원의 강사나 노량진 공무원 학원의 강사를 보아도 고시에 합격한 강사는 두문자 강의를 하지 않는데, 우연인지는 몰라도 고시에 떨어진 강사들이 유난히 두문자 강의를 많이 하고 있다. 그리고 두문자는 누구나 앞글자만 따면 되는데도, 굳이 돈을 내고 두문자 강의를 듣고 앉아 있다. 한심한 일이다. 그럼 어떻게 암기하는게 최상이고 효율적일까? 답은 이미 나와 있다. 이해를 통해서 암기하지 않고 넘어가는 방법이다.

이해를 하면서 암기한 경우는 암기도 오래 지속될 뿐만 아니라 설령 잊었다 하더라도 맥락을 살려 기억을 되살리는 데 도움이 된다.

한자어 암기 시 줄임말 활용

한자어는 대부분 축약형인 경우가 많다. 한자어가 특히 많이 사용되는 과목은 사회탐구 영역이나 사회과학, 법학 등이다. 이들 한자 용어 가운데는 유감스럽게도 일본에서 만들어진 일제 잔재가 많다. 그동안 법학계에서도 일본 한자어를 우리나라 한자어로 순화시키는 작업을 꾸준히 해왔다. 예를 들면 수속을 절차로, 청부를 도급으로, 신분법을 친족상속법으로 바꾼 것이 대표적이다. 그러나 아직도 많이 사용되는 일본식 한자어를 들어보면 각선미, 결식아동, 고속도로, 공해(公害), 과잉보호, 낙하산 인사, 아파트 단지, 대하소설, 아파트 분양, 성인병, 수도권, 시행착오, 안락사, 엽기적, 우범지대, 월부, 인재(人災), 일조권, 종착역, 집중호우, 추리소설, 폭주족 등이 있다.[8] 대한민국 건국 100주년을 맞이하여 여러 기념행사를 하는 것도 의미가 있지만, 일본식 한자어를 우리말로 순화하려는 노력도 의미 있는 일이라 생각한다. 어쨌든 이는 당장 수험생들이 고민할 문제는 물론 아니다. 수험생은 이런 한자어를 익히고 활용하는 것이 주어진 과제이다.

다행히 한자어는 축약형인 경우가 많아서 한자 공부를 별도로 하지 않더라도 어떤 말을 줄인 것인지 음미하면 굳이 외우지 않아도 되는 경우가 많다는 점이다. 법률이나 사회과학 용어 가운데 줄임

---

8) 고성환, 『언어와 생활』, KNOUPRESS, 2017, 131쪽.

말을 유추할 수 있는 단어들을 예로 들면 다음과 같다. 뜻을 보기 전에 어떤 말을 줄인 것인지 먼저 생각해 보기 바란다. 외우지 않아도 유추가 가능할 것이다.

구분	내용
가분(可分)	분리 가능
가벌성(可罰性)	처벌 가능성
공무수탁사인	공적인 사무를 위탁받은 사인
귀책(歸責)	책임귀속
금반언(禁反言)의 법리	반대되는 말(반언)을 금지한다는 법 원칙
남소(濫訴)	소권 남용
당부(當否)	타당·부당
대결(代決)	대리결재. 상관 부재 시 보조기관이 대신 결재하고 후열(나중에 열람)을 받는 제도
면책(免責)	책임 면제
명기(明記)	명시적 기재
반증(反證)	반대되는 증거
발효(發效)	효력 발생
별론(別論)	별개의 논점
상치(相馳)	상호 배치
석명권(釋明權)	해석·설명권
신의칙(信義則)	신의성실의 원칙
양벌(兩罰)	양쪽 처벌
요식(要式)	형식을 요하는, 즉 문서주의
적법(適法)	법률에 적합
적부(適否)	적합 여부 또는 적법 여부
침익(侵益)	이익 침해
타유(他有)	타인 소유
특약(特約)	특별한 계약 내용
표의자(表意者)	의사 표시를 한 자
피고적격(被告適格)	피고가 될 수 있는 적당한 자격
한시법(限時法)	시간이 한정된 법
합헌(合憲)	헌법에 합치

삼봉 공부법

핵심정리와 단권화

평상시에 공부를 아무리 많이 해도 시험을 앞두고 전 과목의 전 범위를 정리하지 않으면 시험장에서 제한된 시간 내에 기억을 재생하기가 쉽지 않다. 그래서 평상시 공부를 하는 과정에서 핵심정리집을 만들거나 단권화를 해 놓아야 한다.

핵심정리는 과목별로 중요한 내용들을 노트에 정리하는 것이다. 전에 고시생들은 컴퓨터가 많이 보급되기 전이라 손으로 일일이 필기를 하면서 핵심정리집을 만들었다. 그러다보니 한 과목당 핵심정리집을 만드는 데 거의 2달이란 시간이 소요되었다. 그러나 지금은 컴퓨터와 인터넷이 보편화되었기 때문에 시간을 많이 단축시킬 수가 있다. 일단 손으로 글씨를 쓰는 것보다 컴퓨터 타자기로 입력하는 것이 빠르다는 것은 당연하다. 그리고 필요한 지도나 도표도 인터넷 검색을 통해 얼마든지 첨부해서 출력이 가능하기 때문에 효율적이다.

제대로 만들 수만 있다면 단권화 자료보다 핵심정리집이 훨씬 효율적이다. 불필요한 내용 없이 필요한 내용만 정리하기 때문에 분량이 적고 휴대하기에도 편하기 때문이다. 단권화 자료는 아무래도 불필요한 내용을 없애기도 쉽지 않고 참고 자료를 첨가하기 때문에 분량과 부피가 늘어나게 마련이다. 여기서 문제는 핵심정리집을 만들려면 그 과목에 대해 중요한 내용인가 아닌가를 정확히 판단할 정도의 수준이 되어야 한다는 점이다. 그러기 위해서는 기본서와 참고서를 각각 3회 이상씩 정독하고 내용도 이해하고 있어야 한다. 따라서 독서 능력이 일정 수준에 오르지 않으면 핵심정리집을 만드는 것 자체가 불가능하다. 설령 만든다 하더라도 많은 시간이 소요되어 주객이 전도될 우려도 있다. 컴퓨터를 사용한다 하더라도 필요한 부분만 오리거나 복사해서 붙이는 단권화보다는 시간이 많이 걸린다.

이를 막기 위해 전에는 고시생들이 스터디 모임을 통해 과목을 분담해서 만들어 서로 공유하곤 했다. 혼자서 모든 과목에 대한 핵심정리집을 만드는 건 어려운 일이기 때문이다. 이때 중요한 사항은 실력 있는 친구들로 스터디 모임을 만들 수 있는가였다. 고시생들은 수준이 떨어지는 친구는 스터디 모임에 절대 받아들이지 않았다. 한 명 때문에 전체가 피해를 볼 수 있기 때문이다. 정리하자면 독서 능력에 자신이 있고 실력 있는 친구들을 확보할 수 있다면 단권화보다는 핵심정리가 훨씬 효율적이다. 핵심정리집이 만들어지면 교과서는 모두 버리고 핵심정리집만 무한 반복할 수 있기 때문에 짧은 시간 안에 전 과목에 대한 정리가 가능하게 된다. 다만, 주의할 것은 핵심정리집은 말 그대로 정리집이기 때문에 교과서부터 자습서·참고서, 문제집을 충실히 공부한 후에 보아야지 처음부터 핵심정리집에 의존해서는 안 된다는 점이다. 이해가 되지 않으면 요약정리를 암기할 수도 없고, 응용 능력도 길러지지 않는다.

혼자서 핵심정리집을 만들 능력도 시간도 없거니와 실력 있는 친구들로 모둠학습을 할 수도 없다면 차선책으로 시중에 나와 있는 정리집 중 내용이 충실한 교재를 사서 거기에다 단권화를 하자. 정리집 내용이 내게 맞지 않는 부분이나 중요한 사항이 누락된 경우 그 부분을 별도로 정리하거나 다른 참고서에서 오리거나 복사해서 해당 부분에 붙여 놓는 방법이다. 혼자 정리하는 것보다는 시간을 단축할 수 있다.

단권화는 기본서에 관련 내용을 모아 놓는 방법이다. 오려붙이거나 복사나 컴퓨터에서 출력해서 붙여놓으면 되기 때문에 간편하고 시간도 적게 든다는 점이 장점이다. 내가 고시 공부를 할 때에는 상대적으로 까다롭고 어려운 과목인 경제학과 행정법만 핵심정리집을 만들었고, 나머지 과목은 기본서에 단권화를 했다. 다음 페이지의 사진은 고시 공부할 때 정치학 과목을 단권화한 샘플이다. 간단한 것은 해당 페이지의 여백에 적어 넣는다. 양이 많은 경우에는 복사를 해서 딱풀을 붙여 책 사이에 붙인다. 교과서가 충실하게 되어 있는 과목이나 수업시간에 필기가 많지 않은 과목인 경우에는 굳이 노트 필기를 별도로 하는 것보다 교과서에 직접 필기를 함으로써 단권화를 해 두는 것이 나중에 공부할 때 더 효율적이다. 교과서 내용과 필기 내용이 한눈에 유기적으로 연결되고, 교과서와 노트를 오가며 공부하는 것보다 시간도 단축된다.

　핵심정리든 단권화든 둘 중 하나는 암기할 분량을 줄이기 위해
반드시 해야 할 작업이다.

삼봉 공부법

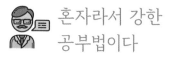 혼자라서 강한
공부법이다

　자기주도학습(Self-directed Learning)이란 '학생이 학습의 주체가
되어 학습 목표를 설정하고 학습할 내용을 정하여 자신의 능력에
맞추어 학습하며 스스로 평가하여 자신의 학습을 수정·보완하는
학습 과정', 즉 '스스로 학습 목표를 정하고 계획하면서 실천하는 학
습법'을 말한다.[9] 놀스(Knowles)에 따르면 자기주도학습이란 '타인
의 도움 없이 자기 스스로가 주도권을 가지고 학습 목표를 설정하
고 효율적인 학습 전략을 사용하며 학습 결과를 스스로 평가하는
일련의 과정'을 말한다.[10]

　학원과 과외에 의존하지 않고 자기 스스로 공부하는 자기주도학습
자의 특성을 송인섭 교수의 견해를 중심으로 살펴보면 다음과 같다.

　첫째, 자기 자신의 능력에 대해 긍정적인 자아 개념을 갖고 있다.
긍정적인 자아 개념이란 자신에 대해 긍정적인 평가를 하는 것을
말한다.[11]

---

9)　송인강, 『지금 당장 자기주도학습을 시작하라』, 행복한나무, 2010, 73쪽.
10)　송인섭, 위의 책, 20쪽.
11)　송인섭, 위의 책, 28쪽.

둘째, 자기주도학습자는 자발적으로 학습을 계획하고 실행하는 자율성이 강하다.[12]

셋째, 자기주도학습자는 외재적 동기 때문에 학습을 하는 것이 아니라 내재적 동기에 의해 학습한다. 학습에 대한 내재적 동기는 자발적·능동적으로 학습을 하도록 하고 학업 성취도가 더 좋다.

넷째, 자기주도학습자는 학습의 준비에서 평가에 이르기까지 학습 방법을 개선하고 조절하는 일련의 과정인 자기평가자의 역할을 한다.[13]

이들의 정의에서 공통적인 것을 추출하면 ① 학생이 학습의 주체로서(주체), ② 학습 목표를 설정하고(목표 설정), ③ 학습 내용을 스스로 결정하여(자율성), ④ 능력에 맞춰 스스로 학습하고(긍정적 자아, 자율성, 자신감, 동기 부여), ⑤ 학습 결과를 스스로 평가함으로써 수정·보완하는 것(자기평가)을 말한다.

삼봉 공부법은 학교 진도와 관계없이 자신이 목표를 설정해서 공부할 과목의 순서를 정하는 등 공부 계획을 만들고, 자율적으로 스스로의 능력에 따라 공부하는 방법이기 때문에 전형적인 자기주도학습에 해당한다.

그러면 자기주도학습자의 특성 중 중요한 것 3가지, 목표 설정,

---

12) 송인섭, 앞의 책, 29쪽.
13) 송인섭, 앞의 책, 29쪽.

공부 계획, 동기 부여를 자세히 살펴보자.

:; 목표 설정

목표의 의의와 기능

표준국어대사전에 따르면 목표란 "어떤 목적을 이루려고 지향하는 실제적 대상으로 삼음. 또는 그 대상" 또는 "도달해야 할 곳을 목적으로 삼음. 또는 목적으로 삼아 도달해야 할 곳"을 말한다.

목표는 공부 내지 학습 동기와 연결된다. 목표가 분명할 때 목표를 달성하겠다는 동기가 부여되는 것이다. 목표는 공부를 하게 하는 원동력이자 끈기나 지속력의 원천이다. 또한 공부하는 과정에서 찾아오게 마련인 슬럼프를 예방하거나 지연시키고 슬럼프에서 탈출하게 하는 강력한 힘으로 작용한다. 목표가 명확하게 설정되어 있다면 목표를 추구하는 과정에서 일시적인 실패를 경험하더라도 실망하지 않고 재도전하겠다는 의욕을 갖게 된다. 반면 목표가 뚜렷하지 않으면 쉽게 포기하고 좌절함으로써 다른 목표로 도피하게 된다. 이처럼 뚜렷한 목표 설정은 공부하는 과정에서 무엇보다도 중요하다.

자기조절 연구의 선구자인 반두라(Bandura)에 따르면 목표의 적절한 설정은 노력을 유발하고 끈기를 제공하며 행동의 방향성을 부여하

고 실행 과정에서 필요한 전략을 만들어 내도록 동기를 부여한다.[14]

확고한 목표의식은 결국 자신감과 결부된다. 자신감이 없어지면 목표 달성에 회의가 생기게 되고, 결국 목표의식이 흔들리게 되는 것이다. 노량진에서 공무원 수험 강의를 할 때 상담하러 찾아오는 수험생 중에 자기 성격이 공무원에 맞지 않는 것 같다고 말하는 수험생들이 가끔 있다. 공무원에 맞지 않다고 생각하면서 왜 공무원 시험에 관한 상담을 하러 올까? 이는 공무원이 되고는 싶지만 자신감이 없기 때문에 목표의식이 흔들리게 되니까 내게서 추상적인 말이나마 "네가 공부하기에 따라 얼마든지 공무원 시험에 합격할 수 있다"라는 확신의 말을 듣고 싶어서 오는 것이라 생각한다.

목표 설정은 스스로 해야

이처럼 확고한 목표의식은 공부를 하는 데 있어서 매우 중요하다. 그렇다면 목표를 어떻게 세워야 하는가에 대해 살펴보자.

어린 나이라 하더라도 목표 설정은 본인 스스로 해야 한다. 목표 설정은 동기 부여와 연결이 되는데 목표를 달성함으로써 얻게 되는 보상이나 결과가 동기 부여가 된다. 목표가 달성돼도 그 결과가 내가 원하는 것이 아니라면 동기 부여가 될 수 없는 것이다. 따라서 스스로 설정한 목표라야 내가 원하는 것이 되고 이에 도전하겠다

---

14) 하혜숙·강지현, 『심리학에게 묻다』, KNOUPRESS, 2018, 243-244쪽.

삼봉 공부법

는 동기 부여가 강하게 된다. 스스로 만든 목표일 때 내재적 동기가 강하게 유발되는 것이다. 선생님이나 부모님께서 제시한 목표에 피동적으로 따르게 되면 목표가 내면화되지 못하므로 강한 동기 부여가 되지 않는다. 따라서 다소 추상적이고 미흡한 것처럼 보이더라도 일단 목표는 자신이 스스로 세우도록 하자.

슝크(Schunk)는 초등학교 6학년 학습부진아를 대상으로 실험을 했다. 아이들은 자기 목표 설정 집단, 다른 사람에 의한 목표 설정 집단, 통제 집단으로 나뉘었다. 실험 결과 자기 스스로 목표를 설정한 집단이 다른 집단보다 자기효능감과 뺄셈 수행 기술에서 더 높은 점수를 받았고, 자기 자신의 능력에 대한 신뢰가 더 높았다.[15] 이처럼 목표는 스스로 설정해야 학습 효과가 크다.

목표는 단기적이고 구체적인 것이 좋다

목표는 시간적인 측면에서 장기 목표와 중기 목표, 단기 목표로 나눌 수 있다. 대통령이 된다는 장기 목표 아래, 서울대학교 정치학과 합격이라는 중기 목표, 학교에서의 중간고사 전교 1등이라는 단기 목표를 설정할 수가 있다. 장기 목표는 공부를 왜 해야 하는지에 대한 동기를 강하게 부여해 주고, 단기 목표는 당장 목표를 향해 공부하도록 하는 추진력을 부여한다. 물론 장기 목표는 다소 추상적

---

15) 송인섭, 앞의 책, 56-57쪽.

이고 먼 시일의 문제이기 때문에 시간이 지남에 따라 변하게 마련이다. 나의 경우도 초등학교 때는 의사가 되는 것, 중학교 때는 장군이 되어 남북을 통일하는 것, 고등학교 때는 대통령이 되는 것이 목표이자 꿈이었다. 대학 진학 후에는 통일 한국의 건국 이념을 만든다는 것으로 목표가 변화되었다. 그렇지만 나중에 목표가 바뀌는 한이 있더라도 장기 목표가 무의미한 것은 아니다. 목표가 없으면 나태해지기 쉽기 때문에 목표가 없는 것보다는 낫다. 돌아가신 김영삼 전 대통령은 중학교부터 '미래의 대통령'이라는 꿈을 갖고 독서실에도 글로 써서 붙여 놓았다고 한다. 그리고 결국 대통령이라는 목표를 현실로 만들었다. 대단한 집념이다. 그러나 보통 사람들의 경우 이렇게 먼 미래의, 달성이 될지 안 될지도 모르는 추상적인 목표를 포기하지 않고 유지하는 것은 매우 힘들다.

그래서 목표를 세울 때는 단기(근접) 목표를 설정하는 것이 좋다. 목표는 추상적인 것보다는 구체적인 것이 당장의 노력과 행동에 강한 동기를 부여한다. 중학생의 경우 영재고·과학고·외고 진학, 고등학생이라면 SKY 합격 등의 목표가 좀 더 현실적이다. 그러나 이것도 몇 년이 걸리는 중기 목표이기 때문에 중간고사 전교 1등, 수학 100점이라는 구체적인 목표가 당장의 공부에 도움이 된다. 이것도 긴 기간이라고 생각하면 하루에 영어 단어 300개 외우기, 하루에 수학 문제 30개 풀기 등 일일 목표를 설정하는 것도 좋다.

구체적으로 목표를 정할 경우에도 하루 공부 시간 10시간은 큰 의미가 없다. 공부는 반드시 시간에 비례하지 않는다. 집중이 되지 않은 10시간은 집중해서 공부하는 1시간보다 못하다. 그래서 공부 시간보다는 공부량을 기준으로 목표를 정하는 것이 좋다. 하루 300쪽 읽기, 수학 문제 100 문제 풀기, 영어 단어 300개 암기 등의 목표가 더 낫다. 나는 고시 공부를 할 때 민법이나 행정법 같은 법학 과목은 하루에 300쪽, 정치학이나 행정학, 정책학 등의 사회과학은 600쪽 읽는 것을 목표로 했다. 컨디션이 좋은 날은 오후 4시에 공부를 마무리하고 술을 마시러 나가기도 하고 집중이 되지 않는 날은 밤까지 공부해도 목표를 달성하지 못하기도 했다. 중요한 것은 공부 시간이 아니라는 말이다.

단기 목표는 성과가 단기간에 확인 가능하기 때문에 강력한 동기부여가 되고 달성됐을 때는 자기효능감이 충족되며 실패했더라도 다시 조만간에 실현 가능한 목표를 새로 설정하고 도전함으로써 새로운 동기를 부여받는 원동력이 된다.

목표 달성의 난이도와 능력을 고려해서 결정해야

목표를 세울 때는 목표 달성의 난이도와 자신의 능력을 고려해서 결정하는 것이 좋다. 목표가 행동을 유발하는 요소로 기능하는 이유는 목표를 달성하는 데서 오는 성취감과 자기효능감 때문이다. 따라서 자신의 능력에 비해 너무 쉬운 목표라면 성취감이 적기 때문에 동기 부여와 추진력으로 작용하기 어렵다. 반면 자신의 능력에 비해 너무 어려워도 쉽게 포기하게 되므로 역시 행동으로 연결되기가 어렵다. 따라서 목표는 내가 좀 더 노력해서 달성할 수 있는 정도의 수준과 난이도로 설정하는 것이 좋다. 그래야 동기 부여도 되고, 해 보자는 의지도 생기게 되며, 과연 목표를 달성하게 될까 하는 흥미도 생기기 때문이다. 목표가 달성되는 것을 경험하면서 성취감도 생기게 되고, 이는 다음 목표에 영향을 주게 마련이다. 지금 목표보다 조금 더 높은 목표에 도전할 수 있는 동기가 되고 추진력이 되는 것이다. 현재의 목표도 달성했으니 다음 목표도 분명히 달성할 수 있을 거라는 확신과 자신감이 생기게 된다.

수행목표, 숙달목표

드웩(Dweck)은 수행목표(Performance Goal)와 숙달목표(Learning Goal)를 구별하고 그에 따른 행동의 차이에 주목했다. 즉, '수행목표'란 '능력'에 대해 다른 사람으로부터 긍정적 평가를 얻고자 하는 목표이고, '숙달목표'는 '노력 자체'에 대해 긍정적 평가를 얻고자 하는 목표이다. 수행 목표를 추구하는 경우에는 능력에 대한 낮은 평가를 받을까 두려워서 힘든 과제의 수행을 피하려 하고, 숙달목표를 추구하는 경우에는 결과 자체에 대한 두려움이 없기 때문에 과감하게 어려운 과제를 추구하게 된다.[16]

---

16) 송인섭, 앞의 책, 58쪽.

삼봉 공부법

:: 공부 계획

계획은 절대적인 것이 아니라 수단에 불과하다

공부에 관해 다루고 있는 많은 책에서 공부 계획의 중요성을 강조한다. 심지어 공부 계획에 관한 내용으로만 단행본이 출판되기도 한다. 그러나 복잡하게 살지 말자. 노트 필기법 책 한 권을 모두 외워 실천하고, 계획 수립법 책도 외우고…. 이렇게 하다간 공부를 시작하기도 전에 공부에 관한 책만 수백 권 읽고 요약정리를 해서 암기해야 할 판이다.

계획적인 공부가 특히 필요한 경우

계획은 초등학생처럼 어린 나이에는 반드시 필요하다. 공부 습관을 기르기 위해서는 계획적인 생활이 필요하기 때문이다. 재수생의 경우 기숙 학원 같은 곳에서 고등학교처럼 일과를 관리해 주는 경우가 아니라면 계획이 필요하다. 그렇지 않으면 지나치게 나태한 생활을 하게 되고 공부 리듬과 습관 자체가 무너질 가능성이 높기 때문이다. 또한 의지가 지나치게 약한 수험생의 경우에도 세부적인 계획이 필요하다.

그러나 어느 정도 성장한 이후에는 계획 수립이 절대적인 것은 아니라고 생각한다. 성격에 따라 계획적인 생활이 잘 맞는 사람도 있고 안 맞는 사람도 있다. 난 천성적으로 낙천적인 사람이라 계획을 세워 공부를 하는 데 답답함을 느끼는 경우에 속한다. 물론 나도 초등학교 때 실과라는 과목을 배우면서 생활계획표를 짜 본 경험이 있다. 그런데 다음 날부터 당장 계획표 수정 작업이 시작되었다. 공부 시간은 좀 줄이고 잠자는 시간과 텔레비전 시청 시간은 늘렸다. 그런데도 다음 날 계획대로 되지 않자 다시 공부 시간을 줄이고 잠자는 시간을 늘리는 것으로 수정을 하게 되었고, 결국 6일간 계속되는 수정 작업 끝에 계획표를 없애 버렸다. 계획을 세우는 의미가 전혀 없어지고 말았기 때문이다. 그냥 학교 수업 열심히 듣는 것으로 만족했다. 사실 재학 중인 경우 공부 계획의 필요성은 그다지 크지 않다. 학교 일과 이외의 시간에 공부를 하느냐 안 하느냐는 공부 습관이 되어 있는가 아닌가가 더 중요하지, 계획을 세우는가 아닌가가 중요한 것이 아니다. 즉, 공부 습관이 되어 있다면 구체적인 계획이 없더라도 학교 수업이 끝난 후에 자연스럽게 공부를 하게 된다. 그러나 공부 습관이 되어 있지 않은 경우에는 아무리 계획을 세워도 실천이 안 되는 경우가 더 많다. 내 생각에는 공부 계획을 짜는 것보다 공부 습관을 들이는 것이 더 중요하다.

삼봉 공부법과 공부 계획

특히나 삼봉 공부법으로 공부를 하는 경우에는 계획의 중요성이 그리 크지 않다. 뚜렷한 목표의식과 공부할 과목의 순서, 과목별 공부 시간 정도만 계획하면 된다. 중고등학생이라면 영어 2달, 수학

1달, 국어 1달, 기타 암기 과목은 2주 만에 끝낸다는 계획 정도면 족하다. 고시 공부를 할 때는 민법 3달, 행정법 2달, 경제학·정치학·행정학·정책학 등 사회과학은 1달이면 족하다. 영어 공부 기간으로 2달을 잡았는데 정복하지 못했더라도 일단 다음 과목으로 넘어가는 것이 좋다. 계획은 절대적으로 지켜야 할 것이 아닌 공부를 꾸준하게 지속하기 위한 수단에 불과하기 때문이다. 그리고 다른 과목에서 시간이 단축됐을 때 나머지 부분을 공부하거나 다른 과목이 끝난 다음 다시 공부해도 된다. 컨디션이 좋으면 진도를 치고 나가고 안 좋으면 쉬는 것이다. 그냥 자연적인 신체리듬에 맡기면서 공부하면 된다.

계획은 유연하게 짜라

계획은 너무 빡빡하게 세우지 않는 것이 좋다. 무리한 계획을 세워 놓고 스트레스를 받거나 계획을 실천해야 한다는 강박관념에 시달리고 계획을 실천하지 못했다는 패배감에 휩싸인다면 주객이 전도된 꼴이다. 계획을 실천 가능한 범위에서 조금 느긋하게 수립하면 계획을 실천했다는 성취감과 자기효능감을 느낄 수 있다. 또한 계획은 절대적인 것이 아니다. 계획대로 실천이 되지 않는 경우 과감하게 계획을 수정하는 것이 좋다. 그렇게 몇 번의 수정 과정을 거치게 되면 자기의 생체리듬에 맞는 계획이 완성될 것이다.

:; 동기 부여

동기란 무엇인가?

국어사전에 따르면 동기란 '어떤 일이나 행동을 일으키게 하는 계기'를 말한다. 결국 동기는 행위나 행동과 관련된다. 어떤 행위를 하게 된다는 측면에서 동기는 행위의 방향을 제시하고, 얼마나 열정적으로 하는가는 동기의 활성화 내지 강도와 관련된다. 즉, 어떤 행위를 얼마나 열정적으로 행하게 하느냐가 동기의 문제인 것이다.

동기는 욕구(慾求, Needs)와 추동(趨動, Drives)으로 구성되어 있다. 욕구는 결핍에서 생기는 것으로서 생리적인 것이나 심리적인 것에서 기인한다. 갈증이라는 수분의 결핍이 물의 보충이라는 행동을 낳는 동기가 되는 것이다. 현재의 낮은 수학 점수라는 결핍이 수학 성적을 높이겠다는 욕구를 낳고 이는 수학 성적 90점이라는 목표를 달성하게 하는 공부라는 행동을 낳는 동기가 되는 것이다. 동기란 내적 결핍(욕구)이 어떤 목표를 달성하도록 행동하게 하는 것이므로 목표와도 관련된다. 목표를 달성해서 욕구가 충족되면 행동을 유도하는 동인은 사라진다. 이때 수학 성적 100점이라는 새로운 목표를 설정함으로써 수학을 계속 공부하는 동기가 유지될 수 있다.

반두라도 동기의 원천으로 적극적인 목표의 설정과 자기효능감에 의해 영향 받는 가능한 행동 결과에 관한 사고와 심상을 들고 있다.[17] 자기효능감이란 자기가 특정 영역의 일이나 특정 과제를 제대로 수행할 수 있을지의 여부에 대한 일종의 예측을 의미한다. 그 예측이 긍정적일 때는 그 과제를 수행하고자 하는 동기가 더 강해질 것이고, 수행할 수 없을 것이라는 예측을 할 때는 그 과제를 하지 않으려고 한다. 즉, 자기효능감은 성취동기와도 직접 관련이 있는 개념이다.[18]

매슬로의 욕구 5단계와 동기

유명한 인본주의 심리학자인 매슬로(Maslow)는 인간의 욕구에 관한 5단계설을 주장한 바 있다. 즉, ① 생리적 욕구(배고픔·갈증·추위 회피·피로 해소·고통 회피·성적 욕구), ② 안전 욕구(옷이나 집을 가짐으로써 위험에서 자신을 보호하고자 하는 욕구, 범죄나 재정적 압박에서 안전하고자 하는 욕구 등), ③ 소속과 사랑의 욕구(가족·사회집단·친구들에게 수용받고 사랑받고 싶은 욕구), ④ 존경의 욕구(남의 존경을 받고 싶은 욕구로서 성취욕, 인정받고 싶은 욕구, 능력을 가지고 싶은 욕구, 특권과 지위에 대한 욕구 등), ⑤ 자아실현의 욕구가 그것이다. 그런데 욕구는 하위 단계의 욕구가 충족되어야 상위 단계의 욕구가 추구된다. 예컨대 배고픔·갈증 등의 생리적 욕구가 충족돼야 안전의 욕구를 추구하게

---

17) 이성진·박성수 공저 『교육심리학』, KNOUPRESS, 2018, 114쪽.
18) 조화태·김계현·전용오 공저, 앞의 책, 154쪽.

된다는 것이다.[19]

매슬로의 욕구 5단계설은 과거 행정고시에서 행정학 문제로 자주 출제된 주제이기도 한데, 두문자를 따지 않고 상식적으로 이해하더라도 외우지 않고 정리할 수 있다. 일단 이성보다 본능이 우선이다. 그런데 본능적 욕구에 해당하는 것이 생리적 욕구이다. 이것이 안전 욕구보다 우선한다는 것은 산에서 길을 잃어 조난되었을 때 졸음을 참지 못하고 자면서 얼어 죽는 사례를 보면 쉽게 이해할 수 있다. 안전보다 수면욕이라는 본능적 욕구가 우선이라는 것을 알 수 있다. 일단 등이 따뜻하고 배루르고 잠을 실컷 자고 나면 이 생활이 지속될 수 있을지 걱정이 된다. 즉, 안전 욕구가 생기게 되는 것이다. 안전 욕구가 충족되면 외로움을 느끼게 된다. 그래서 친구들이나 직장 동료들과 어울리고 싶은 욕구인 소속과 사랑의 욕구라는 사회적 욕구가 생긴다. 동창회에 가서 어울리는 것까지는 됐는데 왠지 친구들이 나를 무시하는 것 같다. 그러면 이때 남들로부터 인정받고 싶은 존경의 욕구가 생긴다. 먹고사는 것도 해결됐고 동창회나 모임에도 자주 나가고 친구들이나 직장 동료들도 나를 존중하는 것 같은데 근원적인 삶의 허함을 느끼게 된다. 이때 자아실현의 욕구가 생기는 것이다. 내가 수험생 때 외운 암기 방식이다.

노량진에서 행정법을 강의할 때 수험생들에게 매슬로의 욕구 5단계

---

19) 조화태·김계현·전용오 공저, 앞의 책, 141-142쪽.

를 소개하면서 공무원이라는 신분은 적어도 존경의 욕구까지는 충족이 되는 조건이라고 강조한 바 있다. 공무원은 먹고사는 문제를 국가나 지방자치단체가 죽고 난 이후까지 책임지기 때문에 생리적 욕구와 안전 욕구가 충족이 되고, 어디를 가도 무시를 당하지 않을 정도의 대우를 받기 때문에 사회적 욕구와 존경 욕구까지 충족이 된다. 따라서 공무원 시험 합격이라는 목표를 흔들리지 않고 추진할 동기로 삼을 만하다고 강조했다. 초중고 재학생들은 생리적 욕구와 안전 욕구는 부모님이 책임지니까 공부를 잘함으로써 다양한 친구들과 교류하고 친구들에게 존중을 받겠다는 욕구를 충족시키겠다는 것을 동기로 삼으면 좋다. 더 나아가 공부를 통해 내 자아의 정체성을 확립하고 자아실현을 하겠다는 생각을 한다면 금상첨화다.

동기의 강도

동기가 강한가 약한가에 따라 행동의 추동력이 강한가 약한가가 결정된다. 그런데 동기의 강도와 관련되는 것으로 불안을 들 수 있다. 목표를 달성해서 욕구를 해소하겠다는 동기가 강할 경우 실패에 대한 두려움으로 불안이 생긴다. 반면에 동기가 약한 경우에는 실패에 대한 두려움도 없기 때문에 불안할 일도 없다. 불안의 정도가 낮으면 공부량이 적고, 불안의 정도가 높아지면서 공부량이 늘게 되는데 중간 수준을 넘어서면 공부량이 줄게 된다. 지나친 불안으로 인해 공부에 집중하지 못하기 때문에 생기는 현상이다. 불안은 달리 말하면 긴장감이라고 표현해도 좋다. 즉, 수험생은 시험 성적이라는 결과가 나오기까지 일정한 정도의 긴장감을 유지하는 것이 좋다는 결론이 도출된다.

동기의 강도와 관련되는 또 다른 것으로 '기대수준(期待水準, Goal Expectancy Level)'이 있다. 기대수준이란 일정한 과제에 대한 구체적 성취의 수준을 말한다. 성취에 대한 기대수준이 높을 경우 동기가 강화되고, 그렇지 않을 경우에는 동기가 약화된다. 기대수준은 성공의 경험을 통해 자신감이 축적되면 높아지게 되고, 자신에 대한 스스로의 평가도 높아지기 때문에 자아개념과도 밀접한 관계가 있다. 그러기 때문에 달성 가능하고 성취가 가능하면서도 적당하게 도전적인 기대수준을 설정할 때 동기가 가장 강하게 된다.[20]

내재적 동기와 외재적 동기

라이언과 데시(Ryan & Deci)는 동기를 외재적 동기와 내재적 동기로 구분한다.[21]

외재적 동기는 외적인 보상을 얻기 위해 행동하는 것으로, 외적 보상은 칭찬, 원하는 학교에 합격하는 것, (용)돈이나 재산, 지위나 권력의 획득, 사회적 인정(사랑하는 사람이나 좋아하는 선생님에게 잘 보이거나 인정받기 위한 것 등)과 명예 등과 같이 외부에서 발생하는 행

---

20) 이성진·박성수 공저, 앞의 책, 103-104쪽.
21) 하혜숙·강지현 공저, 앞의 책, 243쪽.

삼봉 공부법

동 유인 요인을 의미한다. 중앙부처 공무원의 경우 국비유학을 가게 되면 학비와 생활비를 지원받게 된다. 귀국 후에도 영어가 가능하기 때문에 나중에 서기관으로 진급할 때 주재관으로 외국에 3년간 파견을 나가게 된다. 부이사관으로 진급해도 3년간 주재관으로 나가게 된다. 그래서 행정고시 출신 공무원의 자녀들은 국비유학과 주재관 생활을 통해 외국 생활을 하기 때문에 3개 국어를 기본으로 하게 된다. 물론 나처럼 유학을 가기 전에 사표를 낸 경우는 예외이지만. 이처럼 국비유학을 가고 외국 생활을 오래 하겠다는 동기도 외재적 동기의 일종이라고 할 수 있다.

합격기를 읽어 보면 미래에 명문대에 합격해서 멋진 여학생들과 데이트하는 모습을 그려보면서 동기 부여를 했다는 애기들이 많이 있다. 연애는 공부를 잘하게 되는 것에 부수적으로 따라오는 것이 아니다. 분명히 말하지만 공부와 연애는 전혀 별개이다. 공부와 별개로 자신의 인간적인 매력을 가꾸는 노력을 해야 한다. 공부 잘하는 남학생이 결혼 시장에서는 몰라도 연애 과정에서는 별 매력이 없다는 서글픈 현실도 직시해 보자. 법대생들은 미팅에서 가장 소외된 그룹이다. 고리타분하다고 생각해서 미팅을 하려고 하는 여대가 거의 없었다. 내가 대학에 다닐 때 우리 과와의 미팅에 응한 여대는 숙명여대 소비자경제학과, 성심여자대학교[22] 불어불문학과 정도였다. 공부와 인간

---

22) 1995년 가톨릭대학교와 통합되었다.

관계 그리고 인간관계의 특수한 형태인 연인관계는 별개이기 때문에 공부와 별도로 노력해야 함을 명심하자. 명문대라는 간판이 아니라 내가 공부를 열심히 함으로써 다양한 지적 능력으로 인간적 매력을 길러서 이성과 사귀겠다는 동기가 인간다운 동기라고 할 수 있다.

반면에 내재적 동기는 어떤 외부적 보상과 상관없이 그 일 자체를 위한 행동으로 나아가도록 하는 동기를 말한다. 내가 심리적으로 성장하는 것, 자아를 실현하고자 하는 욕구, 일이나 공부 자체에 흥미를 느끼는 것, 새로운 분야의 지식을 쌓아가는 데서 느끼는 만족감, 호기심을 충족하는 데서 느끼는 재미 등이 그에 해당한다.

성취동기란 도전적인 과제를 성취함으로써 만족을 얻으려고 하는 욕구를 말한다. 공부와 관련해서는 학업 성취에 대한 의욕 또는 동기라고 할 수 있다.[23] 성취동기는 외적인 보상이 아니라 성취 자체에서 즐거움과 만족을 얻겠다는 것이기 때문에 내재적 동기의 일종이라고 할 수 있다.

데시(Deci)에 따르면 내적 동기의 구성 요소는 역능감(Competence)과 자기결정(Self-determination)이다. 어떤 결정이든 내 자신에 의한 것이지 다른 외적 압력에 의한 것이 아니라는 생각이 바로 자기결정이다.[24]

외재적 동기는 타인에 의해 유도되는 피동적인 동기이고, 내재적

---

23)   이성진·박성수 공저, 앞의 책, 108쪽.
24)   이수원 외, 『심리학 - 인간의 이해』, 정민사, 1993, 82쪽.

동기는 스스로가 만든 능동적이고 자율적인 동기이다. 따라서 학업 성취도는 내재적 동기에 의한 경우가 높게 마련이다. 외재적으로 동기화된 행동은 보상이 없어지면 다시 일어나지 않는다는 한계가 있다. 또한 외재적 보상이나 처벌이 내재적 동기를 감소시킬 수 있다. 문제는 공부를 싫어하는 사람이 갑자기 공부에 흥미를 느끼고 재미있게 공부를 하게 되기가 현실적으로 무척 어렵다는 것이다. 따라서 공부를 처음 시작할 때 절대 강요를 하면 안 된다. 스스로가 필요를 느껴 공부를 할 때까지 기다려야 한다. 물론 언제까지 기다려야 하나 답답할 것이다. 그래도 믿고 기다려 줘야 한다. 다른 일은 몰라도 적어도 공부만큼은 내가 원해서 자발적으로 하지 않으면 아무 의미가 없다. 책상에 오래 앉아 있도록 아무리 감시해도 다른 생각을 하고 앉아 있으면 전혀 의미가 없는 것이다. 언젠가는 공부에 흥미를 느낄 때가 오게 마련이다. 아이를 믿고 기다려라.

그러나 외재적 동기가 전혀 무의미한 것은 아니다. 공부에 내재적 동기를 느낄 때까지 외재적 동기로 아이를 유인하고 — 강제는 절대 안 된다 — 아이가 공부에 익숙해지고 재미를 느끼게 되면 차츰 보상을 간헐적으로 주면서 외재적 동기에 의한 공부를 줄여 나가는 방법을 선택하길 권한다.

나만의 공부 시간을 확보하라

자기주도학습은 말 그대로 내가 주도적으로 공부의 목표를 설정하고 계획을 수립하며 스스로의 노력과 능력으로 공부를 실행하며 그 결과에 대한 평가를 스스로 행하는 것을 말한다. 따라서 스스로의 능력으로 공부할 시간을 확보해야 하는 것은 당연하다.

학교 수업이나 학원 강의를 제외하고 순수하게 스스로 공부하는 시간이 몇 시간인지 스톱워치를 사용해서 재 보는 것이 좋다. 공부하기 시작할 때 눌렀다가, 화장실을 갈 때나 식사를 할 때나 공부를 중단할 때 시계를 멈추면 순수한 공부 시간이 얼마인지 알 수 있다. 참고로 고시 3개 모두 합격한 고승덕 씨는 하루 17시간이 순수한 공부 시간이었다고 한다.

누누이 강조하지만 수업이나 강의는 내 공부를 위해 필요한 수단에 불과하다. 수업은 선생님의 지식을 수단으로 해서 내 지식으로 만들기 위한 도구이다. 수업을 들을 때 이해가 되는 것 같은 착각에 빠진다. 그러나 그건 이미 지식을 소화한 선생님의 목소리이지, 결코 내 지식으로 바로 연결되는 것이 아니다. 그래서 결국 수업을 들은 후에는 반드시 책과 수업을 통해 이해하고 획득한 정보를 내 지식으로 만드는 작업이 필요하다.

수업을 들을 때 알겠다는 느낌이 드는 것과 실제 내가 아는 것은 다르다. 수학 시간에 선생님께서 풀어 주신 문제 풀이를 다 이해한 줄 알았는데 막상 혼자 풀어 보려면 풀리지 않는 경우가 많다. 그래서 알 것 같을 때 완전히 내 지식으로 만들기 위한 복습이 절대적으로 필요하다. 수업을 듣고 내용을 이해할 때 내 것으로 만드는 것은 쉽다. 그러나 시간이 한참 지나 혼자서 공부하자면 이해부터 되지 않는 경우가 많다.

맹목적으로 수업만 듣는 것은 피동적인 학습 태도이다. 자기주도학습은 능동적인 학습 태도이다. 일단 수업시간에도 능동적으로 집중해서 들어야 하지만, 수업 시간에 배운 내용을 완전히 내 것으로 만들겠다는 능동적이고 적극적인 자세가 필요하다.

학교 수업은 내신을 대비하기 위해서도 반드시 들어야 하지만, 학원 강의는 가능하면 최소화하는 것이 바람직하다. 학교 수업 이후에도 여러 강의를 들어야 해서 밤늦게 일과가 끝난다면 정작 내가 스스로 읽어 보고 이해하고 정리할 시간을 확보힐 수 없다. 학원 강의는 혼자 책을 읽거나 학교에서 수업을 들었음에도 학교 진도를 따라가기 어려울 정도로 취약한 과목에 한정해서 들어야 한다. 학원 수강은 돈만의 문제가 아니다. 시간적인 측면도 따져봐야 한다. 지나친 수업은 돈과 시간을 함께 낭비하는 것임을 잊어서는 안 된다.

학원 강의를 듣는다 하더라도 어느 정도 기초 개념과 지식을 스스로 공부한 후에 하는 것이 좋다. 취약한 부분이 무엇인지 미리 앎으로써 학원 강의에 더 몰입하고 집중할 수 있게 된다. 결국 학원 강의를 듣기 위해서도 나만의 공부 시간은 여전히 필요한 것이다.

학원 강의를 많이 듣고 과외를 받고 있다는 자체에 안도하는 것은 값싼 위안이다. 학원 강사는 분명 여러분보다 더 먼저 공부를 한 사람이기 때문에 그 과목에 관한 한 아는 것이 많다. 그러나 아무리 많은 수강료를 지불한다 하더라도 여러분의 시험을 대신해 줄 수는 없다. 만일 학원 강사가 여러분의 시험을 대신해서 대리시험을 친다면 형법적으로 위계에 의한 공무집행방해죄와 주거침입죄로 처벌받게 된다. 학원 강의를 듣더라도 강사의 지식과 노하우를 온전히 내 것으로 소화하기 위해서는 나만의 공부 시간 확보가 절대적으로 필요하다는 것을 명심하자.

나만의 공부 시간을 충분히 확보하기 위해서는 학원 강의 수강을 최소화하는 것과 함께 불필요하게 낭비되는 시간을 줄이는 생활 습관도 필요하다. 물론 잠은 7시간 이상 충분히 자야 한다. 시간을 확보하기 위해서 잠자는 시간을 줄이는 것처럼 어리석은 일은 없다. 깨어 있는 시간을 최대한 효율적으로 활용하는 쪽에서 실마리를 마련해야 한다. 일단 TV 시청은 완전히 끊는 것이 좋고 스마트폰 들여다보는 시간은 최소화하는 것이 좋다. 점심시간이나 학교 수업이 끝난 직후, 하루 공부를 마무리하고 잠자리에 들기 직전에 잠깐 문자를 확인하는 정도로 최소화하는 것이다.

왜 삼봉 공부법인가?

조선시대 '공부의 신'
율곡과 퇴계의 공부법

: ; 조선시대의 보편적 공부법, 삼봉 공부법

　조선시대의 교육기관으로 오늘날 국공립학교에 해당하는 관학에는 한양에 성균관과 사학(四學), 지방에 향교가 있었고, 사립학교에 해당하는 사학(私學)기관으로는 서원과 서당이 있었다. 사학(四學)의 교육은 성균관 유생과 마찬가지의 일수로 사서오경을 읽어 나가도록 규정되어 있다. 예컨대『대학』은 한 달,『중용』은 두 달,『논어』와 『맹자』는 넉 달을 기한으로 읽어 나가는 식이다.[25] 즉,『대학』에 정통할 때까지 한 달 내내『대학』공부만 하고, 그 후에『논어』와『맹자』도 각각 넉 달간 집중적으로 공부한 것이다.

---

25)　조화태·박종배,『교육사』, KNOUPRESS, 2017, 113쪽.

:: 율곡 이이

율곡 이이 선생은 13세 때 초시에 장원급제한 것을 비롯하여 아홉 번이나 대소 과거에 장원급제하여 구도장원공(九度壯元公)으로 유명한 조선시대 대학자이다. 즉, 그는 13세에 진사 초시 진사해(進士解) 급제, 21세에 한성시에 급제, 대책(對策)에서 장원, 23세에 문과 별시 초시에 장원급제, 29세에 생원과 진사과에 급제(초시와 복시에서 장원), 식년 문과에도 급제(초시, 복시, 전시 모두 장원)하여 모두 9번의 장원급제를 한 것이다.

다만, 13세에 소과 초시에 장원급제를 했음에도 대과에 최종 합격한 것은 29세라는 점이 의아스러울 것이다. 이는 율곡 이이 선생이 천재적인 머리를 갖고 있음에도 불구하고 어머니인 신사임당의 갑작스러운 죽음과 어머니의 임종을 지키지 못했다는 자책감에서 방황했기 때문이다. 율곡 선생이 16세에 큰형과 함께 아버지를 따라 평안도에 다녀오는 도중에 어머니 신사임당이 세상을 떠났다. 방황하던 율곡 선생은 19세에 금강산에 들어가 승려 생활을 1년 동안 하고 깨달은 바 있어 다시 속세로 내려오게 된다. 이때 살아 있는 부처 소리를 들을 정도로 불교에 정진했는데, 이는 나중에 율곡 선생의 인생에 큰 오점으로 따라다니게 된다. 성균관에 입학한 후에도 왕따를 당할 정도로.

오랜 시간 방황으로 학문에 소홀했음에도 율곡 선생은 21세에 한

성시에 장원급제를 하게 된다. 이도 율곡 선생이 삼봉 공부법으로 집중적으로 공부를 했기 때문에 오랜 공백에도 불구하고 암기력이 지속되어 가능했다는 사실을 증명하고 있다.

참고로 조선시대의 과거 시험 중 문과에 대해 도표로 정리하면 아래와 같다.[26] 과거 합격이 한 번의 시험으로 끝나는 것이 아니라 여러 단계를 거쳐야 하는 쉽지 않은 과정이라는 것을 알 수 있다.

구분			내용
소과	생원시	초시	각 지역별로 실시. 700명 선발. 오경의(五經義, 오경의 뜻풀이)와 사서의(四書疑, 사서의 의문점) 2편이 시험 과목. 사서오경에 관한 논술 시험. 경학에 대한 소양을 주로 시험.
		복시	초시 합격자들을 서울에 모아 시험. 시험 과목은 초시와 같으나 『소학(小學)』과 『가례(家禮)』에 관한 독습(讀習) 여부를 평가받는 학례강(學禮講)이라는 예비 시험을 통과해야 함. 100명 선발. 생원 칭호, 성균관 입학 자격.
	진사시	초시	각 지역별로 실시. 700명 선발. 부(賦) 1편, 고시(古詩)·명(銘)·잠(箴) 가운데 1편. 시부(詩賦) 중심의 문학적 능력을 시험하는 데 중점.
		복시	초시 합격자들을 서울에 모아 시험. 시험 과목은 초시와 같으나 『소학(小學)』과 『가례(家禮)』에 관한 독습(讀習) 여부를 평가받는 학례강(學禮講)이라는 예비 시험을 통과해야 함. 100명 선발. 진사 칭호, 성균관 입학 자격.

26)   조화태·박종배의 『교육사』 119-121쪽에 나오는 내용을 도표로 정리한 것임.

구분			내용
대과	초시	내용	성균관에서 치르는 관시(館試), 서울에서 치르는 한성시(漢城試), 지방에서 치르는 향시(鄕試). 제술 시험. 240명 선발.
		초장	사서오경에 대한 의의(疑義) 또는 논(論) 가운데 2편.
		중장	부(賦)·송(頌)·명(銘)·잠(箴)·기(記) 가운데 1편과 표(表)·전(箋) 가운데 1편.
		종장	책(策) 1편.
	회시	내용	서울에서 실시. 33명 선발. 『경국대전』과 『가례』에 대한 예비시험인 전례강(典禮講)을 치른 다음 본시험.
		초장	사서삼경에 대한 강강, 즉 구두 문답시험.
		중장	초시와 같은 과목.
		종장	초시와 같은 과목.
	전시 제시된 제목에 대한 대책(對策)이나 표·전·잠·송·제(制)·조(詔) 1편을 지음.		순위시험. 갑과 3명, 을과 7명, 병과 23명. 갑과 1등인 장원은 종6품, 나머지 2명에게는 정7품, 을과 7명은 정8품, 병과 23명은 정9품.
			제시된 제목에 대한 대책(對策)이나 표·전·잠·송·제(制)·조(詔) 1편을 지음.

그는 본인이 쓴 『격몽요결』에서 다음과 같이 공부법에 대해 소개하고 있다. 한 책을 모두 깨달아 통달한 후에 다른 책으로 전환하라는 것이다. 이른바 삼봉 공부법과 같은 내용이다.

"대체로 글을 읽는 데는 반드시 한 가지 책을 읽어서 그 의리와 뜻을 모두 깨달아 모두 통달하고 의심이 없이 된 연후에라야 비로소 다른 책을 읽을 것이고, 여러 가지 책을 탐내서 이것저것을 얻으려고 바쁘고 분주하게 섭렵해서는 안 된다."[27]

---

27) 이이, 이민수 옮김, 『격몽요결』, 을유문화사, 2008, 254쪽.

삼봉 공부법

:; 퇴계 이황

퇴계 이황 선생도 평소 제자들에게 한 권의 책을 반복해서 읽기를 강조했다.

> "대개 독서하는 사람은 비록 문장의 뜻을 이해하고 있더라도 그 문장에 익숙해지지 않으면 읽은 후 즉시 잊어버린다. 그래서 마음에 간직할 수가 없다. 이미 공부한 것은 반드시 익숙해지도록 더욱 힘을 써야 한다. 그런 다음에야 마음속에 간직할 수가 있으며 흠뻑 젖어드는 묘미를 느낄 수 있다."[28]

:; 다산 정약용

여유당전서 500여 권을 저술한 조선 최대의 학자 정약용 선생도 17세에 동림사에 들어가 매일 『맹자』만 집중적으로 공부해서 40일 만에 『맹자』를 정복했다.

---

28)   최효찬, 『세계 명문가의 독서교육』, 바다, 2010, 115쪽.

:; 서애 유성룡의 맹자 20회독

임진왜란 때 활동한 서애 유성룡 선생은 『맹자』를 스무 번이나 되풀이해 읽어서 처음부터 끝까지 줄줄 외우게 되었다고 한다. 그럼에도 훗날 『맹자』를 포함해 고전을 일백 번 읽지 못한 것을 후회했다고 한다. 그는 "만약 그렇게 했더라면 성취한 것이 지금처럼 데면데면하지 않았을 텐데"라고 그 시절을 회고했으며, 이미 19세에도 『맹자』를 암송하여 기억을 했지만, 그 정수와 핵심을 파악하지 못했다고 자평하기도 했다.[29]

:; 우암 송시열 맹자 천 회독, 역사책 백 회독

우암 송시열은 반복 읽기의 대가였는데, 그는 『맹자』를 무려 천 번이나 읽어서 '맹자 천 편'의 주인공이 되었다고 한다.[30] 또한 9세에 역사 관련 서적 한 권을 일백 번 되풀이해서 읽으니, 문리가 트이고 두 번째 권을 읽을 때 다른 사람에게 물어볼 게 적어졌다고 한다.[31]

---

29) 신정근, 『맹자와 장자, 희망을 세우고 변신을 꿈꾸다』, 사람의무늬, 2014, 109-110쪽.
30) 신정근, 위의 책, 110쪽.
31) 신정근, 위의 책, 112쪽.

삼봉 공부법

∷세종대왕의 백독백습 독서

삼봉 공부법은 사대부들만의 공부 방법은 아니었다. 조선시대 대표적인 학자적 군주로 꼽히는 세종대왕과 정조대왕도 삼봉 공부법으로 공부했다. 백독백습이란 '백 번 읽고 백 번 익힌다'라는 의미다. 세종대왕은 좋은 책을 본 뒤에는 그 내용을 잊지 않기 위해 20~30여 번씩 반복해 읽었다. 서거정의 『필원잡기』에 따르면 『좌전』과 『초사』는 일백 번 이상, 『구소수간』은 일천 번 이상 읽었다고 한다.[32]

∷정조대왕

정조대왕은 단순히 책을 반복해서 읽는 것을 넘어 특히 요약정리의 대가이기도 하다. 정조의 독서법은 "맹자는 숙독(熟讀)해서 그것을 내 배(가슴) 속에 자리하도록 먼저 수백 수천 번을 읽고, 끝나고 난 후에 다시 읽으면 저절로 정통해진다"라는 글에 잘 나타나 있다. 한편, 정조는 『맹자』를 읽으면서 차기(箚記), 즉 독서 노트를 만들었다.

정조는 『주자절요(朱子節要)』를 읽으면서 "한 편을 읽을 때마다

---

32) 김경태, 『일년만 닥치고 독서』, 미다스북스, 2018, 328쪽.

반드시 수십 번씩 읽었고, 한 권이 끝날 때마다 반드시 앞에서 끝까지 실마리를 찾아가며 한 책씩 마쳤다. 전질을 이렇게 다 읽고 나서 그 가운데서 정수만을 뽑아서 세 책의 『자양자회영(紫陽子會英)』을 만들었다"라고 한다.[33]

: : 병조판서 채제공의 활쏘기

1777년 규장각이 완공되었을 때 정조대왕은 불운정에서 신하들에게 활쏘기를 시켰는데, 당시 병조판서였던 채제공이 쏜 화살은 과녁에 미치지도 못하고 떨어졌다. 이튿날은 채제공을 활쏘기에 부르지도 않았다. 병조판서라는 자리는 임금이 갑자기 위험에 처하게 될 때 임금을 지켜야 하는 자리인데 활쏘기에도 참여하지 못하자 그는 부끄러움을 느꼈다. 그래서 그 이튿날부터 수십일 동안 쉬지 않고 활을 쏘았다. 그러던 어느 날 정조대왕이 춘당대에서 신하들에게 활을 쏘게 했는데, 채제공이 요즘 활쏘기를 익힌다는 소식을 듣고 채제공에게도 활쏘기를 권하자 화살 다섯 개 가운데 네 개가 명중했다. 활쏘기에 능하다고 자부하는 신하가 활쏘기 시합을 청하자 정조대왕이 허락했는데 오히려 그 신하가 한 발을 지고 말았

---

33) 신정근, 앞의 책, 113쪽.

삼봉 공부법

다.[34] 공부에만 오로지하고 무술에는 전혀 조예가 없던 채제공 병조판서도 마음먹고 수십일 동안 집중적으로 활쏘기 연습을 하자 활쏘기에 능한 이를 이기는 정도에 이른 것이다. 삼봉 공부법으로 하면 재주가 없더라도 공부만이 아니라 활쏘기까지 단기간에 성과를 볼 수 있다는 사실을 알 수 있다.

이처럼 삼봉 공부법은 조선시대 석학들이나 학자적 군주에게도 보편화된 공부법이었다는 것을 알 수 있다. 역사적으로 오랫동안 검증된 방법이란 얘기다.

---

34)   전국국어교사모임, 『문학시간에 옛글 읽기』, 나라말, 2009, 73-75쪽.

기본기 없이 공시 단기 패스한
그들의 비법

우리나라에서 월드컵 경기를 개최하던 2002년에 신림동에 있는 춘추관법정연구회라는 학원에서 행정고시 수험생을 상대로 강의를 시작했다. 공무원을 그만두고 백수로 3년째 되던 해였다. 돈이 다 떨어져서 더 이상 전세를 옮겨 가며 까먹을 돈도 없던 막바지 상황이었다. 다행히 학생들의 인정을 받아 독립 단과 부문에서는 6개월 만에 무명 강사에서 1등 강사로 올라섰다. 그 성과로 2003년 12월 노량진 한교고시학원에 영입돼서 공무원 수험생을 상대로 강의를 시작했다.

그러나 1년간 대강사의 횡포로 단과 강의를 개설할 수가 없었다. 이는 노량진의 병폐인데 대강사가 원장을 협박해서 자신의 잠재적 경쟁자라고 생각되는 선생의 단과 강의를 개설하지 못하게 하는 것이다. 결국 2004년 9월 남부행정고시학원으로 옮겨오면서 첫 단과 강의를 했는데 인지도가 없으니까 수강생이 고작 9명이었다. 그래서 보강을 잡기도 편했고 내 모든 노하우를 전수해서 가르칠 수 있었다. 당연히 삼봉 공부법으로 공부하라고 지도를 했다. 그 결과 그다음 해 9명 중 6명이 시험에 합격했다. 떨어진 1명도 5점의 가산

점을 써내지 않아서 떨어진 것이고, 가산점만 써냈다면 1년 만에 합격했을 것이다. 7급 공무원 시험 일반행정 직렬은 80% 가까이가 SKY 출신이고, 평균 수험 기간이 3년임을 감안할 때 전원 비SKY 출신들이 1년 만에 그 정도의 비율로 합격한 것은 기적 같은 일이다. 삼봉 공부법으로 공부했기 때문에 가능했던 것이다.

두 달 후 두 번째 맞이한 단과 강의는 수강생이 40명 정도 됐고, 그다음 3번째 강의에서 100명을 돌파했다. 내가 운영하던 수험 카페에서 '고데구리'라는 닉네임을 사용하는 친구는 11월 두 번째 단과를 들었던 친구이다. 해양경찰 간부 시험을 준비하기 때문에 행정법이 객관식이 아니라 논술이었다. 신림동에서 논술 강의를 들었는데 만족스럽지 못해서 입소문을 듣고 내 강의를 들으러 온 것이다. 결과는 다음 해 행정법 논술 93점 득점 및 합격이었다. 객관식도 아닌 논술에서 90점이 넘는 점수는 나올 수 없는 점수이다. 기적과도 같은 점수라고나 할까? 이 친구는 몇 명 뽑지도 않는 해양경찰 간부 시험에 그것도 대학 재학 중 합격이라는 영예를 안았다.

노량진에서 3번째 단과인 1월 강의에 눈에 띄는 친구가 들어왔다. 1월부터 내 단과 강의를 듣기 위해 전년도 크리스마스이브에 결혼식을 하고 신혼여행도 짧게 다녀온 여학생이었다. 마음 씀씀이도 착하고 공부에 대한 열정도 넘쳤던 훌륭한 수험생이었다. 행정법 단과 두 달 만에 9급 만점 수준으로 완전 정복했던 성과도 놀라웠다. 8개월 만에 보란 듯이 합격해서 내 제자란 사실을 자랑하고 싶어 했던 그녀. 그러나 안타깝게도 답안 마킹을 제대로 하지 못해서 불합격했다. 마킹을 제대로 한 점수로 치면 92점, 수석으로 합격했을 수도 있었던 터라 아쉬움이 많이 남는다. 과락인 점수 그대로 채점해도 평균 점수가 합격점을 넘었다.

다른 애제자는 원래 9급 시험을 준비했는데 나의 영향으로 서울시 9급에 합격해서 근무하면서 7급 공무원 시험 공부를 계속했다. 내가 눈높이를 바꿔 놓은 것이다. 그리고 서울시 7급 공무원 시험에도 합격했다. 그리고 어느 날 그 친구가 행정고시를 준비하겠다고 찾아와서 상담을 요청했다. 삼봉 공부법으로 하면 행정고시도 별것 아니라고 격려해 주었다. 비록 행정고시에 합격하지는 못했지만, 삼봉 공부법으로 성과를 냈다는 자신감이 9급에서 행정고시로 눈높이를 높인 것이다. 7급 공무원 시험에 합격하고 나서 50만 원을 좋은 데 쓰라며 들고 왔다. 그걸 학생들에게 장학금으로 줬는데, 평생 독자를 모집할 때도 비자금 모은 거라고 50만 원을 들고 찾아왔다. 이 책이 출판되면 부부싸움이 날지도 모르겠다.

삼봉 공부법으로 공부한 내 제자들은 대학 전공과 관계없이 단기간에 성과를 냈다.

안양예고를 나오고 대학에서 연극영화를 전공한 여학생이 학원 종합반 강의를 통해 9급 시험을 준비하다가 입소문을 듣고 내 단과 강의를 듣게 되었다. 나는 당연히 7급으로 목표를 바꾸라고 했다. 고작 2과목밖에 차이가 나지 않는데 9급에서 7급까지 승진하려면 10년에서 15년 이상 걸리고 봉급 차이도 엄청난데 굳이 9급을 고집할 필요가 없다는 게 내 조언이었다. 그녀는 예고 진학을 목표로 하고 있었기 때문에 대학교 때까지 국영수를 제대로 공부한 적이 없었다. 대학교를 졸업하고 나서 연예계 진출을 꿈꾸었는데 성상납을 강요하는 현실을 보고 자살을 하려고 하다가 공무원 사회는 그래도 깨끗하다는 말을 듣고 공무원이 되기 위해 찾아온 것이다. 세 달간 내 강의를 들으며 눈높이와 공부 방법을 모두 바꾸었다. 그러고 나서 경제학과 헌법, 행정학 모두 독학으로 정복해서 만점을 받았다. 그리고 나 때문에 하나님을 믿게 되었다고 한다. 너무 힘들어서 자살까지 결심했는데 나를 만나서 이런 성과를 내고 보니 남자친구가 말한 하나님이 정말로 계시다는 것을 확신하게 되었다고. 정작 나는 무신론자인데 나로 인해 하나님을 믿게 되었다니 다소 당황스럽기는 했다.

어려서부터 한국 무용을 전공하고 국악 고등학교를 거쳐 대학에서 무용을 전공한 학생도 1년 만에 7급 공무원 시험에 합격했다. 그녀도 한국 무용의 엘리트 코스만 달려왔기 때문에 남들처럼 제대로 공부를 한 적이 없는 상태였는데, 어려서부터 무용에만 전념하다 허리를 다쳐 더 이상 무용을 할 수 없게 되자 공무원 시험을 준비하게 된 것이다. 그녀는 다른 친구들보다 배경지식이 부족했지만 단기간에 합격했다.

어려서부터 탁구만 치다 국가대표까지 됐던 친구가 내 강의를 들었다. 역시 다른 과목은 손 떼고 행정법만 집중적으로 정복하라고 했다. 그는 두 달 동안 내 강의를 듣고 MP3로 다시 강의를 들으면서 복습하고 교재를 반복해서 읽었다. 그렇게 힘든 두 달이 지났다. 태어나서 처음 읽은 책이 만화책도 아니고 무협지도 아니고 내가 강의 때 쓰는『삼봉행정법총론』책이라고 한다. 두 달 후에 시간을 재면서 9급 기출문제를 푸는데 3분 만에 100점을 받았다. 물론 이 친구는 국가대표까지 지낸 경험이 있기 때문에 눈높이나 인내심이 다른 수험생과 비교할 수는 없다. 어떤 분야이든 한 분야에서 정상에 오르려면 고도의 자신감과 인내심을 요하는 것이다. 그 후로도 많은 제자들을 1년 만에 7급 공무원 시험에 합격시켰다. 애제자가 가장 많았고 합격자도 가장 많았던 대학이 건국대학교와 동국대학교였다. 지금까지 거론한 애제자들 중 SKY 출신은 단 한 명도 없다. SKY 출신이 장악하고 있는 7급 일반행정 시험에서 내 제자들이 SKY를 제치고 단기간에 합격한 성과를 냈던 것이다.

맹자는『맹자』『진심장구』상에서 군자의 즐거움 3가지인 3락에 대해 다음과 같이 말하고 있다. "부모구존(父母俱存)하며 형제무고 (兄弟無故)가 일락야(一樂也)요, 양불괴어천(仰不愧於天)하며, 부불괴어 인(俯不愧於人)이 이락야(二樂也)요, 득천하영재이교육지(得天下英才而教育之)가 삼락야(三樂也)니."

해석하자면 "부모가 살아계시며 형제가 무고한 것이 첫 번째 즐거움이요, 하늘을 우러러보아도 부끄럽지 않고 사람을 굽어보아도 부끄럽지 않음이 두 번째 즐거움이요, 천하의 영재를 얻어 그들을 교육하는 것이 세 번째 즐거움이다"라는 말이다. 나는 대학 때 이 구절을 보고 맹자를 비웃었다. 천하의 영재를 모아 교육하는 것이 그리 즐거운 일인가? 영재를 얻어 교육해서 성과를 내지 못할 사람이 누가 있다는 말인가? 내가 신림동이나 노량진에서 강의를 하면서 느낀 즐거움은 맹자와 다르다. "영재가 아닌 제자를 얻어 영재로 길러내니 이 또한 즐겁지 아니한가!"

이렇게 내 제자들이 단기간에 엄청난 성과를 거두자 이제 노량진 공무원 수험가에서도 서서히 삼봉 공부법이 알려지기 시작했다. 다른 수험생보다 먼저 나를 알게 되고 삼봉 공부법으로 공부한 친구들은 합격이라는 이름으로 이미 떠나갔고, 새로 공부하는 친구들도 삼봉 공부법으로 공부하는 친구들이 많아지게 되었다. 그러나 아직 수능 수험가에는 삼봉 공부법을 알고 있는 친구들이 별로 없다. 남들이 이 방법을 알기 전에 먼저 이 방법으로 공부하면 잠도 충분히 자고 연애도 하고 여행도 하고 취미 생활도 즐기면서 간단하게 원하는 대학에 입학할 수 있을 것이다. 그러나 언젠가 이 방법이 알려져서 보편화되면 이제 삼봉 공부법으로 공부를 한다는 것 자체가 유리할 것이 없다. 모두 같은 방법으로 공부를 할 때 방법의 우위는 사라지게 되고, 결국 선행학습의 정도와 지적 능력의 차이, 집중력의 차이가 승패를 결정하게 될 것이다. 그래서 삼봉 공부법으로 일찍 시작하는 것이 중요하다.

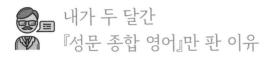

내가 두 달간 『성문 종합 영어』만 판 이유

내가 삼봉 공부법으로 공부를 시작한 첫 계기는 중학교 3학년 때 고입 연합고사를 앞두고 수학을 공부하면서다. 전에는 문제를 보자마자 고민도 하지 않고 해설을 보고 바로 외워서 시험을 치르곤 했다. 범위가 정해진 시험이라 공부 방법에 대해 특별히 문제를 느끼지 못했다. 그러다 연합고사라는 중학교 전 범위를 대상으로 하는 시험을 앞두고 심각한 문제가 있음을 발견하게 되었다. 전에 배운 내용들이 하나도 기억이 나지 않는 것이었다. 시험은 얼마 남지 않았고 공부할 범위는 많은데 막막했다. 그래서 학교 수업이 끝나고 남은 시간을 수학에만 쏟아 부었다. 결과적으로 한 달 만에 수학을 정복했고 연합고사에서 분당 8문제를 푸는 속도로 수학 만점을 받게 되었다.

그 후 추첨으로 청주에 있는 충북고등학교에 입학했는데, 그 전까지는 충북 진천군 광혜원면에 있는 시골 중학교인 광혜원중학교에 다녔다. 중학교 마지막 봄방학까지 완벽하게 노는 데 소진하고 고등학교에 진학을 했는데, 청주도 역시 교육 도시라 뭔가 분위기가 달랐다. 청주에서 중학교를 나온 친구들은 국영수를 선행학습하고 온 것이다. 입학 후 받아 든 교과서의 분량 자체도 중학교 교

삼봉 공부법

과서랑은 비교가 안 될 정도로 많았고 글자 크기도 매우 작았다. 그렇다고 주눅들 이유는 없었다. 일단 영어 단어가 터무니없이 모자랐다. 영어 문법은 중학교 때 어느 정도 해 놓아서 별 문제가 없었다. 그래서 일단 선행학습을 하고 온 친구들을 따라잡기 위해 평일에 학교 수업이 끝난 후 영어 단어만 300개씩 외웠다. 다 외워졌느냐고? 그럴 리가. 일단 외우긴 했는데 다음 날 남아 있는 건 몇 개 되지 않았다. 그러나 매일 이렇게 영어 단어를 집중적으로 외웠다 까먹고 외웠다 까먹기를 반복하니까 한 달도 되지 않아서 교과서 단어와 문장을 완벽하게 암기하는 데 성공했다. 방과 후 이젠 더 이상 복습을 하지 않아도 될 정도가 되었다.

광혜원 고향집에 가지 않는 토요일과 일요일은 수학만 공부했다. 이렇게 평일에는 영어만, 주말에는 수학만 공부하게 된 것은 내가 청주에서 중학교를 다닌 친구들을 따라잡아야 한다는 긴급한 필요 때문이었다. 이렇게 공부하니 간단하게 영어와 수학을 따라잡는 데 성공했다. 이렇게 해서 다른 친구들과는 조금 다른 방법을 고등학교 1학년 때 시도했고 나름 성공했다. 첫 중간고사 시험에서 전교 7등을 했고 이후에도 10등 안의 성적을 유지할 수 있었다.

고등학교 2학년에 진학하자마자 엄마가 뇌졸중으로 돌아가시는 충격적인 경험을 하게 된 후 자퇴를 했다. 이제 검정고시까지 남은 시간은 3개월. 일단 합격이 목표였다. 전 과목을 골고루 잘한다는 것은 비현실적이었다. 그래서 선택과 집중을 하기로 했다. 그런데 다소 무모했다. 영어에만 2달을 쏟아 부은 것이다. 『성문 종합 영어』에 필을 받다 보니 왠지 다른 과목을 공부하기가 싫어서 2달 내내 『성문 종합 영어』만 공부했던 것이다. 나머지 기간은 국어 2주, 수학은 기출문제 위주로 열흘 정도, 암기 과목은 하루에 한 과목씩 공부하는 것으로 시간 배분을 했다. 그러면서 8시간 이상 자던 잠을 6시간으로 확 줄인 채 『성문 종합 영어』만 하루 종일 공부했다. 처음엔 단문독해 하나를 해결하는 데 3시간이나 걸렸고 엄청 스트레스를 받았는데, 그 과정이 끝나고 『성문 종합 영어』를 정복하고 나니까 다른 영어책들이 직독직해가 되면서 술술 읽히기 시작했다. 그래서 두 달 동안 영어책만 열댓 권을 볼 수 있었다. 이게 내가 삼봉 공부법을 완성하고 실천한 첫 계기였다. 대학에 입학한 후에도 삼봉 공부법으로 행정고시까지 합격할 수 있었다.

내 아들은 나보다 훨씬 먼저 삼봉 공부법으로 공부하기 시작했다. 동기는 알 수 없다. 내가 아들에게 삼봉 공부법을 알려 준 것은 아들이 중학교 2학년에 올라가자마자 학교를 그만두고 검정고시를 준비하겠다고 할 때였다. 그러나 아들은 이미 초등학교 3학년부터 6학년 1학기까지 3년 내내 하루 8시간씩 곤충에만 투자했다. 곤충에 관련된 책도 백여 권이 넘는 분량을 읽었고 곤충도 백 개 가까운 종류를 직접 기르고 관찰했으며 곤충 때문에 그 흔한 어학연수도 못 갔다. 곤충을 돌볼 사람이 없다는 이유에서였다. 그래서 가장 취약한 과목이 영어이기도 했다. 초등학교 6학년 2학기가 되면서 주식에 관한 책 40여 권을 사서 각 3회독씩 연속해서 읽고 난 후 투자 원칙을 만들어 바로 실전 투자에 들어갔는데, 카페 수익률 1위였다. 물론 카페 회원들은 모두 성인들뿐이다.

중학교 2학년 초에 학교를 그만둔 후에는 식물에 미쳐 거의 2년 간 식물에 관한 책 수십 권을 읽고 집에도 화분을 80여 개나 길렀다. 특히 산소가 많이 발생하는 좋은 화분은 자기 방에 들여놓고 좀 떨어지는 것들만 응접실에 놓긴 했지만. 중학교 3학년과 같은 나이인 16살 때 검정고시를 치르던 날 철학책 40권과 역사책 40권을 사서 철학책부터 3회독씩 집중적으로 읽어나가더니, 역사책도 마찬가지로 3회독씩 집중적으로 읽었다. 그리고 난 후 뭔가 느꼈는지 느닷없이 미국으로 유학을 가겠다고 했고, 혼자 알아보더니 23일 만에 혼자 유학길에 올랐다. 처는 애가 입학하는 것까지만 보고 바로 돌아왔다. 영어가 안 되는 상태에서 유학을 갔기 때문에 아들은 유학원이나 학교에서 한국 유학생들과 대화조차 하지 않고 온통 영어에만 매달렸다. 그 결과 불과 2년 만에 메릴랜드주에서 서열 1, 2, 3위에 해당하는 사립학교 전학 시험에 모두 합격했다. 그리고 뉴욕대(NYU)에 입학할 때까지 5년간 단 한 번도 귀국하지 않고 공부에만 매달렸다. 고등학교 시절에는 매년 영어 원서로 300권 정도의 책을 읽었다. 물론 대입과 관계없는 책들이었다. 어려서부터 삼봉 공부법으로 공부를 했기 때문에 어떤 분야에서든 단기간에 많은 성과를 냈던 것이다.

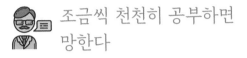 조금씩 천천히 공부하면
망한다

최근 분산 학습이 집중 학습보다 더 효율적이라는 주장이 제기되고 있기 때문에 이에 대해 검토해 보기로 한다.

: ; 분산 학습의 의미

분산 학습의 의미에 대해서는 견해가 통일되어 있지 않기 때문에 각 입장을 나눠서 살펴봐야 한다.

중간에 휴식을 취하며 공부한다는 의미

두산백과에서 취하는 입장으로서 분산 학습(Spaced Practice)이란 일정량의 학습을 도중에 적당한 휴식을 취하며 나누어 학습하는 방법을 말한다. 분배학습이라고도 하며, 휴식을 취하지 않고 단숨에 학습하는 집중 학습 또는 일괄 학습에 대응되는 개념이다. 일반적으로 학교교육에서는 분산 학습이 집중 학습보다 효과적이라고하나, 그 효과는 학습 내용의 난이도·개인의 학습 능력·휴식 시간의

길이·매회의 학습량 등에 따라 다르게 나타난다.[35]

그러나 삼봉 공부법은 한 과목을 정복할 때까지 집중적으로 그 과목만 공부하는 방법일 뿐 휴식 없이 계속 공부만 하는 것은 아니기 때문에 이 견해와 삼봉 공부법은 전혀 충돌하지 않는다.

벼락 공부 또는 벼락치기를 하지 않는다는 의미

시험일까지 30시간이 남았다고 가정할 때 집중 학습은 시험 이틀 전날과 전날에 걸쳐 하루 15시간씩 집중적으로 벼락치기를 하는 방법을 의미하고, 분산 학습은 하루 3시간씩 이틀 건너 20일 동안 공부를 하는 것을 말한다. 미국의 저명한 심리학자인 세인트루이스, 워싱턴대학교의 헨리 뢰디거 교수도 암암리에 집중 공부를 벼락 공부로 전제한다. 그는 다음과 같이 말한다.

> 1978년, 연구자들은 '몰아서 공부하기(벼락치기)'가 당장의 시험에서는 높은 점수를 얻을 수 있게 해 주지만 인출 연습에 비해 결과적으로 쉽게 지식을 잊어버리는 방법임을 발견했다. 첫 시험 이틀 후에 치른 두 번째 시험에서 벼락치기 공부를 한 참가자들은 첫 시험에서 기억한 정보의 50%를 망각한 반면, 같은 시간 동안 공부 대신 인출 연습을 한 참가자들은 13%만 망각했다.[36]

---

35) 두산백과.
36) 헨리 뢰디거 외, 김아영 옮김, 『어떻게 공부할 것인가』, 와이즈베리, 2014, 50쪽.

그러나 삼봉 공부법은 한 과목을 완전히 정복할 때까지 집중적으로 공부하는 방법이므로 시험을 앞두고 단기간 집중해서 공부하는 벼락치기와는 관계가 없다. 따라서 이 주장이 삼봉 공부법의 비효율성을 증명하는 것은 전혀 아니다. 더군다나 이 부류의 학자들은 집중 공부법이 벼락치기만 있는 것으로 착각하고 있다는 점을 지적하고자 한다. 삼봉 공부법도 집중 공부법의 일종이지만 벼락 공부와는 전혀 관계가 없기 때문이다. 집중 학습에도 여러 차원이 있을 수 있는데 벼락치기 공부와 비교함으로써 분산 학습의 효율성을 주장하는 것은 정당하지 못하다. 벼락 공부는 안 하는 것보다는 낫지만 장기적으로 도움이 되지 않고 평소에 꾸준히 공부하는 것보다 효율이 떨어진다는 것은 누구나 알고 있는 사실이기 때문이다.

교차 연습 또는 변화를 준 연습이라는 의미

한 번에 몰아서 하는 집중적인 연습보다 교차 연습(Interleaved Practice)이나 다양하게 변화를 준 연습(Varied Practice)을 통해 더 잘 익힐 수 있다는 것이다.[37] 이와 대립되는 것을 '집중 연습(Massed Practice)' 혹은 '대량 연습'이라고 부른다.[38] 이런 의미의 분산 학습이 삼봉 공부법과 대립되는 것이다. 따라서 이에 대해 자세

---

37) 헨리 뢰디거 외, 앞의 책, 14쪽.
38) 헨리 뢰디거 외, 앞의 책, 69쪽.

히 검토해 보기로 하자.

분산 학습의 내용

헨리 뢰디거 교수가 주장하는 분산 학습의 내용은 시간 간격을 두고 하는 연습, 연관성 있는 다양한 주제를 번갈아 복습하는 교차 연습 등이다.[39] 그는 미국 캘리포니아 폴리테크닉 주립대학교 야구 팀의 타격 훈련과 관련된 실험을 진행했다. 칼 폴리 팀 중 일부는 표준적인 방법으로 연습했다. 45회의 투구를 세 세트로 나누어 치는 연습을 했는데, 첫 세트는 빠른 공 15번, 두 번째 세트는 커브 15번, 세 번째 세트는 체인지업 15번으로 구성했다. 이는 각 세트별로 동일한 타격 연습을 집중적으로 한 훈련이라고 할 수 있다. 다른 팀원들은 더 어려운 체계에 따라 연습했다. 세 가지 유형이 45차례의 투구에 무작위로 섞여 배치되었다. 즉, 매 타격 때마다 다른 구종의 공을 치게 되는 분산 훈련이라고 할 수 있다. 그 결과를 비교할 때 무작위적인 투구로 연습한 선수들은 같은 유형을 반복해서 친 선수들에 비해 현저히 나은 타격을 선보였다고 한다.[40]

일단 그럴듯해 보인다. 그러나 여기서 먼저 집중과 분산이란 개념이 상대적이라는 것을 지적할 수 있다. 폴리 팀의 타격 연습은 타격 연습만 했다는 점에서는 집중 훈련이라고 할 수도 있고, 매 타격

---

39) 헨리 뢰디거 외, 앞의 책, 36쪽.
40) 헨리 뢰디거 외, 앞의 책, 112쪽.

시 같은 구질이 아닌 다른 구질로 훈련한다는 측면에서는 분산 훈련이라고 할 수 있다. 헨리 뢰디거 교수도 같은 책에서 고백했듯이 야구 연습을 하다 농구 연습을 하고 축구 연습을 하는 등의 정신 나간 분산 훈련을 주장하지는 않는다. 삼봉 공부법에 관해 살펴보더라도, 정복될 때까지 영어만 계속 공부한다는 점에서는 집중 학습이라고 할 수 있지만, 영어가 같은 내용으로만 구성된 것이 아니고 문법만 하더라도 동명사, 분사, 부정사 등 다양한 주제로 이루어져 있다. 따라서 영어를 삼봉식으로 공부한다는 것은 영어만 집중적으로 공부한다는 의미도 있는 동시에, 문법과 독해 또는 문법 중에서도 동명사, 분사 등 다양한 내용을 공부한다는 점에서는 분산 학습이라고 할 수도 있다. 영어 공부를 할 때 하루 종일 한 단어만 수만 번 써가면서 계속 반복하는 그런 의미의 집중 학습을 하는 정신 나간 수험생은 존재하지 않는다. 영어를 공부해도 하루 종일 공부할 경우 접하는 단어만 수백 단어가 넘는다. 이는 분산인가, 아니면 집중인가? 분산이면서 동시에 집중이다.

　분산 학습이 효율적이라고 하는 입장의 두산백과에 따르더라도 학습의 초기단계(初期段階)나 준비하는 데 시간을 필요로 하는 작업의 경우는 분산 학습보다도 집중 학습을 하는 편이 효과적인 것으로 알려졌다고 인정한다. 또한 두산백과에 따르면 학습 재료를 일괄적으로 습득할 것인가 일부분씩 습득할 것인가에 따라서 전습법(全習法, Whole Learning Method)과 분습법(分習法, Part Learning

　　　　　　　　　　　　　　　　　　　　　　　　삼봉 공부법

Method)으로 구별되는데, 전습법은 유의미(有意味) 재료 학습에서, 분습법은 무의미(無意味) 재료 학습에서 유리하다.

현실적으로 보더라도 탁구 선수가 되려고 훈련하는 초보에게 '한 시간은 스매싱, 한 시간은 커트, 한 시간은 드라이브'식으로 훈련을 시키면 기본 동작이나 자세가 몸에 밸 수 없다. 따라서 처음 얼마 간은 스매싱만 집중적으로 연습해서 몸에 밸 정도로 자세를 익히고 그다음에 커브, 그다음에 드라이브 순으로 집중적으로 훈련하는 것이 필요하다. 그런 후에 일정한 수준에 오르면 게임을 통해서 어떤 구질의 공이 오는지 예측할 수 없는 상황에 대처하는 훈련을 하게 되는 것이다. 결국 내가 말하고자 하는 것은 순수하게 집중에만 해당하는 공부나 훈련은 존재하지 않는다는 것이다. 즉, 헨리 뢰디거 교수의 사례는 비현실적인 사례이다.

분산 학습이 효율적이라는 논거

첫째, 노력을 많이 들여(Effortful) 배운 지식일수록 더 깊이 남고 오래간다. 즉, 노력을 요구하고 눈에 보이는 진전을 늦추는 어느 정도의 어려움, 즉 간격 두기, 교차, 혼합 연습이 당장은 학습을 더욱 강력하고 정확하며 오래 지속되게 함으로써 그 점을 상쇄하고도 남는다.[41] 이 역설적인 점이 학습에서 바람직한 어려움(Desirable Dif-

---

41) 헨리 뢰디거 외, 앞의 책, 12쪽.

ficulty)이라는 개념의 핵심이다. 인출(사실상 재학습)할 때 더 많은 노력이 필요할수록 더 잘 배울 수 있다. 다른 말로 하면 어떤 주제에 대한 영구적인 지식을 형성할 때 그 주제에 대해 더 많이 잊어버릴수록 재학습이 더 큰 효과를 발휘한다는 것이다.[42]

이 책을 읽자니 저자 헨리 뢰디거가 인생 참 힘들게 산다는 느낌이 들었다. 공부를 하다 보면 이해하기 쉬운 부분도 있지만 어려운 부분도 있게 마련이다. 나한테 익숙하고 내가 배경지식을 갖고 있는 부분은 빠르게 읽어도 이해가 가능하지만, 그렇지 않은 부분은 더 집중하고 주의 깊게 읽으면서 이해를 하게 된다. 즉, 같은 책을 읽어도 자연스럽게 어려운 부분에 대해서는 정보 처리를 더 깊게 하게 되는 것이다.

저자처럼 바람직한 어려움을 만들기 위해 일부러 간격 두기를 하고 시간이 지나 기억이 희미해지는 상태를 기다리는 것은 부자연스러울뿐더러 비효율적이다. 삼봉 공부법으로 집중적으로 공부를 한다고 하더라도 한 과목의 내용이 방대하기 때문에 2회독할 때는 이미 1회독 시에 공부한 내용의 상당한 부분을 까먹게 되고 당연히 어려운 부분은 남게 마련이다. 일부러 지연시켜 가면서 공부를 미룰 이유가 없다는 말이다. 더군다나 공부할 과목도 많고, 한 과목당 공부할 분량도 많을 경우에 이렇게 미뤄둘 여유도 없다. 분산 학

---

42) 헨리 뢰디거 외, 앞의 책, 113쪽.

습의 장점을 강조하는 이들의 공통점은 암기할 분량이 얼마 되지 않는 상황을 염두에 두고 실험을 하고 있다는 점이다. 1981년 프랑스 심리학자 블룸(Kristine Bloom)과 슈엘(Thomas Shuel)의 경우 프랑스어 20단어, 1987년 바릭(Harry Bahrick)과 펠프스(Elizabeth Phelps)는 스페인어 단어 50개를 대상으로 실험을 하여 분산 학습이 효율적이라고 주장한다는 점을 참고하기 바란다.[43]

바람직한 어려움이라는 단어는 분산 학습과 지연학습을 통해 적절히 잊어버려서 인출에 어려움을 느낄 정도의 어려움을 말하는 것이다. 완전히 잊어버린 후에 공부하면 인출이 불가능하기 때문에 그 전에 복습을 해야 한다는 것이다. 그런데 전에 사법시험 과목의 하나인 민법의 경우 곽윤직 교수님의 교과서만 대략 5,000페이지 정도 된다. 법대생은 하루 평균 10시간 공부해서 100페이지 정도 책을 읽게 되는데, 민법만 집중적으로 공부해도 50일이 걸린다. 집중적으로 공부해도 50일 후에는 뭘 읽었는지 기억이 되지 않을 정도의 오랜 기간이 걸리는 것이다. 그런데 분산 학습을 하게 되면 민법 교과서를 1회독하는 데 6개월 이상 걸린다. 이 정도의 기간이 흐르면 바람직한 어려움이 아니라 완벽한 어려움이라고 표현해야 할 것이다. 오히려 민법 한 과목만 집중적으로 공부할 때 바람직한 어려움이 생기는 것이 아닐까? 7급 공무원 수험생의 경우도 마찬가

---

43) 김상운, 『1등의 기술』, 랜덤하우스코리아, 2007, 18-19쪽.

지다. 행정법 한 과목만 해도 문제집을 빼고 이론서만 2,000페이지 정도 된다. 문제집까지 포함하면 3,000페이지가 훨씬 넘는다. 공무원 시험 공부도 분산 학습으로는 정복할 수 없는 정도의 분량인 셈이다. 그런데 고작 단어 50개나 20개 정도의 실험으로 분산 학습의 장점을 말하다니, 너무도 비현실적이지 않은가?

둘째, 이 책에서는 집중 학습이 비효율적인 이유가 단기간에 반복해 보면서 자신이 그 내용에 능숙해졌다는 착각 때문이라고 한다. 내용에 익숙해짐에 따라 완전히 통달했다는 느낌이 들면서 자기도 모르게 일종의 자기기만에 빠지게 된다는 점이다.[44]

이해하기 어려운 설명이다. 상위권이나 중상위권 정도만 하더라도 교과서를 읽어가면서 내가 아는 부분과 알지 못하는 부분이 무엇인지, 완벽하게 외운 부분과 앞으로 외워야 할 부분이 무엇인지 당연히 알고 있다. 굳이 문제로 확인하지 않아도 말이다. 그래서 고시 수험가에서는 이론 공부가 완전히 끝나고 난 후에 시험에 임박해서 문제 풀이 강의를 한다. 문제는 결국 이론에서 나오는 것이므로 평소에 이론 공부를 충실히 해 두면 문제는 저절로 풀리기 마련이기에 문제 풀이를 미리 하지 않는 것이다. 그러나 중하위권이나 하위권 수험생들은 교과서만 읽어 나가다 보면 무엇이 중요한지 중

---

44) 헨리 뢰디거 외, 앞의 책, 22쪽.

삼봉 공부법

요하지 않은지, 내가 이해하고 있는지 모르고 있는지 모를 수 있다. 그런 경우 문제집을 통해 확인하면 된다. 이 경우에도 교과서를 읽고 바로 문제를 통해 확인하는 것은 별 도움이 되지 않는다. 바로 직전에 읽은 부분을 직후에도 기억하지 못한다는 것은 상상하기 어렵기 때문이다. 그래서 오늘 읽은 교과서 해당 부분에 대한 문제는 다음 날 풀어 보는 것이 좋다. 그래야 내가 암기한 부분과 그렇지 않은 부분을 확인하는 데 도움이 되기 때문이다. 이렇게 공부하면 분산 학습 지지자들이 강조하는 시차를 둔 학습도 자연스럽게 가능하게 된다.

셋째, 이 책은 지식의 통합 과정에 시간이 필요하기 때문에 분산 학습이 유리하다고 한다. 즉, 새로운 지식을 장기 기억에 새겨 넣으려면 통합 과정이 필요한데, 이 과정은 몇 시간 내지 며칠에 걸쳐 일어난다. 따라서 간격을 둔 연습이 더욱 효과적이다. 약간의 망각 후에는 지식을 인출하는 데 더 많은 노력이 필요해지므로 기억을 강화하고 통합을 다시 촉진하는 효과가 있다는 것이다.[45]

이 논거에도 찬성할 수 없다. 물론 새로운 정보가 입력됐을 때 기존에 장기 기억으로 저장된 정보와 연계해서 재구성 내지는 재구조화하는 과정은 필요하다. 특히 유사한 개념의 경우가 그렇다. '권리'

---

45) 헨리 뢰디거 외, 앞의 책, 71쪽.

란 개념을 장기 기억으로 저장하고 있는데, '권한'이란 새로운 단어가 입력되면 기존에 알고 있는 권리와의 차이를 명확히 해야 이해가 되고 장기 기억으로 저장된다. 그러나 우리의 뇌에는 1천억 개가량의 신경세포(뉴런)가 있다. 뇌량에서는 1,000분의 1초 단위로 수많은 정보가 전달된다. 그리고 장기 기억의 용량에는 제한이 없다는 것이 정설이다. 이처럼 우리의 뇌는 상상하기 어려울 정도의 빠른 속도로, 무제한의 정보를 저장할 수 있는 조직이다. 따라서 웬만한 정보에 대해서는 집중적으로 공부해도 처리에 아무런 문제가 없다. 책을 읽으면서 재구조화가 불가능할 정도로 광속 독해를 할 수 있는 수험생이 과연 얼마나 될지 의문이다. 설령 당장 재구조화가 되지 않더라도 수면을 통해 재구조화 과정이 진행된다. 그럼에도 재구조화가 되지 않는다면 공부를 지연시킬 것이 아니라 읽는 속도를 지연시켜서 정독하는 것이 더 나을 것이다.

넷째, 이 책은 집중 학습의 경우 같은 내용을 되풀이해서 학습하는 경우가 발생하는데, 반복 학습하는 내용에 대한 주의가 떨어지기 쉽다고 한다. 주의가 떨어지면 학습 내용을 '깊게 처리(예: 이해)'하기보다 피상적으로 처리하기 쉽고 그래서 학습 성과가 떨어진다는 것이다.

그러나 이는 집중 학습인가 분산 학습인가의 문제라기보다는 집중력에 관한 문제이다. 집중력이 떨어지는 수험생의 경우에는 분산 학습을 하든 집중 학습을 하든 학습 성과가 떨어지게 마련이다. 그래서 이 논거도 삼봉 공부법의 단점을 지적하는 논거로 적절하지 않다고 생각한다. 집중적으로 공부를 하면서도 얼마든지 집중하는 사람은 있게 마련이다. 문제는 어떻게 집중력을 기를 것인가 하는 것인데 이에 대해서는 뒤에서 자세히 살펴보기로 하겠다.

이상과 같이 분산 학습이 더 유리하다는 주장에 관해 살펴보았는데, 어떤 논거도 삼봉 공부법의 문제점에 대한 설득력 있는 논거는 존재하지 않는다. 결국 삼봉 공부법이 현재의 인지심리학이나 뇌과학에 의해서도 매우 효율적인 방법이라는 결론이다.

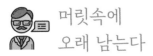

머릿속에
오래 남는다

: ; 기억의 종류

감각 기억

감각 기억(Sensory Memory)은 시각, 청각, 후각 등의 다양한 감각 정보가 입력됐을 때 단기간 저장하는 기억으로서, 감각 정보가 인지 체계에 처음 등록되는 곳이라는 의미에서 감각 등록기라고도 한다. 통상 시각 정보는 1초 이내, 청각 정보는 2초 정도까지 유지된다고 한다.

단기 기억 또는 작업(활동) 기억

단기 기억(Short-Term Memory, STM) 또는 작업(활동) 기억(Working Memory)은 감각 기억에 저장된 정보를 넘겨받아 단기간 저장하는 기억을 말한다. 한 항목에 대한 암송은 그것을 단기 기억 속에 유지시켜 줄 뿐만 아니라 또한 장기 기억으로 전이되게끔 해 준다.[46]

---

46) 리타 앳킨슨, 홍대식 역, 『심리학개론』, 박영사, 1992, 342쪽.

삼봉 공부법

장기 기억은 용량에 제한이 없는 데 반해 단기 기억은 용량의 한계가 있는데 그 한계는 조지 밀러(George Miller)의 「마법의 수 7±2: 정보 처리 능력의 제약」이라는 논문에 제시된 '7±2'이다. 전화번호가 7자리 내외이고, 주민등록번호도 뒷자리의 수가 7인 것도 이를 반영한 것이다. 조선시대 시조가 '3·4조' 내지는 '4·4조'인 것도 혹시 (?) 이 이론을 암암리에 반영한 것은 아닐까?

장기 기억

장기 기억(Long-Term Memory)은 용량에 제한이 없고 정보가 몇 분에서부터 평생까지 보존되는 기억을 말한다.

:; 기억의 메커니즘

기억에 관한 여러 이론 중 대표적인 정보처리이론은 인간의 인지과정을 컴퓨터의 정보처리 과정에 비유해서 설명한다. 입력, 저장, 출력의 과정을 보이는 컴퓨터의 정보처리 과정이 부호화, 저장, 인출의 과정을 보이는 인간의 인지 과정과 유사하다고 보는 것이다. 정보처리이론은 중다저장 모형과 처리수준 모형으로 구성되어 있다.

앳킨슨(R. C. Atkinson)과 쉬프린(R. M. Shiffrin)이 주장한 중다저장 모형(multistore model)은 인간이 감각등록기, 단기 기억, 장기 기억으로 구성되는 정보 저장고에 정보를 보유하고 이를 처리한다고 가정한다.[47] '중다'란 용어보다는 '다중'이라는 용어가 더 적절해 보인다. 기억 저장 창고가 단일한 것이 아니라 여러 개 있다는 의미이다.

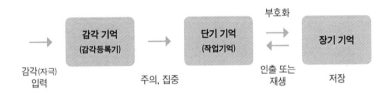

외부에서 들어온 자극 정보는 감각 등록기라는 곳에 일단 등록된다. 이 감각 등록에 있는 자극 정보 내용들은 곧 단기 기억을 맡고 있는 구조로 넘겨진다. 이들 단기 기억 내의 정보 내용들은 비교적 짧은 시간밖에 지속될 수 없기 때문에 암송(Recite)이라는 과정을 지속하지 않게 되면 망각되어 버린다. 단기 기억 내에 있던 정보 내용 중에 어떤 것들은 능동적인 구성과 부호화 과정을 거쳐 장기(영구) 기억으로 전환되며, 거의 무제한의 저장 용량을 지니는 장기 기억 구조(Long-term Storage) 내에 저장된다. 감각 저장 단계를 거쳐 단기 기억 내에 수용된 정보가 의미를 갖기 위해서는 장기 기억 내의 정보와 모종의 비교가 이루어져야 한다. 감각 정보가 장기 기억 내의 정보와 비교되어 해석될 때 비로소 의미를 갖게 되는 과정을

---

47)   김진경·이순형, 『유아발달』, KNOUPRESS, 2017, 100쪽.

삼봉 공부법

형태 재인(Pattern Recognition)이라고 부른다. 그림의 모형에도 나와 있듯이 형태 재인 시 장기 기억 내의 정보는 인출(Retrieval)이라는 과정을 통하여 단기 기억 내에 불려 나오게 된다.[48]

감각 기억에서 단기 기억으로 전환

감각 기억에 저장된 정보들은 곧 사라지거나 또는 그 정보의 의미가 해석되는 형태 재인의 단계를 거쳐 단기 기억으로 들어가게 된다. 이때 단기 기억으로 보내지느냐의 여부는 선택적 주의(Selective Attention)에 따라 결정된다. 즉, 다양한 감각정보 중에 주의를 집중하는 정보만 단기 기억으로 보내져 처리되고, 주의를 받지 못한 정보는 소멸된다. 선택적 주의현상을 '칵테일파티 현상(Cocktail Party Effect)'이라 부른다. 파티에서 수많은 사람들이 다른 얘기들을 하고 있는데도 상대와의 대화가 가능한 것은 상대와의 대화 내용에만 선택적으로 집중하기 때문이라는 것이다.

길거리를 지날 때 수많은 간판에 관한 시각 정보와 수많은 청각 정보를 입력받게 되는데, 이 모든 정보를 다 처리하려면 뇌에 과부하가 걸릴 것이다. 따라서 중요한 정보라고 인식되는 정보만 단기 기억으로 보내 처리하게 되는 것이다. 이처럼 주의를 집중하지 않은 각종의 감각 정보는 단기 기억으로 보내지지 않고 소멸되기 때문에

---

48) 이수원 외, 앞의 책, 159-162쪽.

장기 기억에 저장되는 건 불가능한 것이다.

단기 기억에서 장기 기억으로 전환

공부를 한 직후에는 공부한 내용이 남아 있는 것 같다. 그러나 공부를 하고 얼마 지나지 않아서 공부한 내용을 오랫동안 기억하지 못한다면 공부한 보람이 없다. 이는 공부한 내용을 장기 기억으로 전환하는 것에 관한 문제이다. 한 번 공부한 것이 몇 년 동안 기억에 장기간 남아 있다면 공부가 그리 어렵지 않을 것이다. 그럼 장기 기억으로 전환되는 메커니즘이 어떤지 살펴보기로 하자.

시각·청각·촉각 등의 정보가 입력되면 뇌의 신경세포는 전기적·화학적 신호를 통해 정보를 전달하고 신경세포끼리 일종의 신경회로를 만들게 된다. 이처럼 기억이란 단백질이나 지방 같은 물질의 형태로 저장되는 것이 아니라 바로 뇌의 신경세포 사이에 회로를 만드는 것으로 저장되는 것이다. 이를 다른 말로 기억 흔적(Memory Trace)이라고 한다. 이 회로는 정보가 전달될 때마다 발화되는데 반복적으로 같은 정보가 주입될 때 회로가 더 쉽게 발화되고 또한 강화된다. 집중적으로 반복하면 관련 신경회로가 연관되어 발화하기 때문에 기존의 지식과 새로운 지식과의 연합인 정교화에 도움이 된다. 이 이론에서도 삼봉 공부법으로 집중적으로 공부하는 것이 장기 기억에 도움이 된다는 사실을 다시 확인할 수 있다.

　　　　　　　　　　　　　　　　　　　　　　삼봉 공부법

특정한 정보는 하나의 세포에 저장되기보다는 세포들의 집단을 통해 특별한 패턴으로 저장된다. 즉, 어느 그룹의 뉴런들이 활동하고 어떤 모습으로 활동하는지에 따라 정보의 의미가 달라진다. 예를 들어 청각 영역의 경우, 음악 소리를 들었던 경험을 되살릴 때 특정한 뉴런의 다발이 일제히 활성화된다. 이와 같이 하나의 기억이란 하나의 패턴인 셈이다. 최초의 자극이 사라진 후에도 뇌에는 미미한 신호로 각인된 채 남아 있다. 그런데 똑같은 패턴이 여러 차례 반복되면 뉴런 집단이 활성화되어 흥분되는 정도가 강해지고, 이러한 패턴이 기억으로 형성된다.

뉴런은 폭죽처럼 분자들끼리 상호작용을 주고받으면서 동시에 발화한다. 폭죽과 다른 점은 뉴런의 발화가 일회성으로 한정되지 않는다는 것이다. 또한 폭죽과는 달리 불이 붙는 방식도 느리거나 빠르거나 제각각이다. 뉴런의 발화가 빠를수록 전기 신호의 크기를 나타내는 전류도 커지고, 그만큼 이웃한 뉴런으로 전달되기 쉽다. 인접해 있던 뉴런의 자극을 받은 또 다른 뉴런에서는 화학 변화가 일어난다. 이러한 자극들이 동시에 일어나면 인접한 뉴런들의 활성화는 한층 더 민감해진다. 이러한 과정을 '장기증강'이라고 한다.

한번 발화된 뉴런은 오랫동안 민감한 상태를 유지한다. 만약 그 사이에 최초의 뉴런이 다시 흥분하면, 첫 번째에 비해 강도가 약하더라도 인접한 뉴런은 반드시 발화된다. 다시 말해 두 번째 발화는 훨씬 더 쉽게 반응하는 것이다. 이렇게 자극이 반복되면서 뉴런들이 통합되고, 어느 한 개의 뉴런이 활성화되기만 해도 그것과 연결돼 있던 뉴런 다발들은 동시에 발화된다. 이것이 바로 기억의 메커니즘이다. 기억을 단순하게 정의하면 감각에 의해 받아들여진 뉴런들의 자극에 대한 반응으로 뇌에서 학습을 통해 다시 풀어내는 것이다.[49]

단기 기억을 관장하는 해마는 중요한 정보만 장기 기억으로 보내는 역할을 수행한다. 이승헌 교수에 따르면 뇌가 정보의 중요도를 판단하는 첫 번째 기준은 생존에 얼마나 필요한 정보인가 하는 것이다. 특히 생존에 위협적인 상황을 초래한 정보는 뇌 깊숙이 저장하게 된다. 두 번째 기준은 정보 자극의 빈도다. 자극이 한두 번 전달되다가 끊기면 뇌는 그 정보를 단기 기억으로 처리한다. 그런데 자극의 빈도가 잦아지면 뇌가 중요한 정보라고 판단하여 장기 기억으로 분류한다.[50]

이와 같은 기억의 메커니즘이 우리에게 시사하는 바는 무엇인가? 정보 자극의 빈도가 잦을수록 장기 기억으로 저장될 가능성이 높다는 것이다. 그런데 문제는 이질적인 정보가 교차돼서 입력되면 해마에서는 어떤 것도 중요한 정보로 인식하지 않고 단기 기억에서 삭제한다는 것이다. 예를 들면 수학을 1시간 공부할 때 관련 수식

49) 정갑수, 『BRAIN SCIENCE』, 열린과학, 2009, 183쪽.
50) 이승헌, 『뇌교육 원론』, 국제뇌교육종합대학원출판부, 2010, 182-183쪽.

에 관한 정보가 중요한 정보인지 아닌지 판단하고 있는데, 갑자기 영어 공부로 전환하게 되고 영어 단어나 문장에 관한 정보가 입력되면, 수학에 관한 정보는 중요하지 않다고 판단하게 되는 것이다. 이렇게 하루에 여러 과목을 동시에 공부하게 되면 모든 정보가 다 중요하지 않다고 판단됨으로써 장기 기억으로 전환되지 못하는 것이다.

그러나 수학에 관한 정보가 하루, 이틀 길게는 한 달씩 계속적으로 입력되면 해마는 수학에 관한 정보 모두를 중요한 정보라고 판단하고 장기 기억에 저장하게 되는 것이다. 그래서 매일 수학 1시간, 영어 1시간, 국어 1시간, 과탐 1시간, 사탐 1시간, 이런 식으로 공부하는 것보다는 수학만 집중적으로 5시간 공부하는 것이 기억에 더 효율적이다. 하루에 여러 과목을 동시에 공부하면 반복 주기가 길어지기 때문에 기억이 오래갈 수가 없다. 역시 삼봉 공부법이 효율적이라는 것이 이 이론에서도 확인된다.

옆 동네 공부법도 좀 보자

공부에 관해 다룬 책들을 보면 대부분 '자기에게 맞는 공부 방법을 찾아야 한다'라는 조언을 한다. 그 이유는 일단 저자가 공부 방법에 대해 체계적으로 고민해 보지 않았기 때문이다. 또, 저자가 추천하고 조언하는 공부 방법 자체가 구체적인 생활과 관련된 내용이 대부분이기 때문에 자기에게는 맞았지만 다른 사람의 경우 맞지 않을 수도 있기 때문이다. 누구에게나 맞는다고 말하기에는 조심스러울 수밖에 없기에 이런 말을 덧붙이는 것이다.

그래서 '자기에게 맞는 공부 방법을 찾아야 한다'라는 조언은 일부는 맞고, 일부는 틀린 말이다. 공부 방법도 아주 근본적이고 본질적인 차원의 문제와 구체적인 실천 차원의 문제로 나누어볼 수 있다. 구체적인 실천 차원의 문제로는 공부 장소를 교실로 할지 독서실이나 도서관으로 할지의 문제, 잠은 몇 시간을 자야 하는지의 문제, 과목마다 요약정리를 할지 기본서 한 권에 단권화를 하는 게 좋은지 등등의 문제이다. 이런 차원의 문제는 개인마다 특성이 다르기 때문에 일반화된 방법을 권할 수가 없다. 그러나 보다 근본적이고 본질적인 차원에서 공부 방법에 어떤 것이 있고 그 차이가 무엇인지 알게 되면 얘기는 달라진다.

공부 방법도 문화의 일종이라고 생각하면 된다. 자기가 속한 문화를 벗어나 다른 가능성을 생각하기란 쉬운 일이 아니라는 얘기다. 예를 들어 대치동의 대입 재수생이나 노량진의 공무원 시험 준비생은 신림동 고시생들의 공부 문화를 전혀 모른다. 대치동이나 노량진에서 같이 공부하는 수험생들만 의식하게 되고, 주변의 수험생들이 공부하는 방법이 당연하다고 생각하지 그와 전혀 다른 방식으로 공부하는 수험생들이 존재한다는 사실을 전혀 모르는 것이다.

그것은 신림동도 마찬가지이다. 그들 또한 그들만의 문화 속에 파묻혀 있다. 그들과 달리 공부하고 있는 문화나 세계가 있다는 사실은 전혀 인식하지 못한다. 지금은 고시가 모두 없어졌지만 고시가 시행되던 때 고시 합격생의 다수는 신림동 강의를 듣지 않고 선후배나 동기들로 구성된 모둠 공부 모임 — 전에는 스터디라고 부름 — 에서 공부하거나 나처럼 독학으로 혼자 공부하는 수험생들이었다.

학원 강의를 듣는 경우에도 필요한 강의만 듣고 이후에는 신림동을 떠나 자기 주도로 학습하는 경우가 대부분이다. 그래서 신림동에서 고시생을 상대로 첫 강의를 할 때도 많이 강조했던 것이 지금 신림동에서 여러분 눈에 보이는 수험생이 경쟁자의 전부라고 착각하지 말라는 말이었다. 신림동이 아닌 여러분이 볼 수 없는 다른 곳에서 공부하는 만만치 않은 경쟁자들을 의식해야 한다고 강조한 것이다.

이처럼 신림동 이외 지역의 고시 문화와 신림동의 고시 문화, 노량진의 공무원 수험생의 문화, 대치동이나 목동의 수능 수험생의 문화는 모두 다르다. 내게 익숙한 문화에만 젖어서 안일하게 생각할 것이 아니라 전혀 다른 낯선 문화에서 공부하고 있는 경쟁자가 있을 수 있다는 점을 염두에 두어야 한다.

노량진에서 공무원 수험생을 상대로 강의할 때도 노량진에서 보이는 것이 전부라고 착각하지 말라고 강조했다. 그뿐만 아니라 아예 노량진에 오래 머물지 말라는 권고까지 했다. 필요한 학원 수업만 듣고 바로 노량진을 떠나라고. 독서실이나 원룸도 노량진에 잡지 말고 신림동에 잡으라고. 신림동에서 공부하고 있는 고시 수험생들이 어떻게 공부하고 있는지 살펴보라고. 그리고 가능하면 그들과 같이 공부하라고. 서울대 법대나 고대 법대 도서관에서 하루에 여러 과목을 공부하는 정신 나간 친구들이 단 한 명이라도 있나 직접 확인해 보라고. 그들이 왜 하루에 여러 과목을 나눠 찔끔찔끔 공부하는 노량진이나 대치동의 수험생들과 다른 방식으로 공부하고 있는지 잠시라도 생각해 보라고. 노량진과 신림동의 물리적 거리는 20킬로미터에 불과하지만, 문화적 거리는 수천 킬로미터나 떨어져 있다는 사실을 생각해 보라고 말이다.

Part 03

삼봉 공부법,
어떻게 할까?

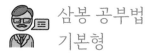
삼봉 공부법
기본형

　삼봉 공부법은 여러 과목을 동시에 공부하는 것이 아니라 한 과목을 집중적으로 공부하는 방법이기 때문에 먼저 공부할 과목의 순서를 정해야 한다. 국어를 먼저 공부할지 수학이나 영어를 먼저 공부할지 결정하는 것이다.

　공부할 과목의 순서가 정해지면 그 다음으로는 자습서와 참고서를 선정한다. 수능 수험생들의 경우 교과서는 학교에서 배우는 교재로서 이미 결정이 되어 있다. 자습서는 교과서에 관해 해설을 추가한 교재를, 참고서는 교과서와 무관하게 과목의 전 범위를 정리한 교재를 말한다. 『성문 종합 영어』나 『해법정석』 등이 참고서에 해당한다.

　한편, 고시생들은 가장 충실하고 공부하기 좋은 책을 기본서라고 표현하고, 그와 관련해서 보충해서 같이 읽을 책을 참고서라고 한다. 국정이든 검인정이든 고등학교까지만 교과서가 존재하고, 대학교 이상에서는 아예 교과서가 존재하지 않는다. 그저 교수님들이 저술한 다양한 교재가 있을 뿐이다. 따라서 고시생에게는 기본서의 선정이 중요한 문제가 되는 것이다. 교과서가 정해져 있는 수능 수험생들과 고시생들의 차이이다.

교재를 선정하면 교과서와 자습서(공무원수험생이나 고시생들의 경우에는 기본서)를 3회독한 후에 4회독부터는 교과서와 자습서를 먼저 읽고 해당 부분에 관한 참고서를 같이 읽어나간다. 수능 수험생들의 경우 자습서의 문제도 같이 푸는 것이 좋다. 암기력이 떨어지거나 독서 능력이 떨어지는 수험생이라면 교과서와 자습서를 7회독으로 충분히 숙지한 다음에 참고서와 병행하는 것이 좋다. 소화가되지 않는 상태에서 무리하게 양을 늘린다는 것은 바람직하지 않다. 암기력이나 독서 능력이 떨어지면 시간이 더 걸린다. 어쩔 수 없는 일이다. 유전자를 탓하기 전에 현실을 인정하고 정직하고 성실하게 돌파하면 된다. 이론이 정복됐는지 판단하는 기준은 완전히 이해하고 암기하면서 읽는 속도가 하루 10시간 기준으로 300페이지 정도 되는지 여부이다.

이론 공부는 충실하게 해야 한다. 실력을 향상시키고 유지하는 관건은 이론적 지식이다. 문제는 어차피 배운 이론에서 나오는 것이기 때문에 이론을 충실하게 소화하면 문제는 풀리게 마련이다. 문제 풀이는 현재 내 실력을 실수 없이 점수로 연결시키기 위한 것이지, 없는 실력을 향상시켜주는 데는 한계가 있다. 그래서 처음에 어느 과목을 공부할 때 이론을 충실하게 공부하지 않고 문제 풀이에 매달리는 것은 바람직하지 않다. 자습서에 있는 문제는 이론을 공부하면서 같이 풀어가는 것이 좋지만, 기출문제집이나 객관식 문제집 등을 통한 본격적인 문제 풀이는 이론서를 충실히 소화하고 시작하는 것이 좋다.

문제집 공부 순서는 '단원별 기출문제 → 연도별 기출문제 → 단원별 예상문제 → 모의고사형 문제' 순으로 공부하는 것이 좋다. 기출문제는 최소한 5년 정도의 분량은 풀어봐야 한다. 그래야 최신 경향도 파악할 수 있고, 출제 경향의 변화에 대한 감도 잡을 수 있다. 기출문제집을 공부할 때 처음에는 단원별 기출문제집을 먼저 보는 것이 좋다. 이론서와 연계해서 체계적으로 공부하는 데 편하기 때문이다. 그러나 단원별 기출문제는 어떤 주제에 대한 문제인지 단원이 암시하기 때문에 나중에 연도별 기출문제를 풀어보는 것이 좋다. 어떤 부분에 대한 출제인지 전혀 암시가 주어지지 않은 상태에서 풀어보아야 실제 시험에 대비할 수 있기 때문이다. 물론 연도별 기출문제집이 별도로 출판되지 않았다면 모의고사형 문제집만 풀어도 된다.

문제집이 정복되었는지 판단하는 기준은 90점이라고 보면 된다. 나머지 10점은 나중에 핵심정리를 할 때 보완하면 된다.

이렇게 한 과목을 정복하고 나면 다른 과목으로 전환해서 같은 요령으로 정복하면 된다. 먼저 정복한 과목이라도 시간이 지나면 잊게 마련이다. 따라서 다른 과목으로 전환한 후에 집중이 되지 않거나 시간이 많이 지나면 전에 공부한 과목을 빠르게 읽어 두고 기억을 재생한 후에 다시 지금 공부하는 과목으로 돌아오면 된다.

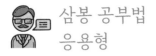

삼봉 공부법
응용형

지금까지 삼봉 공부법의 기본형에 대해 살펴보았다.

여기에서는 삼봉 공부법에 아직도 익숙하지 않은 수험생을 위해 과도기에 활용할 수 있는 변형된 삼봉 공부법은 어떤 것이 있는지 살펴보기로 한다.

: ; 한 과목 3회독 후 다른 과목으로 전환

고시나 공무원 시험처럼 한 과목이 수천 페이지가 넘는 시험의 경우에는 삼봉 공부법이 가장 효율적이다. 그러나 중학생이나 고등학생의 경우 공부량이 많지 않기 때문에 3회독 정도만 연속으로 정독해도 상당 부분 이해와 암기를 할 수 있다. 물론 3회독으로 완전한 암기까지 가능하다는 의미는 아니다. 일단 한 과목의 책을 3회독 후 다른 과목으로 전환하고 다시 3회독씩 반복해야 한다. 이렇게 하면 삼봉 공부법에 불안감을 갖고 있는 수험생도 전 과목을 공부하는 데 많은 시간이 걸리지 않기 때문에 불안감을 덜 수 있다. 한 과목을 1회독 이상 공부하는 습관이 만들어지지 않은 수험생들은 지루함을 덜 수도 있다.

::고시 공부법

공부 방법의 분류에서 설명했듯 한 과목을 연속해서 끝까지 다 읽고 난 다음에 다른 과목으로 전환하는 방법이다. 수능 공부법보다는 그래도 훨씬 효율적이다. 삼봉 공부법에 적응하기 위해 과도적으로 이용하는 것도 좋다고 생각한다.

::평일에는 주요 과목만 공부하고 주말에는 삼봉 공부법

학기 중에는 매일 영어 3시간, 수학 2시간을 공부하고 방학 중에는 삼봉 공부법으로 하는 방법이다. 내가 고등학교 1학년 때 했던 방법이다. 다만, 이 경우에도 최대한 공부의 연속성을 살리기 위해 한 과목이 끝날 때까지 그 과목만 공부하고, 그다음에 다른 과목으로 전환하는 것이 그나마 차선이라고 할 수 있다. 즉, 매일 영어와 수학만 공부한다고 했을 때 영어 1시간 공부, 수학 1시간 공부,

영어 1시간 공부 등으로 하는 것보다 영어를 3시간 연속으로 하고, 수학을 2시간 하는 식이 낫다. 주말인 토요일이나 일요일에는 취약한 과목 하나만 집중적으로 공부하는 것이 좋다.

: ; 평일은 수능 공부법, 주말은 삼봉 공부법

평일에는 학교 수업을 듣고 수업을 들은 모든 과목에 대해 예습과 복습을 하고, 주말에는 영어나 수학만 집중적으로 공부하는 방법이다. 학교 진도를 따라잡고 내신을 관리하는 정도로는 무난한 방법이다. 하지만 수능을 본격적으로 대비하기 시작하는 고등학교 2학년 겨울방학부터는 삼봉식으로 전환해야 한다.

: ; 학기 중에는 수능 공부법, 방학 중에는 삼봉 공부법

학기 중에는 여러 숙제도 있고 여러 과목의 예습·복습도 해야 하고 내신 관리를 위해 시험 공부도 해야 하고 수행평가도 준비해야 하므로 할 일이 많다. 그래서 집중적으로 한 과목을 공부하는 것이 불안하다면 방학 기간만이라도 삼봉식으로 공부하는 것이 좋다. 굳이 방학이 시작되지 않더라도 기말고사가 끝나고 나면 사실상 방학이라고 보아야 하고, 개학하고 얼마 동안은 중간고사 준비를 하지 않기 때문에 이 기간도 실질적인 방학으로 생각하고 활용하는 것이다. 방학 동안은 주로 국어, 영어, 수학 과목에 할애하는 것이 좋다. 다른 과목들은 학기 중에 예습하고 수업을 듣고, 복습을 하면서 얼마든지 진도를 따라갈 수 있기 때문에 굳이 방학 동안에 집중적으로 공부를 하지 않아도 무방하다.

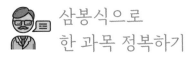

삼봉식으로
한 과목 정복하기

    과목도 정해졌고, 기본서와 참고서도 정해졌다. 이제 어떤 순서로 그 과목을 공부할 것인가의 문제를 살펴보기로 하자. 한 과목에 대한 공부 과정은 크게 이론 공부, 문제 풀이, 핵심정리로 나눌 수 있다.

> 이론 공부 → 단원별 기출문제집 문제 풀이 → 단원별 예상문제 문제 풀이 → 모의고사 문제 풀이 → 핵심정리집

    먼저 이론을 충실히 공부해야 한다. 시험 문제는 어차피 이론에서 배운 내용을 문제로 만든 것이기 때문에 이론을 충실히 공부하면 문제 풀이가 수월하다. 물론 이론만 공부하고 문제 풀이를 하지 말라는 얘기는 아니다. 나중에 문제 풀이 과정을 반드시 거쳐야 하지만, 그 전에 기본서나 교과서에 대한 이론을 충실히 이해하고 필요한 내용은 어느 정도 암기를 해야 한다. 이론 공부를 소홀히 하고 문제 풀이에만 의존하여 공부하면 응용 문제에 적응할 수가 없고, 예상하지 못한 문제에 대한 대비도 불가능하다. 내가 풀어 본

문제만 기계적으로 암기하게 될 뿐이지 문제집에서 미처 다루지 못한 생소한 문제 유형이나 변형 문제에 대한 대응도 불가능하다. 또한 문제집에서 아예 다루지 않은 내용이 출제될 경우 배경지식이 없기 때문에 속수무책으로 당하게 되는 것이다. 그래서 일단 이론 공부를 충실히 하는 것으로 시작해야 한다. 문제 유형은 이론이 다져진 후에 적용하면 된다.

이론 공부는 기본서를 3회독 연속적으로 읽어 가며 한다. 그래서 기본서가 어느 정도 이해가 되면 기본서의 목차대로 참고서의 해당 부분을 비교하면서 역시 3회독을 하면서 단권화나 핵심정리집을 만든다. 이 과정이 끝나면 마지막으로 기본서와 참고서를 각 1회독하고 난 후에 문제 풀이로 전환하면 된다. 수능 수험생의 경우 교과서와 자습서를 단원별로 같이 병행하면서 3회독씩을 한다. 그리고 참고서를 3회독하고 '교과서 → 자습서 → 참고서'를 1회독하고 난 후에 문제 풀이로 전환하면 된다.

이론에 관한 정복이 되어 있는지는 독서 속도로 판단하면 된다. 이해와 암기를 해 가면서 읽는 속도가 하루 300페이지가 되면 정복이라고 생각하면 된다. 특히나 수능 교재는 두껍지 않다. 이 정도 속도면 웬만한 책 1권을 읽는 데 하루면 족할 것이다. 자습서와 참고서까지 포함해서 3일이면 1회독이 가능하다. 그래도 미덥지 않으면 문제집으로 확인하면 된다. 찍어서 맞춘 문제를 빼고 순수하게 내가 알고 푼 문제만 채점해서 90점 정도가 나오면 완성이라고 생각하면 된다. 모든 과목을 정복하고 난 후에 다시 반복하면서 세부적인 내용을 자연스럽게 암기하면 되기 때문이다.

주의할 것은 공부한 시간은 중요하지 않다는 것이다. 하루에 10시간을 책상에 앉아 공부했더라도 실제 공부한 분량이 얼마 되지 않는다면 의미가 없다. 판단 기준은 공부 시간이 아니라 공부량이다. 하루에 이해를 하면서 정독으로 읽은 범위나 풀어 본 문제 수 등이 공부량을 판단하는 지표라고 생각하면 된다.

반면에 이론만 공부하고 문제는 아예 풀지 않는 방법도 위험하다. 같은 지식이라도 어떤 유형으로 출제하느냐에 따라 생소한 지식으로 느껴지고 응용하지 못하는 경우도 생기기 때문이다. 생소한 유형의 문제를 접했을 때 이론을 배경으로 오래 고민해서 해결할 수도 있다. 그러나 문제는 시간 제한이다. 주어진 시간 내에 답안지에 내 지식을 채워 넣어야지 시험이 끝난 후에 풀이를 하는 것은 아무 의미가 없기 때문이다.

문제 풀이는 먼저 기출문제 풀이가 매우 중요하다. 가끔 전에 출제되지 않던 새로운 유형의 문제가 출제되는 경우가 있지만, 대부분의 문제는 기존의 출제 유형의 틀 내에서 변형해서 출제되기 때문에 기출문제의 유형에 적응하는 것은 시행착오를 줄이고 시간을 단축하는 가장 좋은 방법이다. 그래서 이론에 관한 공부가 끝나고 문제집으로 공부를 할 때는 먼저 단원별로 된 기출문제집을 풀어 보는 것이 우선이다. 그리고 공부가 어느 정도 되어 있는지 판단하는 기준도 기출문제를 정확히 알고 기출문제를 90% 정도 풀 수 있느냐이다. 이 정도로 한 과목에 대한 공부가 되어 있다면 세부적인 부분에 대한 암기가 안 되었더라도 다른 과목으로 전환하면 된다. 이 정도 암기가 되어 있다면 다른 과목을 공부하다 지루할 때 정복한 과목을 다시 보게 되더라도 하루에 300페이지 읽는 속도가 유지된다는 것을 확인하게 될 것이다.

기출문제 풀이가 끝나면 출제 경향을 잘 반영한 단원별 예상문제집을 선택해서 풀어 보아야 한다. 문제는 가능하면 많이 풀어 보는 것이 좋다. 그래야 응용력도 생기고 실전에서 시간을 단축할 수 있게 된다. 단원별 문제 풀이가 끝나면 전 범위를 다룬 모의고사 문제집을 풀어 보아야 한다. 단원별 문제집은 어느 단원의 문제라는 것을 알고 풀기 때문에 적용해야 할 지식이나 공식의 적용이 용이하다. 그러나 실제 시험에서는 교과서 순서대로 출제되지 않기 때문에 어떤 주제에 관한 문제인지 감을 잡기 어려운 문제도 존재한다. 따라서 모의고사 형식의 문제집을 반드시 풀어 보아야 한다.

한 과목을 마무리하려면 결국은 핵심정리집으로 마무리를 하는 것이 중요하다. 시험은 그동안 공부한 누적 총량을 측정하는 것이 아니다. 그동안 아무리 많은 양의 공부를 했다 하더라도 제한된 시간 안에 정답을 고름으로써 시험 당일 누가 더 많은 지식을 답안으로 표현하느냐를 측정하는 것이다. 따라서 아무리 그동안의 공부량이 많더라도 시험 당일에 많은 내용을 기억하기 위해서는 핵심정리집으로 마무리를 하는 것이 절대적으로 필요하다.

모든 과목에 대해 핵심정리집을 만들 수 있다면 물론 좋다. 그러나 핵심정리집을 만드는 데 시간이 많이 걸리기 때문에 중요 과목이나 취약 과목 위주로 핵심정리집을 만드는 것이 좋다. 나의 경우 고시 공부할 때 경제학과 행정법 두 과목에 대해 핵심정리집을 만든 바 있다. 두 과목 모두 어려우면서도 중요한 과목이기 때문에 핵심정리집을 만드는 데 과목당 3권의 교재를 정리해야 했고 그러다 보니 보통 한 과목에 2달씩 걸렸다. 지금은 그때보다 정리집이 많으므로 처음부터 모든 내용을 스스로 정리하려고 하지 말고 괜찮다 싶은 정리집을 과목마다 구입해서 거기에 빠진 내용을 추가 보완하고 불필요한 내용을 삭제하는 식으로 핵심정리집을 만들면 시간이 단축될 것이다.

핵심정리집도 시험을 앞두고는 반드시 봐야 할 내용을 별도로 체크해서 양을 줄여 놓아야 한다. 시험을 얼마 남기지 않은 시점에 더 이상 보지 않아도 될 부분을 읽는 것은 시간낭비이다. 어차피 더 봐도 이해나 암기가 안 되는 부분도 있게 마련인데, 이것도 시험을 앞두고 마무리 정리를 할 때는 과감하게 버려야 한다. 지금까지 안 된 게 이제 와서 될 리가 없다. 출제 빈도가 매우 높은 주제인데 문제를 풀 때마다 계속 헷갈리는 쟁점만 표시해 놓고 반복을 해야 한다. 이렇게 표시를 해 놓으면 오답 노트는 별도로 만들지 않아도 된다. 이 자체가 오답 노트이기 때문이다.

처음에 한 과목을 공부할 때는 기본서나 교과서를 충실히 읽고, 자습서와 참고서도 병행해서 충실히 공부해야 한다. 그러나 시험을 앞두고는 점점 양을 줄여야 한다. 공부를 못하는 수험생은 거꾸로 간다. 시간이 많이 주어져 있을 때는 이론에 소홀하고 얄팍하게 공부하다가 막상 문제가 풀리지 않는다는 것을 확인하게 되면 분량을 늘린다. 필패의 원인이다. 핵심정리집으로 압축하고, 압축된 내용을 반복하는 압축과 반복! 이게 마무리 단계의 핵심이다.

한 과목에 대한 공부가 마무리되면 다른 과목으로 전환해서 같은 요령으로 정복해 나간다. 다른 과목을 공부하다 지겨워서 집중이 되지 않을 때나, 전에 공부한 과목이 불안하게 느껴질 때 그 과목을 다시 읽어 두면 된다. 이런 방식으로 전 과목에 대한 공부가 마무리되면 이제 고시 공부법으로 전환한다. 이제 한 과목씩 1회독을 하고 난 후 다른 과목으로 신속히 전환함으로써 무한반복을 하는 것이다. 공부한 내용을 절대 잊어버릴 수 없을 것이다.

이상의 내용이 삼봉 공부법의 기본형이다. 문제는 수험생마다 여건이 다르다는 점이다. 먼저 고등학교 졸업 후에 재수를 하거나, 학교를 중퇴하고 검정고시를 준비하는 경우, 대학을 졸업했거나 휴학한 경우에는 삼봉 공부법 기본형으로 공부하는 것이 가장 효율적이다. 학원 강의를 들으며 공부하는 경우에도 가능하면 한 과목만 강의를 듣는 것이 좋다. 예습, 강의, 복습이 유기적으로 연결될 때 3

회독의 효과가 있기 때문에 수강계획을 짤 때 한 과목씩 강의를 들으며 예습·복습과 병행하는 것이 가장 효율적이다.

그럼 현재 재학 중인 수험생의 경우는 어떻게 하는 게 좋을까? 학기 중에는 수업을 마친 후 간단히 예습·복습을 하고 한 과목을 정복할 때까지 계속 공부하는 것이 가장 효율적이다. 그러나 과제물이나 학교 시험 대비 등으로 인해 여의치 않다고 느낄 경우에는 방학 동안이라도 삼봉 공부법으로 공부하는 것이 좋다. 방학만 잘 활용해도 국영수를 2학년까지 정복할 수 있다. 영어는 2달, 국어와 수학은 1달이면 충분히 정복할 수 있기 때문에 4번의 방학만으로 국영수를 정복할 수 있는 것이다. 그리고 학기 중에는 수업만 듣고 간단히 복습해도 성적이 꾸준히 유지될 수 있다. 최상위권 학생 중 평소 학교 수업만 듣고 별도로 공부를 하지 않는 것 같은데도 최상위 성적을 유지하는 경우를 볼 수 있는데, 방학을 효율적으로 활용하기 때문에 그렇다고 보면 된다. 2학년까지 방학만으로도 국영수를 다 끝냈으니 특별히 더 공부하지 않아도 성적이 유지되는 것이다.

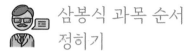

삼봉식 과목 순서 정하기

고시생들은 독학을 하든 모둠 공부를 하든 제일 먼저 정하는 것이 공부 과목 순서이다. 여러 과목을 동시에 공부하지 않기 때문에 어떤 과목을 먼저 시작하고 어떤 순서로 공부할지를 정하는 것이 가장 중요하기 때문이다.

::상위권&의지가 강한 수험생: 어려운 과목 → 쉬운 과목

고시생들은 통상 가장 어려운 과목부터 쉬운 과목의 순서대로 공부를 한다. 전에 신림동에서 강의를 할 때 학원들의 커리큘럼도 경제학 비전공자들이 많은 행정고시 일반행정직렬의 경우 가장 어려워하는 경제학부터 행정법의 순으로, 재경직렬의 경우 주로 경제학 전공자들이 많기 때문에 행정법부터 경제학의 순으로 순환강의가 진행된다.

내가 고시 공부를 할 때도 법학 전공이기 때문에 가장 어려운 경제학부터 정복하고 행정법으로 넘어갔다. 삼봉 공부법으로 제대로 공부를 하면 경제학은 통상 1달, 행정법은 2달 정도면 정복이 가능하다. 문제는 평상시 여유가 있을 때의 한두 달과 시험이 임박한 때의 한두 달은 의미가 다르다는 점이다. 여유가 있을 때는 시간에 쫓기지 않기 때문에 독해나 이해가 안 되는 어려운 부분이 있더라도 차분하게 정독을 하면서 정상적으로 독서를 할 수 있다. 그러나 시험을 앞둔 상황에서는 초조감 때문에 어려운 부분이 나타나면 집중을 하지 못하고 무너지게 된다. 그래서 자신이 없고 어려운 과목을 여유 있을 때 미리 정복해 놓는 것이 좋다.

어려운 과목을 초기에 정복하게 되면 일단 자신감이 넘치게 마련이다. 이 어려운 과목을 정복했으니 나머지 다른 과목도 같은 방법으로 각개격파하면 된다는 자신감을 갖게 된다. 둘째, 어려운 과목이 정복되지 않은 상태에서는 늘 그 과목에 신경이 쓰이기 때문에 다른 과목을 공부하더라도 집중이 제대로 되지 않는다. 목의 가시라고나 해야 할까? 사탐 공부를 하면서도 수학 걱정 때문에 사탐 교과서 내용이 제대로 눈에 들어오지 않는 것이다. 앞에서도 말한 바 있지만 공부는 집중하지 않으면 공부를 하지 않는 것과 다를 바가 없다. 주어진 같은 시간을 온전히 집중하며 공부하는 수험생과 다른 과목에 대한 불안감 때문에 온전히 집중하지 못하는 수험생 사이의 공부 효율성은 천지 차이이다. 그래서 모든 과목을 온전히 집중해서 공부하기 위해서라도 불안한 과목을 가능하면 일찍 정복해 두는 게 좋다는 것이다.

:; 초보자·하위권·의지가 약한 수험생은 '쉬운 과목 → 어려운 과목'

물론 공부 초보자나 하위권 수험생이라면 당연히 쉬운 과목부터 공부를 하는 것이 좋다. 기본이 되지 않은 상태에서 어려운 과목부터 도전하면 성취감은커녕 오히려 패배감만 느낄 수 있기 때문이다.

참고로 삼봉 공부법이 보편적이었던 조선시대 서당의 교과 내용과 그 강독의 순서는 『천자문』→『동몽선습』→『통감』→『소학』→『사서』→『삼경』→『사기』→『당송문』→『당률』' 등이 보통이었다.[51] 이는 한문의 기초인 『천자문』부터 시작해서 점차 난도가 높아지도록 배열한 것이라고 할 수 있다.

한편, 율곡 이이 선생도 『격몽요결』에서 『소학』→『대학』→『논어』→『맹자』→『중용』→『시경』→『예경』→『역경』→『춘추』→『근사록』→『가례』→『심경』→『이정전서』→『주자대전』→『어류』→『사서』' 등의 순서로 공부할 것을 제안하였다.[52] 첫 과목은 쉬운 과목부터 시작하되 어느 시점이 지났을 때는 난이도와 함께 앞에서 공부한 과목과의 연계성도 고려한 것이 아닌가 생각한다. 나는 아무 생각 없이 『논어』→『맹자』→『노자 도덕경』→『장자』→『한비자』→『순자』→『중용』←『대학』'의 순서로 공부했는데, 조선 중기의 대학자가 제기했던 공부 순서에는 나름의 의미가 있을 것이라

---

51)　이원호, 『조선시대 교육의 연구』, 문음사, 2002, 50-51쪽.
52)　이이, 이민수 옮김, 앞의 책, 64-66쪽.

고 생각한다. 기회가 닿으면 율곡 선생이 제시한 순서대로 다시 공부할 생각이다.

현재 대한민국 학제도 초등학교, 중학교, 고등학교, 대학교 순으로 난도가 낮은 수준부터 높은 수준으로 단계화되어 있다. 그러나 여기서 우리가 다루고자 하는 것은 동일한 학년을 전제로 할 때 어떤 과목부터 공부하는 것이 좋은가의 문제이다. 공부 초보자나 하위권 수험생이라면 가장 쉬운 과목이나 가장 재미있고 흥미 있는 과목, 좋아하는 선생님이 담당하는 과목부터 시작하는 것이 좋다. 공부의 틀이나 습관이 아직 제대로 잡히지 않은 상태에서 어려운 과목에 도전하면 쉽게 좌절하기 때문이다. 이렇게 쉬운 과목부터 작은 성취감을 맛보고 이것이 축적되어 어느 정도 공부의 틀이 만들어지고 재미를 느낄 때 어려운 과목에 도전하면 적절한 성취감과 함께 심리적 안정감과 자신감, 새로운 과목을 정복하겠다는 도전의식도 생기게 된다.

:; 다음 과목은 연계 과목을 택하는 것이 좋다

이렇게 한 과목을 정복한 후에 가능하다면 다음 과목으로 내용상 연계성이 높은 과목을 선택하는 것이 유리하다. 암기의 효율성을 높이는 방법 가운데 하나가 정교화인데, 이는 새로 공부하는 지식을 기존에 공부해서 알고 있는 관련 지식과 연계하는 기억책략이다. 따라서 먼저 공부해서 기억하고 있는 지식이 사라지기 전에 새로운 과목과 연계시키는 것은 매우 효율적인 방법이라고 할 수 있다.

연계 과목을 예로 들자면 먼저 수능의 경우 국사와 세계사, 생활과 윤리와 윤리와 사상, 국토지리와 인문지리 등을 들 수 있다. 공무원 시험 중 7급 일반행정직렬의 경우 행정법과 헌법, 경제학과 행정학 중의 재무행정론 등을 들 수 있다. 여기서 행정법, 경제학은 상대적으로 어려운 과목이라 먼저 공부를 했고, 헌법과 재무행정은 행정법과 미시경제학과 많이 겹치는 주제를 다루고 있어 그다음 과목으로 선택했다. 행정법과 헌법이 겹치는 주제로는 통치행위, 공권(公權), 법치국가, 신뢰보호의 원칙, 특별행정법관계, 행정입법, 정보공개청구권, 국가배상청구권, 손실보상청구권, 조례제정·개폐청구권, 주민투표권, 주민소환투표권 등이다. 행정법은 헌법의 구체화 법이기 때문에 추상적인 헌법 과목보다 더 구체적이고 기술적인 내용들이 많으므로 공부하기가 매우 어렵다. 행정법을 정복하고 난 후에 헌법의 관련된 부분을 공부하면 직독직해가 가능하게 된다. 그래서 7급 일반행정직렬의 경우에는 '행정법 → 헌법 → 경제학 → 행정학 → 영어 → 국어 → 국사' 순으로 공부할 것을 권한다. 변호사 시험의 경우 행정법과 헌법, 형법과 형사소송법, 민법·상법과 민사소송법 등이 연계 과목이다.

참고로 다산 정약용 선생도 선경후사(先經後史)라고 하여 경전을
먼저 공부한 다음에 역사서를 공부하라고 강조한다. 경전도 수기(修
己)에 관한 것을 먼저 공부하고 이어서 치인(治人)을 공부할 것을 강
조한다.[53]

: ; 전략 과목을 만들어라

전략 과목이란 단어는 사전에 있진 않지만 수험 생활 경험을 통
해 내가 만든 실전적인 의미의 단어이다. 어떤 난도에서도 늘 만점
을 받을 수 있는 정도의 안정적인 과목을 말한다.

그렇다면 전략 과목을 선정할 때의 기준 내지는 전략 과목이 갖
추어야 할 조건은 무엇인가? 먼저 객관적으로 어려운 과목이라서
평균적인 수험생들의 점수가 낮은 과목이어야 한다. 이런 과목에서
내가 100점을 받는다면 다른 수험생과의 점수 차를 30~40점 정도
쉽게 벌릴 수가 있다.

둘째, 내가 공부를 제대로 할 때 안정적으로 점수가 나오는 과목
이어야 한다. 이에 가장 적합한 과목이 수학과 과학이다. 답이 명확
한 과목들이다. 주관적인 해석의 여지가 없다. 따라서 제대로만 공

삼봉 공부법

부하면 언제든 100점이 가능한 과목이다. 국어와 영어는 상대적이다. 중하위권 수험생들은 감을 제대로 잡지 못하기 때문에 이 두 과목의 정답이 애매한 문제가 많다고 느낀다. 그러나 최상위권 수험생이 느끼는 것은 다르다. 이 두 과목도 어학 감각만 제대로 익히면 안정적으로 점수가 나오는 과목이다. 그래서 대입 수험생이라면 일단 수학과 과학은 무조건 전략 과목으로 선택해야 한다. 국어까지 전략 과목으로 삼을 수 있다면 금상첨화이다.

셋째, 단기간에 정복할 수 없는 과목이어야 한다. 다른 수험생들도 단기간에 정복이 가능하다면 전략 과목이 갖는 변별력이 없어지기 때문이다.

내가 검정고시를 준비할 때는 고등학교 2학년 때 자퇴한 시기가 5월이었고, 시험이 8월 5일이라 기간이 얼마 남지 않았다. 그래서 전략 과목이고 뭐고 선택할 여지가 없었다. 마침 당시에는 내가 『성문 종합 영어』를 공부하기 시작한 때라 무모하게 2달을 『성문 종합 영어』에 쏟아부었고, 남은 한 달 중 2주를 국어에, 열흘을 수학에, 나머지 1주를 암기 과목에 배분했다. 대입 준비를 할 때는 국어, 영어, 수학이 전략 과목이었다. 세 과목 모두 만점 가까운 점수를 유지했기 때문이다. 행정고시 1차를 준비할 때는 헌법과 민법총칙, 국사가 전략 과목이었다. 각각 100점, 100점, 97.5점을 받았다. 그래서 정보체계론이라는 과목을 버리다시피 공부해서 67.5점을 받았음에도 5과목 중 전략 과목이 3과목이라 23일 만에 쉽게 합격할 수 있었다. 행정고시 2차 논술시험을 준비할 때는 경제학과 행정법이 전략 과목이었다. 경제학은 2차 응시생들의 70% 정도가 과락을 받는 과목이다. 행정법도 경제학만큼은 아니지만 많은 응시생들이 과락을 받는 과목이다. 결국 이 두 과목만 제대로 공부한다면 경쟁자 중의 80% 이상을 제치게 되는 셈이다. 나보다 2차 논술 시험 7과목의 평균 점수가 더 높은 실력자들이 과락으로 탈락하게 되면 그만큼 내가 합격할 확률은 급격하게 높아지는 것이다.

전략 과목이 있을 경우 어떤 효과가 있는가? 첫째, 전략 과목이 있으면 자신감을 갖고 공부할 수 있다. 어려운 과목을 오히려 언제든지 만점 가능한 수준으로 정복했기 때문에 남은 과목은 쉬운 과목뿐이다. 정복하지 못할 이유가 없다는 자신감이 생기는 것이다.

둘째, 초조하게 쫓기지 않고 여유 있게 집중하면서 공부할 수 있다. 시험이 다가올수록 정복하지 못한 과목, 그것도 그 과목이 매우 어려운 과목이고 단기간에 정복할 수 없는 과목일 때는 필연적으로 초조감에 휩싸이게 마련이다.

따라서 공부 초기에 시간적 여유가 있을 때 전략 과목을 선정해서 집중적으로 공부할 필요가 있다.

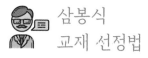

삼봉식
교재 선정법

공부할 과목이 결정되면 먼저 자습서·참고서·기본서를 선정해야한다. 참고서나 기본서를 선정하는 데 가장 중요한 기준은 논리적이고 설명이나 해설이 풍부해야 한다는 것이다. 그래야 읽을 수가 있다. 논리적이지 못하고 비약해서 설명을 하거나, 필요한 설명이빠져 버리면 도저히 이해할 수가 없다. 이해가 안 되면 강의를 들어도 복습하는 게 힘들다. 강의 따로 교재 따로 노는 셈이다.

나는 대학입학 학력고사 세대이다. 중학교는 농촌에서 다녔기 때문에 고등학교에 진학할 때 연합고사에서 농업을 선택해서 만점을받았다. 고등학교는 충북 청주에 있는 충북고등학교를 다녔는데 학교에서 선택한 과목인 공업에서도 기말고사에서 만점을 받았다. 그래서 정작 학력고사에서는 이미 공부해 본 농업과 공업 과목 대신상업을 하자고 생각했다. 상업에 할당한 공부 시간은 하루였다. 그런데 내가 선택한 상업 교재가 독해가 되지 않는 난잡한 책이었다.결국 5일을 상업 과목에 쏟아붓고도 정리를 제대로 하지 못해 망쳐버렸다. 남들 다 만점 받는 과목에서 나만 손해를 본 셈이다. 결국학력고사에서 점수를 가장 많이 까먹은 과목이 된 셈인데, 그 결정적 원인이 바로 잘못된 교재 선택이었던 것이다. 그 후로 대학에 진학해서 고시 공부를 할 때 논리적이고 설명이 풍부한 교재를 고르느라 남들보다 더 신경 쓰는 습관이 생겼다. 교재 선택은 대학 입학을 좌우할 수도 있다는 점을 명심하자.

둘째, 내용이 빠진 것 없이 충실해야 한다. 내용이 충실하지 못해서 빠진 부분이 있다면 시험장에서 낭패를 면치 못할 것이다. 고시생들은 이런 경우를 '불의타'라고 표현한다. '불의의 타격'의 줄임말이다. 이를 막기 위해 참고서의 내용이 충실해야 한다. 내가 행정고시에 최종 합격할 때 경제학 과목 중 미시경제학 부분에서 지대이론에 관한 불의타 문제가 출제되었는데 다행히 나는 과목마다 열댓 권의 책으로 공부하는 특이한 경우라 순수한 불의타는 아니었다. 이미 경제학 책이 열댓 권이 되는데도 주기적으로 서점에 가서 신간이 없나 하고 둘러보는 습관이 있어서 이준구 교수의 『미시경제학』이라는 새 책이 나온 걸 확인해서 망설임 없이 구입해서 읽고 기본서에 단권화까지 해 놓았다. 그런데 미처 다 외우지 못한 채 시험장에 들어갔다. 미국 유학에서 갓 돌아온 신진 교수가 출제위원으로 들어갈 거라고는 생각하지 못했던 것이다. 그래서 막상 공부를 하고도 전혀 처음 보는 문제처럼 생소하기 짝이 없었다. 당시 고시 2차 논술 시험은 논술형 문제 50점짜리 1문제, 약술 내지 서술형 25점짜리 2문제로 출제되었다. 결국 자존심 때문에 지대론에 관한 25점짜리 약술형 문제는 답안지에 문제조차 적지 않고 백지로 적어

제출했는데, 다행히 다른 문제에서 득점을 해서 47점이라는 좋은 점수[54]를 받을 수 있었다. 이게 불의타의 문제다. 막상 당한 수험생의 입장에서는 기본서에 대한 배신감으로 치를 떨 수밖에 없을 정도의 치명적인 타격이다. 그래서 기본서가 중요한 것이다.

당시의 고시 시험장 풍경은 흡사 과거 시험장을 연상케 했다. 교실 칠판에 큰 종이에 문제를 적어 돌돌 말아서 테이프로 붙여 걸어 놓고 있다가 시험 시작 종이 울림과 동시에 테이프를 잘라 종이를 펼치면서 시험이 시작된다. 뒤에 앉아 글씨가 잘 보이지 않는 수험생을 위해 감독관이 문제를 읽어 주곤 했다. 원시적인 방법이다. 지금은 종이에 인쇄를 해서 각자에게 나눠 준다고 한다. 교실에 입실해서 문제가 펼쳐지기까지의 교실 풍경은 지금도 눈에 선하다. 수험생은 누구나 긴장하기 마련이다. 그 몇 분 동안 깊은 적막과 고요 속에 간혹 심호흡 소리와 한숨 소리가 터져 나오곤 한다. 그 긴장감이란. 그러다 막상 문제지가 펼쳐지면 대다수 수험생의 "아~" 하는 장탄식과 일부 소수의 "OK!" 하는 얄미운 소리가 교차한 후 이내 적막에 빠지고 20분간 답안 작성의 구상이 끝난 후엔 답안지에 적는 필기 소리만 타자 치는 소리처럼 요란하다.

셋째, 자습서와 참고서를 선정할 때는 학교 선생님의 도움을 받

---

54) 47점이 좋은 점수라고 하니 의아할 수 있다. 그러나 논술 시험에서 수석 점수가 60점이라는 것과 경제학 과목의 과락률이 70%라는 점, 두 문제밖에 답안 작성을 안 했다는 점을 고려하면 이해가 될 것이다.

는 것이 좋다. 선생님의 입장에서 좋은 교재를 추천해 달라는데 마다할 이유가 없다. 엉터리 정보를 제공할 이유는 더더군다나 없다. 명문대에 합격한 선배의 추천은 그리 신뢰하지 않는 것이 좋다. 명문대에 입학했다고 해 봐야 별거 없다. 선생님과 비교할 바가 아니다. 나도 수험 기간에 선배들이 추천한 교재를 거의 무시했다. 내가 직접 발췌해서 읽어 보고 판단한 후에 직접 교재를 골랐다. 처음 법과 대학에 입학했을 때 기숙사 선배들의 조언을 참고했다. 민법에 곽윤직, 형법에 정영석, 헌법에 권영성, 행정학에 박동서, 경제학에 조순(『경제학원론』)·이학용(『미시 경제학』)·정운찬(『거시 경제학』), 정치학에 이극찬, 정책학에 정정길 교수의 교재가 선배들이 추천한 기본서였다. 그러나 형법 교재는 양도 적고 부실해서, 정치학의 경우는 수필집 같아서, 경제학은 논리적 비약이 많아서 다른 교재를 추가로 구입해서 읽게 되었다. 그리고 나름대로 가장 충실하고 좋은 기본서를 보는 안목을 갖게 되는 데 성공했다. 독서 능력이 되는 수험생은 여러 교재의 핵심 주제를 발췌해서 읽어 보는 정도로도 판단할 능력이 생길 것이다. 양은 절대적인 기준이 되어서는 안 된다. 앞에서도 말한 것처럼 해설이 풍부해서 양이 많더라도 오히려 이해가 쉽게 되므로 암기할 분량이 줄어들기 때문이다.

그렇다면 참고서는 몇 권이 필요할까? 수능 수험생들의 경우 2권이 적당하다고 생각한다. 교과서와 자습서에다 참고서 2권이면 과목당 4권 정도이다. 너무 많은 분량이라고? 독서 능력이 떨어지면 그렇게 생각하기 쉽다. 공부량을 늘리지 말고 한 권이라도 제대로 공부하는 게 낫다는 말도 있다. 일견 그럴 듯한 말이다. 그런데 실상을 알고 나면 반드시 그렇지도 않다. 먼저 교과서와 자습서는 세트 개념이다. 별개가 아니란 말이다. 교과서 내용을 설명해 주는 책이 자습서이기 때문이다. 참고서도 일단 2권이긴 하지만 중복되거나 겹치는 내용들이 대부분이다. 그래서 실제 새로운 내용은 그리 많지 않다. 한 참고서에 있는 내용을 다른 참고서에서 더 잘 설명하는 경우도 많다. 같은 듯 다른 것이 2권의 참고서이다. 같은 내용은 복습하는 셈이 되니까 빨리 읽을 수 있게 되고 같은 내용이지만 다른 설명으로 지루함을 덜고 이해의 폭도 넓어지고, 이 참고서에 없는 내용이 추가되어 있다면 불의타를 면할 수 있는 이점도 있는 것이다.

고시생들도 기본서 한 권에 참고서 2권 등 과목당 3권으로 공부하는 것이 보통이다. 기본서가 아무리 잘된 책이라 해도 한 명의 교수가 모든 주제에 대해 빠짐없이 다루기도 어렵고 다루는 내용을 이해하기 쉽게 잘 설명하기가 어렵다. 그래서 고시생들은 기본서에 빠진 내용이나 기본서에 있는 설명보다 더 쉽고 잘 정리된 부분을 참고서에서 복사해서 기본서에 딱풀로 붙여 놓는 단권화를 하거나, 기본서 내용을 기본으로 참고서를 발췌해서 핵심정리집을 만들거나 둘 중에 하나를 선택하는 것이다.

삼봉식
교과서 공부법

수능 전 과목 만점자의 인터뷰를 보면 교과서만 충실히 공부했다고 한다. 여러분은 이걸 믿는가? 믿으면 바보다. 더군다나 국어 영역의 문학 부분은 작품만, 그것도 일부 발췌해서 실어 놓고 있을 뿐이다. 설명이나 해설도 없이 작품만 실어 놓았는데, 이걸 스스로 해석할 수 있는 수험생이 얼마나 되겠는가? 거의 없다고 보면 된다.

국어가 아닌 다른 과목도 분량의 제약 때문에 기본적인 내용만 다루지 상세한 설명까지 다루지는 못한다. 교과서만 공부해서 교과서 내용을 다 이해한다는 것은 불가능하다. 따라서 교과서를 이해하기 위해서는 자습서나 참고서가 반드시 필요하다.

그러나 인터뷰가 다소 과장이 있다는 것은 분명하지만 교과서가 어느 책보다 훌륭한 교재라는 사실도 부인할 수 없다. 대학 교수님들이 집필한 교재는 본인의 관점에서 쓴 것이기 때문에 학계 다수의 지지를 받지 못하는 내용도 적지 않다. 또, 자기가 박사 학위를 받은 부분은 자세히 알지만 그렇지 않은 부분에 대해서는 잘 모르고 쓰는 경우도 많다.

그러나 초·중·고 교과서는 어느 한 저자의 독자적인 학문적 관점을 다루는 것이 아니라, 여러 저자들의 오랜 기간의 토론과 합의를 거쳐 다수의 지지를 받는 견해를 채택하기 마련이다. 그래서 각 주제에 대한 균형적인 서술이나 중립적인 서술이 가능하다. 물론 특정 정권하에서 교과서를 정권의 필요에 따라 만들던 시대도 있긴 하지만 그런 시대는 이미 지나갔다.

그래서 수험생들은 교과서를 기본서로 삼아 충실히 소화해야 한다. 교과서 내용도 제대로 이해하지 못한 상태에서 어려운 참고서를 보는 것은 겉멋에 지나지 않는다. 나도 대학에 입학하고 나서 고교 때 배우던 교과서를 모두 버렸는데 나중에 많이 후회를 했다. 그렇게 잘 만들어진 교재를 찾기가 힘들었기 때문이다. 가장 기본적인 지식을 다지기 위해선 교과서만큼 좋은 교재도 없다. 특히나 사회탐구나 한국사, 윤리 등의 과목은 교과서가 잘되어 있기 때문에 교과서 공부만 제대로 해도 상당한 정도의 실력을 쌓을 수 있다.

정리하자면 교과서는 기본기를 닦기 위해 절대적으로 필요한 교재이기 때문에 절대 무시해서는 안 된다. 그러나 한편, 교과서가 전부는 아니다. 교과서를 기본적으로 정리하고 난 후 자습서와 참고서도 적절하게 활용하는 것이 가장 좋은 방법이라 생각한다.

삼봉식
이론서 공부법

이론서는 기본서, 교과서, 참고서 등의 책으로 문제집과 대립되는 단어이다.

여기에서는 이론서를 어떻게 읽어 나갈 것인지 그 요령에 대해서 다루고자 한다.

::통독과 발췌독

통독은 책의 처음부터 끝까지 다 읽는 독서법을 말한다. 즉, 통독은 책의 목차부터 본문 내용, 각 장의 정리 부분까지 빼놓지 않고 읽는 독서법이다. 통독은 책의 전체적인 체계를 파악할 수 있는 장점이 있다. 통독은 법과 정치, 법학이나 사회과학처럼 체계적인 연관을 중시하는 과목일수록 더 중시된다. 반면에 중요하지 않은 내용까지 다 읽음으로써 시간적인 낭비를 초래할 수 있다는 단점이 있다.

통독을 하면 글의 요지나 결론만이 아니라 그러한 결론이 도출되는 과정까지 이해할 수 있게 된다. 결론만 외우는 것보다 과정이나 맥락까지 충실히 읽어 두면 기억이 더 오래 유지되고, 결론이 도출되는 과정을 음미함으로써 논리적 사고력도 기를 수 있다. 또한 교재의 내용을 빠짐없이 공부해 둠으로써 의외의 문제가 출제되었을 때 대처할 수 있게 된다. 통독의 장점으로 심리적 성취감을 들 수 있다. 이해가 되었든 아니든 일단 어려운 책을 끝까지 다 읽었다는 성취감과 뿌듯함은 이후의 공부에 새로 도전하게 하는 동기가 될 수 있다.

공부를 잘하지 못하는 수험생들 가운데 출제 위원의 마음을 아는 것처럼 문제를 지레짐작하는 학생들이 있다. 그러나 수험생은 말 그대로 수험생이지 출제자가 아니다. 어떤 문제가 출제될지 모든 가능성을 열어두고 겸허하게 공부를 해야 한다는 말이다. 특히나 최상위권 수험생들의 경우 한두 문제로 등급이 갈릴 수도 있는데, 이때 의외의 문제 한 문제를 더 맞힐 수 있느냐가 관건이라고 할 수 있다.

한편, 발췌독은 책의 내용 가운데 필요한 부분만 골라서 읽는 독서법을 말한다. 발췌독은 취약한 부분만 골라서 읽어 봄으로써 취약한 부분을 짧은 시간에 효율적으로 정리할 수 있다. 반면에 체계적인 흐름의 파악이나 전체적인 맥락의 파악은 불가능하다.

그렇다면 무조건 통독이 좋은가? 그렇게 말할 수는 없다. 모두 일장일단이 있기 때문이다. 독서법은 책을 읽는 목적에 따라 다를 수 있다. 예를 들어 어떤 책이 읽을 만한 가치가 있는 책인지를 판단하기 위해서는 중요하다고 생각되는 부분만 골라서 읽는 발췌독이 필요하다. 또한 보고서나 논문을 작성하기 위해 필요한 자료만 선별해서 읽을 필요도 있다. 이론서에 대한 공부가 끝나고 문제를 풀면서 취약하다고 판단되는 부분만 골라서 읽을 필요도 있다. 이럴 경우에는 발췌독을 해야 한다.

그러나 수험을 위한 공부를 하려는 목적이라면 처음부터 발췌독을 하면 절대 안 된다. 일단은 전체적인 체계를 파악하기 위해 통독을 해야 한다. 책을 읽다가 모르는 단어가 나오면 당연히 사전을 찾아봐야 한다. 시간이 더 걸리고 비효율적인 것 같지만 과목의 중요 단어들은 계속 반복되기 때문에 중요 단어에 대해 사전을 찾아 정리해 놓으면 뒤로 갈수록 점점 쉬워진다. 전체적으로는 오히려 능률적이라고 할 수 있다. 문제는 사전을 찾더라도 교과서의 단어 해석이 되지 않는 경우가 의외로 많다는 점이다. 과목의 특성상 국어적 의미의 사전적 정의와는 다른 특수한 의미로 쓰이거나, 사전적 의미에서 나아간 다른 내용을 추가적으로 담아 쓰는 경우이다. 이 경우 쉽게 포기해서는 안 된다. 이 단어의 뜻이 이해가 되지 않더라도 뒤에 나오는 다양한 용례를 보면서 이해가 되는 경우도 있다. 또 교과서 편집의 효율성을 위해 어떤 장에서 단어만 사용하고 그에 대한 설명은 뒤에 해당되는 장에서 상세히 설명하는 경우도 많기 때문이다. 그래서 일단 어떤 단어나 문장에서 막힌다고 쉽게 포기하지 말고 끝까지 읽어 가는 것이 필요하다. 결론적으로 어떤 과목을 처음 공부할 때는 무조건 통독하는 방법으로 책을 읽어야 하고, 어느 정도 암기가 되고 이해가 된 후에 부족한 부분을 보완할 필요가 있을 때 발췌독을 해야 한다.

그래도 이해가 되지 않으면 다시 한 번 반복해서 읽어 가면 처음에 이해하지 못했던 부분에 대해 이해가 되는 것을 느끼게 될 것이다. 이해되지 않는 부분에서 괜한 헛심을 쓰지 말고 회독 수를 늘려 가면서 자연스럽게 해결하는 것이 현명한 공부법이다.

통독 시 유의할 점은 목차를 잘 활용하는 것이다. 고시생들은 각 책마다 목차를 별도로 복사해서 책에 끼워 넣고 책을 읽으면서 지금 읽고 있는 부분이 전체적인 흐름 가운데 어디에 해당하는지를 수시로 확인하면서 읽는다. 고시 2차 논술 시험을 앞두고 최종 정리를 할 때는 목차를 달달달 외우는 것으로 마무리한다. 이런 불편을 덜어 주기 위해 최근에는 교재에 목차를 별책으로 만들어 끼워 넣기도 한다. 또한 목차는 각 장이나 절의 제목이다. 제목은 그 장이나 절에서 다루는 핵심 주제이다. 목차를 읽는다는 것은 제목을 읽는다는 것이고, 제목을 읽는다는 것은 핵심 주제를 읽는다는 것이다.

:: **음독과 묵독**

음독은 글을 소리 내어 읽는 것이고, 묵독은 소리를 내지 않고

속으로 읽는 것을 말한다. 음독은 소리를 내어 읽기 때문에 묵독에 비해 읽는 속도가 느리고, 글자 단위로 글을 읽는 것이기 때문에 문장 전체의 의미에 집중하기 어려운 단점이 있다. 묵독은 문장 단위로 글을 읽는 것이기 때문에 속도가 빠르고 문장 전체의 의미를 파악하는 데 유리하다. 따라서 가능하면 소리를 내지 않고 눈으로만 읽고 의미를 파악하는 묵독이 효율적인 독서법이라고 할 수 있다. 다만, 묵독을 하다 지루하거나 집중이 되지 않을 경우 잠시 음독이나 낭독을 통해 기분을 전환하는 정도는 괜찮다.

: ; 속독에 현혹되지 말고 정직하게 정독하라

정독은 뜻을 새겨 가며 자세히 읽는 독서법으로 '정밀한 독서'의 줄임말이다. 정독은 시간의 제약을 받지 않는 상황에서 책의 내용을 이해하고 음미하면서 정교하게 읽는 것을 말한다. 즉, 책의 구조나 체계는 어떤지, 주제나 목적은 무엇인지, 주요 개념의 뜻은 무엇인지, 책의 내용 가운데 문제점이나 비판받을 만한 부분은 어떤 것인지 음미하면서 읽는 것을 말한다. 속독은 책을 빠른 속도로 읽는 독서법을 말한다.

그렇다면 어느 정도로 정밀하게 읽어야 정독이라고 할 수 있는가? 책을 읽으면서 글자는 읽을 수 있는데 뜻을 이해하지 못하는 경우가 있다. 이런 것을 '기능적 문맹'이라고 한다. 세종대왕이 한글이라는 세계에서 가장 과학적이고 쉬운 글자를 만들었기에 쉽게 익힐 수 있는 글자를 가진 우리나라는 문맹률이 세계에서 가장 낮다.

그러나 글자를 읽을 줄 안다는 것과 내용을 이해하는 것은 다르다. 글자를 읽을 수 있는데 이해, 즉 문해력이 떨어지는 이유는 무엇일까? 가장 기본적인 이유는 단어의 뜻을 몰라서이다. 이런 경우 정독을 하려면 단어의 뜻을 사전에서 찾아야 한다. 모르는 단어의 뜻을 찾아보지도 않고 그냥 넘어가는 것은 속독이지 정독이 아니다.

국어사전에서 단어의 뜻을 찾아 읽었는데도 여전히 이해나 해석이 되지 않는다면 이는 국어사전의 의미를 넘는 다른 의미가 추가되었거나 아니면 국어적 의미와 다른 의미로 사용된 경우이다. 이 경우에는 각주나 색인에 따라 해당 부분을 찾아 발췌해서 읽어 보아야 한다. 대입 수험서는 대개 색인이 없는 경우가 많은데, 이럴 때는 목차를 통해 해당 단어가 나올 만한 부분을 찾아본다.

그렇게 했는데도 찾지 못한다면 어떻게 할까? '독서백편의자현'이라고 독서를 백 번 하면 뜻이 자연적으로 나타날까? 미련한 짓이다. 이 경우에는 일단 넘어가는 것이 좋다. 뒤에 어딘가에 그 단어에 대한 설명이 나오는 부분이 있을 것이므로 통독으로 해결하는 것이 좋다.

끝까지 다 읽었는데도 끝내 그 단어에 대한 설명이 나오지 않는다면 일단 그 교재는 훌륭한 교재라고 할 수 없다. 그러나 실망하지 말고 반복해서 읽어 보는 것이 좋다. 직접적인 설명이 나오지 않더라도 전체적인 이해가 되고 나면 그 단어의 의미를 자연스럽게 이해하게 되는 경우가 많으니까. 그럼에도 불구하고 이해가 되지 않는다면 다른 참고서의 해당 부분을 찾아서 읽어야 한다. 여러 권의 참고서를 읽다 보면 결국 해결된다. 결국 요는 이해가 되지 않는다고 해서 무조건 시간을 끌어서는 안 된다는 것이다. 회독 수를 믿고 일단 진도를 나가는 것이 시간을 단축하는 효율적인 독서법이다.

속독은 어떤 책의 내용에 대해 거의 알고 있는 전문가 수준의 독자가 알고 있는 내용을 빠른 속도로 읽고 넘어가거나 초보자가 읽을 가치가 있는 책인지 가볍게 읽어 볼 때 필요한 독서법이다. 책의 내용이 대부분 아는 내용이고 새로운 정보는 거의 없을 때 속독이 효율적이다. 새로운 내용이 많은 책은 이해하기 어렵기 때문에 반드시 정독을 해야 한다. 책에 관한 배경지식도 없는 초보자가 속독을 하는 것은 아무 의미 없는 독서 행위에 불과하다.

율곡 이이 선생도 "배우는 사람은 다른 사물이 빈틈을 타고 침입해 들어가지 못하게 해야 한다"[55]라고 함으로써 집중과 몰입을, "마음을 오로지하고 뜻을 모아 정밀하게 생각하고, 오래 읽어 그 행할 일을 깊이 생각해야 한다"[56]라고 함으로써 정독과 숙독을 강조하고 있다. 또한 "여러 가지 책을 탐내서 이것저것을 얻으려고 바쁘고 분

---

55) 이이, 앞의 책, 63쪽.
56) 이이, 앞의 책, 64쪽.

삼봉 공부법

주하게 섭렵해서는 안 된다"[57]라고 함으로써 다독(多讀)보다는 정독과 숙독이 필요하다는 점을 역설하고 있다. 공자님도 "빨리 이르려고 하면 이르지 못한다"라고 했고, 율곡 이이 선생도 책을 읽을 때 바삐 책장을 넘기지 말고 숙독하고 정독하라고 강조한 바 있다. 세종대왕께서도 정독형 책읽기로 유명하다.

삼봉 공부법에 관한 책을 쓰기 위해 독서에 관해 다룬 책들도 읽어 보았다. 하루에 한 권 정도 읽는다는 저자의 말은 믿을 만하다. 그러나 3분 내지 5분 내에 한 권씩 읽을 수 있다는 말은 믿기 어렵다. 아무리 새로운 내용이 거의 없는 허접한 책이라도 일단 통독을 하려면 눈동자를 움직여야 하는데, 300페이지 정도 되는 분량을 5분 안에 눈동자를 돌려 읽을 수 있다는 것은 불가능한 일이다. 설령 가능하더라도 발췌독을 했거나 그 책이 읽을 가치도 없는 내용으로 가득 찼다고밖에 볼 수 없다.

한때 속독법과 속독 학원이 유행한 적이 있다. 나도 고등학교 1학년 때 그에 현혹돼서 두 달 정도 속독학원에 다닌 적이 있다. 동그라미로만 그려진 교재를 한 줄씩 빠른 속도로 보게 하더니, 점차 두 줄, 세 줄, 다섯 줄 단위로 눈동자를 움직이는 훈련을 시킨다. 나중에는 책의 왼쪽 위에서 오른쪽 아래 사선 방향으로 눈동자를 움직이며 읽는 훈련을 시킨 후, 이게 완성되면 글자로 된 교재를 사선

---

57) 이이, 앞의 책, 66쪽.

으로 움직이며 한 번에 한 쪽씩 읽는 훈련을 시킨다.

속독이 가능하다는 논거는 책의 한 쪽을 그림이나 사진과 같은 시각 정보로 처리한다는 것이다. 그러나 인간의 인지 구조는 카메라나 원숭이와 다르다. 카메라는 사물의 있는 그대로의 모습 전부를 담을 수 있다. 동그라미 속에 숫자를 넣은 도형 여러 개를 잠깐 스크린에 보여 준 실험에서 사람은 주의가 집중된 몇 개의 숫자만 기억했는데, 원숭이는 모든 숫자를 다 기억했다. 즉, 사람의 인지구조는 주의를 집중하거나 주의를 끌게 되는 일부만 인지할 수 있는 것이지, 눈에 보이는 모든 사물을 인지하지는 못한다. 시각 정보로 처리함으로써 책의 한쪽이 사진이나 그림처럼 그대로 뇌에 전달된다면, 이는 원숭이의 뇌이지 인간의 뇌가 아닌 것이다.

속독에 현혹돼서는 안 된다. 다만 정독을 통해 한 책의 내용이 완전히 이해가 되어서 한 시간에 60페이지, 하루에 600페이지씩 읽을 수 있는 단계에 다다를 수도 있다. 그러나 이 독서법은 '정독형 속독'이라고 할 수 있는 방법이지 속독이라고 할 수는 없다. 정독으로 반복해서 읽어 감으로써 자연스럽게 읽는 속도를 향상시키려고 노력해야 한다.

::연관 독서

연관 독서는 관련된 내용을 발췌해서 같이 읽는 독서법이다. 예를 들어 국사를 공부할 때 원효, 의천, 지눌 등이 나오면 윤리와 사상의 해당 부분을 읽어 본다든지, 국어 고전시가를 공부할 때 향가가 나오면 삼국시대나 통일신라시대의 문화 부분, 고려속요가 나오면 고려 후기의 문화 부분, 시조와 가사가 나오면 조선 중기의 문화 부분을 찾아 함께 공부하는 방법이다. 연관 독서는 발췌독을 활용하면 된다.

나는 국립방송통신대학교 국어국문학과에 2018학번 신입생으로 입학해서 지금 재학 중이다. 지금 하는 공부도 연계 교재 위주로 공부하고 있다. 예를 들면 『한국현대문학의 이해와 감상』이라는 교재에는 문학 작품만 수록되어 있다. 그래서 이 교재만 갖고는 제대로 문학 작품을 이해할 수 없다. 물론 강의를 들으면 배경 설명이 나오기 때문에 강의와 연계해서 공부하는 것은 가능하다. 그러나 강의를 들을 시간적 여유가 되지 않을 경우에는 관련 교재를 함께 읽는 것이 이해에 도움이 된다. 그래서 『문학의 이해』라는 개론서를 읽었다. 거기엔 소설론과 시론에 관한 이론적 내용이 소개되어 있다.

그런데 이 교재도 문학에 관한 전반적인 쟁점을 개략적으로 다루기 때문에 이해가 쉽지 않았다. 그래서 이후 『현대소설론』, 『현대시론』이라는 교재를 읽으며 이론적 배경을 다지고, 『한국근현대문학사』라는 책을 통해 작품의 역사적·시대적 배경을 공부하고, 『한국근대작가론』이라는 교재를 통해 작가의 작품 세계에 대한 전체적인 배경을 알게 되었다.

또한 『국문학개론』에서 다루는 국문학연구방법론은 이론 자체도 생소하고 등장하는 인물들의 이름도 생소하기 짝이 없어서 이해하기가 쉽지 않은 주제였다. 그래서 『문학의 이해』라는 교재에서 「비평론」에 관한 부분을 발췌해서 읽었다. 같은 설명이지만 설명하는 방식이나 관점도 다른 부분이 적지 않았다. 그러나 그게 오히려 이해에 도움이 된다. 동일한 현상을 다양한 설명을 통해 접할 때 이해의 지평이 넓어질 수 있는 것이다. 그리고 난 후에 『문학비평론』이라는 교재까지 읽고 나자 비로소 국어방법론이나 문학비평에 대해 감을 잡고 이해할 수 있었다.

한 권을 읽기도 바쁜 직장인들이 이렇게 많은 책을 소화할 수 있느냐고 반문할 수도 있다. 그러나 나도 이 책들을 버스를 타고 출퇴근하면서 읽을 뿐 별도로 시간을 내서 읽을 여유는 없다. 원효 대사가 말한 것처럼 모든 것은 마음먹기에 달렸다. 일체유심조(一切唯心造)!

∷ 회독 수에 따라 이론서 읽는 법

책을 정독으로 빠르게 한 번 읽고 나서 모든 내용을 암기할 수 있는 사람은 매우 드물다. 평범한 대부분의 수험생들은 한 번의 회독으로 모든 것을 정복하겠다는 무모한 도전을 하지 말기 바란다. 괜한 스트레스만 받게 된다.

교재를 처음 읽을 때는 이해가 되지 않더라도 일단 넘어가야 한다. 이해가 되지 않는다고 시간을 지체해서는 안 된다. 더구나 법학이나 사회과학처럼 체계적으로 연계된 과목의 경우 해당 부분을 읽을 때 이해가 되지 않은 내용이 뒤에 가서 상세히 설명되는 경우가 적지 않다. 분량의 제한이나 체계 때문에 새로운 단어가 나올 때마다 뜻풀이를 일일이 할 수는 없다. 어느 부분에서는 그냥 단어만 사용하고, 그 단어의 뜻에 대해서는 다른 부분에서 설명하는 경우가 많다.

관련 내용을 모르면 아무리 몇 번을 반복해서 읽어도 이해가 되지 않는다. 이런 경우 일단 넘어가면 된다. 그렇다고 정독하지 말란 말은 아니다. 정독은 정밀하게 이해하려고 노력하면서 읽으라는 것이지 모든 걸 1회독 때 이해하면서 읽으라는 것은 아니다. 이해가 되지 않는다고 스트레스를 받거나 자존심에 상처를 입을 필요는 없다. 관련되는 내용에 대한 배경지식이 없는 상태에서 읽는 한 누구나 똑같이 겪게 되는 과정이기 때문이다. 이해가 되지 않더라도 일단 읽어 가면서 회독 수를 늘리면 심리적 안정감을 얻을 수 있다는 장점이 있다. 벌써 1회독이 끝났다는 뿌듯함과 자부심도 느낄 수 있고 말이다.

1회독 때 이해가 되지 않는 부분이 있더라도 일단 고민하지 말고 그냥 넘어가라고 했다. 그렇더라도 이해된 부분이 전혀 없지는 않을 것이다. 2회독을 하면서 전에 이해했던 내용은 암기하겠다는 마음가짐으로 좀 더 집중해서 읽고, 이해가 되지 않았던 부분은 이해하려고 노력하면서 읽으면 된다. 그러면 2회독에서 전에 이해가 되지 않았던 부분 가운데 일부 이해가 되는 부분이 늘어날 것이다. 여전히 이해가 되지 않는 부분은 그대로 넘어가도 좋다.

3회독 때는 이해가 되지 않는 부분이 남아 있으면 더 이상 넘어가서는 안 된다. 이해가 되지 않는 부분과 관련된 내용을 찾아 발췌독을 하고, 인터넷에서 검색도 하고, 선생님이나 선배들에게 질문을 해서라도 반드시 이해를 하고 넘어가야 한다. 3회독까지 모든 부분에 대한 이해를 마무리해야 한다.

4회독부터는 분기점이다. 이제 이해를 토대로 반복하면서 같은 교재를 계속 읽을 것인가, 아니면 새로운 교재를 읽을 것인가를 결정해야 한다. 웬만한 책은 3회독이면 이해가 된다. 그러나 여전히 이해가 되지 않았다면 같은 책을 더 반복해서 읽어야 한다. 그렇지 않고 완전히 이해가 되었다고 판단되면 새로운 교재로 읽는 것도 좋은 방법이다. 같은 내용이라 하더라도 새로운 시각이나 각도로 설명을 하면 이해가 더 쉬운 경우도 많기 때문이다. 같은 책을 반복하는 데서 오는 지루함도 덜고 새로운 마음으로 집중할 수도 있다. 나는 후자의 방법으로 공부했다. 그러다 보니 대입 시험이나 고시 공부나 과목당 열댓 권씩의 책으로 공부를 하게 되었다.

물론 수험가에서는 공부할 분량을 늘리면 망한다는 말을 많이 한다. 이 말은 이해가 되지 않는 상태에서 공부할 분량을 늘리지 말라는 것이다. 한 권도 제대로 소화하지 못한 상태에서 이 책, 저 책 마구잡이로 읽는 것은 망하는 지름길이다. 괜히 마음만 더 조급해지게 된다. 그러나 그것은 이해가 되지 않은 상태에서 일을 벌리지 말라는 말이다. 이해가 되었다면 과감하게 새 책을 읽어도 된다.

한 과목에 열댓 권씩 읽었다니까 내가 천재라고 오해하는 수험생도 있을 것이다. 그러나 오해하지 마라. 내가 천재라서 가능한 게 아니다. 교재가 다르더라도 완전히 다른 부분은 극소수이다. 대부분 같은 내용을 조금 달리 설명하고 있는 내용이 대부분이다. 그래서 여러 책으로 공부해도 실제로 늘어나는 분량은 얼마 되지 않는다. 중요한 것은 기본서나 교과서를 제대로 이해하고 난 후에 다른 책과 병행하는 것이다.

:; 목차를 적절히 활용하라

예습을 할 때도 개념과 목차 정도는 보아야 한다. 본격적으로 공부하는 중에도 수시로 목차를 확인함으로써 지금 공부하는 부분이 전체적인 흐름에서 어디에 해당하는지를 파악하면서 공부해야 큰 틀을 잡고 체계적으로 이해할 수 있다. 그래서 고시생들은 각 과목의 목차를 별도로 복사해서 책에 꽂아놓고 수시로 확인하면서 공부를 했다. 최근의 고시 수험서는 아예 목차를 별도로 인쇄해서 책에 끼워 넣기도 한다.

목차를 활용하는 것은 흐름과 체계를 파악하기 위해 필요한 것만은 아니다. 중간에 암기를 위해 목차만 보고 개념과 내용을 떠올려 보는 연습을 할 때도 필요하다. 눈으로 보았을 때 이해할 수 있는 정도의 지식보다 내 입에서 나오는 지식이 가장 확실한 지식이다. 마지막 정리를 할 때도 목차만 보고 개념과 내용을 말로 해 보는 것으로 마무리하는 것이 좋다.

:; PQ4R 독서법

이는 토머스와 로빈슨(Thomas & Robinson)이 제시하는 독서법이다. PQ4R은 개관(Preview), 질문(Question), 독서(Read), 숙고(Reflect), 암송(Recite), 개관(Review)의 앞글자로 만든 단어이다. 첫째, 학습하기 전에 전체 내용이 무엇인가를 소제목 등을 통해서 미리 개관(Preview)하고, 둘째, 학습할 내용의 소제목들과 관계된 질문(Question)들을 생각해 봄으로써 그 해답이 무엇인가에 대한 기대감을 가지며, 셋째, 학습할 내용 중 미리 생각해 둔 질문에 대한

답으로서 적절한 것을 골라 집중적으로 읽으며(Read), 넷째, 글의 내용을 이해할 수 있도록 숙고(Reflect)하며, 다섯째, 학습 내용을 읽은 후 책을 덮고 암송을 통해 자신이 가지고 있던 문제들에 답을 하도록 시도하고(Recite), 마지막으로 학습 과정 중에 만들어 놓은 노트나 질문 및 그에 대한 해답을 총괄적으로 개관(Review)하는 것이 학습 효과를 높인다는 것이다.[58]

훌륭한 방법이지만 권하고 싶지는 않다. 처음에 공부할 때 한 번 읽기도 힘든 것이 수험생의 현실인데, 공부할 내용에 대한 질문을 미리 해 가면서 암송으로 암기까지 한다는 것은 엄청난 스트레스이다. 그냥 쉽게 가자. 좋은 공부 방법은 실천하기 쉬운 것이다. 1회독부터 골치 아프게 질문거리를 만들어보고 암송까지 하면서 읽을 필요는 전혀 없다. 앞에서 말한 대로 회독 수를 믿고 밀고 나가자. 1회독을 해서 안 외워지면 2회독, 안 되면 10회독, 20회독을 하면서 스트레스 받지 말고 자연스럽게 외우면 된다.

---

58) 이수원 외, 앞의 책, 185-186쪽.

삼봉식
객관식 공부법

: ; 객관식 문제집 공부 방법

삼봉 공부법에 따라 이론서에 관한 공부가 마무리되었다면 이제 문제집을 풀어 볼 단계이다. 문제집은 '단원별 기출문제집 → 연도별 기출문제집 → 단원별 예상문제집 → 모의평가시험 문제집' 순으로 공부하는 것이 좋다는 것은 앞에서 다룬 바 있다.

문제집 1회독 시

아무리 기본 이론에 충실했다 하더라도 시간이 지나면 잊어버리게 마련이다. 따라서 기출문제집이든 객관식 문제집이든 처음 1회독 시에는 먼저 기본서를 단원별로 읽고 나서 문제집을 단원별로 같이 풀어 보는 것이 좋다. 이를테면 이론서 제1단원을 읽고 문제집 제1단원을 푸는 식이다.

3회독까지는 비록 문제의 정답을 고른 경우라 하더라도 관련 해설을 읽어 두는 것이 좋다. 완벽한 암기를 위해서이다. 문제집마다 다르긴 하지만 해설에는 해당 문제의 해결에 필요한 것만이 아니라 그와 관련된 내용도 충실하게 해설해 놓은 경우가 많다. 문제집의 문장 그대로 출제되는 것이 아니기 때문에 관련 해설을 꼼꼼히 읽어 두는 습관이 좋다는 것이다. 문제집을 푸는 것은 실제 시험을 푸는 것이 아니다. 실제 시험에 대비해서 나의 실력을 측정하고 문제 유형을 익히고 실제 시험에서의 시행착오를 미리 막기 위한 것이다. 따라서 어떤 문제에 정답을 골랐다는 것은 의미가 없다. 실제 문제가 그와 똑같이 나온다고 생각하면 오산이다. 예컨대, 국어 문제에 시의 비유법이 나왔다고 했을 때 정답이 은유법이었고 답을 맞췄다고 가정하자. 여기에 만족하면 안 된다는 것이다. 이 문제를 통해 시의 비유법 전체를 같이 정리한다는 마음으로 다른 비유법에 대한 해설을 충실하게 보아야 한다.

기출문제집이나 객관식 문제집은 해당 단원의 모든 문제를 다 풀고 나서 정답을 맞춰 본 후에 해설을 한 문제씩 읽는 방법이나, 한 문제씩 풀어 가면서 바로 정답과 해설을 확인하는 방법이나 큰 차이가 없다. 그러나 모의고사 문제집은 시간을 재 가면서 실제 시험 시간 안에 문제를 다 풀고 난 후에 정답과 해설을 확인하는 것이 좋다.

문제집을 한 번 풀고 모든 것을 다 외울 수는 없기 때문에 문제집에 정답 표시를 해서는 안 된다. 가능하면 연습장에 정답을 적었다가, 나중에 정답을 확인하고 나서 틀린 문제를 체크하되 정답 표시를 하지 않아야 두 번째 이상 볼 때도 집중해서 볼 수 있다.

문제집 2회독 시

이제는 순서를 바꿔서 문제집을 먼저 풀면서 이해가 되지 않는 부분이나 기억이 잘 나지 않는 부분에 대해 이론서의 해당 부분을 확인하고 필요하면 문제집 여백이나 메모지에 기록해서 끼워 넣는 단권화 작업을 한다.

문제집 3회독 시

문제집 3회독 시에는 기본서를 던지고 문제집만 집중적으로 풀어 본다. 문제집을 읽어 가면서 꼭 봐야 될 문제만 체크를 해야 한다. 이제 다시 봐야 할 분량을 줄이는 작업을 하는 것이다. 이렇게 문제집에 다시 볼 내용을 표시하면 굳이 오답 노트를 따로 만들지 않아도 된다. 고시가에서는 오답 노트란 말 자체가 없었다. 어느 순간 대치동과 노량진 수험가의 유행이 된 것 같다. 그러나 유행은 유행일 뿐이다. 문제집에 체크하고 관련 내용을 문제집 여백에 메모하면 시간도 절약되고 간단하게 단권화를 할 수 있다. 굳이 오답 노트를 별도로 만들려고 하면 많은 시간이 소모된다는 점을 명심하자.

문제집에 체크하는 요령은 다음과 같다.

1. 문제 전부를 다시 볼 필요가 있는 경우: 문제 번호 옆에 체크(✔)

✔ 1.

    ①

    ②

    ③

    ④

2. 문제 전부를 다시 볼 필요가 없는 경우: 문제 번호 옆에 엑스 표시(×)

× 2.

    ①

    ②

    ③

    ④

3. 일부 지문만 볼 필요가 있는 경우: 해당 지문 번호 옆에 체크(✔)

    1.

    ①

✔ ②

    ③

    ④

4. 일부 지문만 볼 필요가 없는 경우: 해당 지문 번호 옆에 엑스 표시(×)

    1.

    ①

    ②

    ③

× ④

문제집 4회독 이후

핵심정리를 먼저 읽고 문제집의 체크된 문제를 풀어본다. 해당 문제가 핵심정리집에 없으면 이제 핵심정리집에 옮겨 적어서 핵심정리집 위주로 단권화를 마무리한다. 그다음에는 문제집을 던져 버리고 단권화된 핵심정리를 반복해서 공부한다. 그러나 시험 전날 핵심정리도 전 과목을 다 보기엔 양이 많다. 핵심정리로 공부하면서 완전히 암기되지 않은 부분만 별도로 표시한 후에 시험 전날 전 과목을 정리해서 마무리하면 된다.

: ; 모의평가시험은 반드시 응시하라

모의평가시험은 현재 나의 실력과 전체 수험생 가운데 내가 차지하고 있는 위치에 대해 객관적으로 확인할 수 있는 좋은 기회이다. 어떤 과목이 취약한지, 어떤 부분이 취약한지 객관적으로 드러난다. 대입 시험을 앞두고 나는 전국모의고사를 전혀 보지 않았다. 오대산에서 호랑이를 타고 수련했다는 할머니들에게 홀려서 대학을 가지 않겠다고 해서 그런 것이긴 했지만, 뒤늦게 대입을 23일 정도 앞두고 대학에 들어가겠다고 결심했을 때는 이미 모의고사가 끝난 상황이었다. 고시 공부를 할 때도 모의고사를 전혀 보지 않았다. 1차 객관식이든 2차 논술 시험이든. 결과적으로 합격하긴 했지만 돌이켜보면 위험한 선택이었다고 생각한다.

또한 모의평가시험은 실전에 앞서 실전 감각을 익히는 데도 반드시 필요한 과정이라고 할 수 있다. 시계를 재 가며 모의평가문제집을 실전처럼 풀어 본다고 해도 실전과 같은 긴장감을 느끼고 집중력을 가지고 푼다는 것은 불가능하다. 환경적 유사성이 없기 때문이다. 그러나 모의평가시험 주관 기관에서 감독관이 나와 실제 시험과 똑같은 형태로 치르는 모의평가시험은 실전과 유사한 환경이기 때문에 효과가 높은 것이다.

또한 모의평가시험을 앞두고 그에 맞춰 전 과목을 정리해 보는 경험도 매우 유익하다. 그냥 하염없이 교과서나 참고서나 보다 보면 매너리즘을 피할 수 없다. 왠지 다 아는 내용이고 다 외운 것 같은 착각이 들게 된다. 그런데 모의평가시험을 보게 되면 중간 목표가 명확하게 설정된다. '이번 모의평가시험에서 몇 점을 맞아야지'라는 구체적인 목표가 생기게 되는 것이다. 앞에서도 말했지만 구체적이고 실천적인 목표가 설정되면 집중력이 높아지게 된다. 그리고 모의평가시험에 맞춰 전 과목을 외워 두는 노력도 매우 유용하다.

다만, 모의고사가 절대적인 판단 기준은 아니라는 점에 유의해야한다. 모의고사 점수가 생각보다 잘 안 나왔다고 포기해서는 안 된다. 나도 중학교 3학년 마지막 모의고사에서 157점을 받았는데, 연합고사에서는 189점을 받았다. 또 모의고사 점수가 생각보다 잘 나왔다고 해서 긴장을 풀고 느슨해져서도 안 된다. 결국 중요한 것은 실전이다. 최후에 웃는 자가 이긴다는 말도 있다. 모의고사는 말 그대로 중간 점검이고 취약한 부분을 알고 보완하기 위해 필요한 시험이라는 점을 명심하자.

: ; 시험 직전 최종 정리 요령

시험 직전 최종 정리 일수는 '시험 과목 수 + 1'일을 확보해야 한다. 하루에 한 과목씩 정리하고, 마지막 날은 전 과목을 모두 정리할 시간을 확보해야 하기 때문이다. 예를 들어 시험 과목이 국어, 영어, 수학, 사회, 과학 5과목이라고 하면 6일을 확보해야 한다. 정리 순서는 시험 보는 순서와 역순으로 정하는 것이 좋다. 예를 들면 6일 전에는 과학, 5일 전에는 사회, 4일 전에는 수학, 3일 전에는 영어, 2일 전에는 국어, 1일 전에는 과학부터 국어 순으로 최종정리를 한다. 왜냐하면 처음 치르는 과목 이외의 과목은 첫째 과목 시험이 끝난 후 쉬는 시간에 — 하루에 한 과목씩 치르는 시험일 경우에는 그날과 다음 날 시험 직전까지 — 다시 정리할 시간이 있기 때문이다.

시험 전날에 잠은 충분히 자는 것이 좋다. 잠이 부족하면 집중력 부족으로 시험 당일에 실력을 제대로 발휘할 수 없기 때문이다. 긴장감과 초조감 때문에 잠이 오지 않더라도 꼬박 밤을 새는 것보다는 눈을 감고 누워 있는 편이 낫다. 눈을 뜨고 있으면 시각 정보를 처리하느라 눈과 뇌가 쉬지 못하기 때문이다. 나도 행정고시 2차 논술시험 전날 커피를 잔뜩 타서 밤을 꼬박 새우고 시험을 봤는데, 책상에 얼굴을 묻은 채 실눈만 뜨고 겨우 답안을 작성했던 경험이 있다. 아무리 체력이 좋다 하더라도 무모한 짓을 저지른 것이다. 합격했기에 망정이지 그렇지 않았다면 불합격의 가장 결정적인 원인이 될 뻔했다.

같은 양의 잠을 자더라도 가능하면 일찍 자고 일찍 일어나는 것이 좋다. 뇌가 잠에서 깨어나 가속도가 붙을 때까지는 시간이 걸리기 때문이다. 따라서 시험 시작 4시간 전에 일어나서 뇌기능이 최고에 달할 때 시험에 임하는 것이 가장 좋다.

:; 시험 당일의 준비

시험 당일 아무리 입맛이 없더라도 식사는 하고 가는 것이 좋다. 뇌가 원활히 기능하기 위해서는 포도당이라는 에너지가 필요하기 때문에 에너지원을 섭취해야 하는 것이다. 그렇다고 지나치게 기름기 있는 음식을 먹으면 오히려 체하거나 소화불량으로 시험에 집중할 수 없게 된다. 소화에 부담이 되지 않을 정도로 먹으면 된다. 나는 토속적 식습관을 가져서 시험 당일 아침에도 한식으로 양껏 다 먹었다.

학교 수업에서 쉬는 시간은 단순히 쉬는 시간이 아니라 다음 수업을 준비하기 위한 이완과 재충전의 시간이다. 따라서 자투리 시간을 활용한다는 욕심에 쉬지도 않고 앉아서 책만 보는 것은 별로 바람직하지 않다. 쉬는 시간 10분을 아끼다가 오히려 본수업 시간 50분을 집중하지 못하고 망칠 수도 있기 때문이다. 이른바 소탐대실이다.

그러나 시험 당일은 사정이 다르다. 쉬는 시간과 점심시간을 휴식으로 보내는 것은 안일한 자세이다. 아무리 암기력이 좋아도 모든 걸 완벽하게 암기하는 것은 불가능하다. 그러나 다른 각도에서 보면 아무리 암기력이 떨어지더라도 시험 직전에 본 내용을 시험 치는 시간까지 기억하지 못하는 경우도 거의 없다. 시험 직전에 본 내용이 시험에 출제된다면 바로 점수로 연결된다는 것을 명심하자. 나의 경우도 시험 직전에 본 내용에서 과목당 적어도 2~3문제는 더 맞춘 경험이 있다. 시험 치기 직전의 10분은 시험 며칠 전의 24시간과 같고, 시험 며칠 전의 1주와 같다고 생각하는 것이 좋다. 머리까지 전달되지 않고 눈꺼풀에 위태위태하게 붙여 놓은 지식이라도 바로 점수로 연결된다. 따라서 이미 치른 과목에 헷갈렸던 부분을 찾아보고 싶은 마음이 들더라도 꾹 참고 다음 과목에 대한 공부를 해야 한다. 이미 돌이킬 수 없는 것에 시간을 뺏기는 것보다, 내가 통제할 수 있는 다음 과목에 대한 대비를 하는 것이 좋다.

::문제 풀이 요령

문제 푸는 순서

문제는 순서대로 푸는 게 가장 무난하다. 쉬운 과목부터 먼저 풀고 어려운 과목은 나중에 풀라는 조언도 있지만, 쉬운 과목에도 어려운 문제가 있고 어려운 과목에도 쉬운 문제가 있기 때문에 굳이 과목 순서를 바꿀 필요는 없다. 다만, 순서대로 풀되 한 번 읽어서 답이 나오지 않으면 더 고민하지 말고 빨리 다음 문제로 넘어가는 것이 시간 안배를 위해 아주 중요하다. 즉, 시험지에 나온 순서대로 문제를 풀되, 쉬운 문제부터 먼저 풀고 어려운 문제는 나중에 푸는 방식이다.

문제를 두 번 읽지 마라

시간 부족에 걸리는 가장 큰 원인이 어떤 문제가 풀리지 않는다고 두 번, 세 번 읽는 잘못된 습관이다. 일단 한 번 읽어서 정답이 나오지 않으면 바로 다음 문제로 넘어가라. 그리고 한 번 읽어서 명확하게 답이 나오면 문제지에 정답을 체크하라. 이런 식으로 전 과목을 한 번 풀어 본 다음에는 해결된 문제만 답안지에 마킹을 한다. 이래야 시간에 쫓겨 마킹을 못하고 답안지를 뺏기는 불상사와 답안 밀려 쓰기를 예방할 수 있다. 그런 후에 2회독 시에 해결되는 문제를 하나하나 마킹한다. 그다음에는 남은 시간을 봐 가면서 시간을 들이며 해결될 문제만 집중해서 풀어 본다. 그렇게 하고도 해결되지 않은 문제는 답안지의 정답이 가장 적은 것으로 찍은 후에 답안지를 제출한다.

모든 선지를 다 읽어라

국어나 영어 등 어학 과목과 행정법은 같은 내용의 지문이라도 다른 선지와의 관계에서 맞는 것으로 출제되기도 하고 틀린 것으로 출제되기도 하는 등 상대적으로 정답을 결정해야 하는 문제가 의외로 많다. 따라서 선지 ①이 틀린 것처럼 보이더라도 바로 정답을 결정해서는 안 되고 다른 선지를 다 읽어 봐서 상대적으로 더 틀린 선지가 있으면 그것을 정답으로 결정해야 한다. 특히나 "다음 중 가장 옳은 것은?", "다음 중 가장 잘못된 것은?"과 같은 문제의 경우 앞의 선지가 옳거나 잘못된 경우라도 성급하게 정답을 골라서는 안 되고 뒤의 선지 중 더 옳은 지문이나 더 틀린 지문이 없는지 끝까지 읽어야 한다.

보기나 제시문이 긴 문제는 일단 넘어가라

영어의 장문 독해가 대표적이다. 이런 난도의 문제에 처음부터 매달리면 시간 부족에 걸릴 수 있다. 따라서 일단 넘어가서 다른 문제를 푼 다음, 풀린 문제를 답안에 체크하고 난 후에 2회독 때 읽어 보고 여전히 쉽지 않다고 느끼면 다른 문제로 넘어가는 게 좋다. 1

회독 때 풀리지 않은 문제 중 풀 수 있을 거라는 느낌이 드는 문제에 시간을 들여 해결한 후 바로 답안지에 정답을 체크하고, 그래도 풀지 못한 문제들은 3회독을 하면서 남은 시간을 살펴서 시간이 많으면 풀려고 시도를 하고 그렇지 않으면 찍는 수밖에 없다.

긴 제시문은 문제·선지를 먼저 읽고 제시문·보기에서 확인하라

국어나 영어의 경우 제시문이나 보기의 내용이 무척 긴 문제가 많다. 독서 능력이 매우 뛰어난 경우라면 몰라도 일반 수험생은 제시문을 다 읽어서는 시간 부족에 걸리기 쉽다. 더군다나 제시문의 내용이 길기 때문에 정독을 해서 읽었다 하더라도 모두 기억하기가 쉽지 않다. 결국 선지를 읽고 다시 제시문을 봐야 하는 경우가 생기게 되는데, 그렇게 해서는 제한된 시간 안에 문제를 제대로 풀 수 없다. 그래서 일단 문제를 읽고 난 후에 제시문을 바로 보지 말고, 선지의 내용을 먼저 읽고 제시문에서 진위를 판별하는 식으로 발췌독하는 것이 시간을 줄이는 요령이다. 선지의 내용은 주제를 특정해서 서술하고 있기 때문에 제시문에서 주제를 파악하는 것이 매우 용이하다.

다음은 2019년 수능 국어 짝수형 문제이다.

---

3. 다음은 위 방송을 진행하기 위해 진행자가 세운 계획이다. 방송에 반영되지 않은 것은?

○월 ○일 방송에 대해 자유롭게 의견을 남겨 주세요.
└ 청취자 1: 저도 자존감이 낮은 것 같아서 좋은 방법이 나오기를 기다리며 들었는데, 스스로 자존감을 높이는 방법은 안 나오네요.
└ 청취자 2: 자존감을 높여 주려면 자기만 부족하다는 생각에서 벗어나게 해 주라는 거네요. 그렇다면 가능한 목표를 세워서 도달하게 하는 방법도 성취감을 느낄 수 있게 해 주어 자존감을 높이는 데 도움이 되겠군요.
└ 청취자 3: 딸아이의 자존감이 향상되도록 앞으로는 제 아이에게 긍정적인 면들을 말해 줘야겠어요.
└ 청취자 4: 도와주고 싶은 대상의 연령대가 사연 속 친구와 다를 때에도 방송에서 알려 준 방법대로 해도 되는 건가요?
└ 청취자 5: 감정을 헤아려 주는 건 좋은 방법이네요. 제가 직설적으로 말하는 버릇이 있어서 친구들이 속상했을 텐데 활용해 볼게요.

① '청취자 1'은 자신이 방송을 들은 목적과 관련해 방송 내용이 충분하지 않다고 판단하고 있군.

② '청취자 2'는 방송 내용을 이해한 바를 확인하고 방송에서 안내되지 않았던 방법의 효과를 예측하고 있군.

③ '청취자 3'은 방송에서 언급한 방법을 다른 사람들에게 권유하고 적용할 것을 다짐하고 있군.

④ '청취자 4'는 방송에서 제시한 방법을 다른 경우에도 적용할 수 있는지 궁금해하고 있군.

⑤ '청취자 5'는 방송에서 언급한 방법을 긍정적으로 평가하고 자신의 언어 습관을 반성하고 있군.

국어 문제 중 화법 영역의 문제이다. 제시문을 보니 엄청 길다. 일단 선지를 먼저 읽고 제시문에서 확인하는 게 시간을 단축하는 요령이다.

먼저 선지 ①을 보자. '청취자 1'은 방송 내용이 충분하지 않다고 판단하고 있다는데, 문제의 주제가 '내용이 충분한지 아닌지'라는 것을 쉽게 확인할 수 있다. 이렇게 주제를 압축하고 난 후 제시문을 보니 "안 나오네요"라는 부분을 바로 확인할 수 있다. 안 나온다는 말은 충분하지 않다는 말과 맥락을 같이하는 것이므로 맞는 내용이라는 것을 알 수 있다.

선지 ②는 '확인'과 '예측'이 핵심 단어이다. 이를 제시문에서 확인해 보자. "벗어나게 해 주는 거네요"라는 부분이 들은 내용에 관한 확인이고, "도움이 되겠군요"라는 부분은 도움이 될 거라는 예측이므로 역시 맞는 내용이다.

선지 ③은 '권유', '적용', '다짐'이 핵심 단어이다. 제시문의 "긍정적인 면들을 말해 줘야겠어요"라는 부분은 적용이고, 줘야겠다는 것은 다짐이다. 그러나 방송에서 들은 내용을 적용해서 딸에게 긍정적으로 말하겠다는 것이지, 방송 내용대로 하라고 딸에게 권유하는 것은 아니므로 틀린 내용이다. 즉, 선지 ③이 정답이 된다.

선지 ④는 '궁금'이라는 단어가 핵심 단어인데, 제시문에 "되는 건가요?"라고 묻고 있으므로 궁금한 내용에 대한 질문으로서 맞는 내용이다.

선지 ⑤는 '긍정적 평가'와 '반성'이 핵심 단어인데, 제시문에서 "좋은 방법이네요"라는 부분이 긍정적 평가이고 "친구들이 속상했을 텐데"라는 부분이 반성에 해당하므로 역시 맞는 내용이다. 이처럼 선지의 내용을 먼저 읽음으로써 주제를 특정 내지 한정하고 난 후에 제시문의 해당 부분을 읽으면 시간을 단축할 수 있음을 잘 이해했을 것이라고 생각한다.

처음 고른 답을 바꾸지 마라

1회독을 하면서 답을 고르고 2회독 때 다시 검토할 때는 명백히 잘못 읽은 문장이나 명백한 오해가 아닌 한 가급적 답을 고치지 않는 것이 좋다. 과학적으로 근거를 제시하기는 어렵지만, 사람의 잠재의식에 있던 지식이 처음 답을 고르게 되면 그게 정답일 가능성이 많다. 나도 수험생일 때 헷갈리는 문제에서 정답을 고친 경우 거의 틀리고 첫 번째 고른 답이 정답인 경우가 더 많았다.

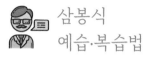

삼봉식
예습·복습법

:; 예습, 선행학습, 복습

국어사전에 따르면 예습은 '앞으로 배울 내용을 미리 익히는 것'을, 선행학습은 '새로운 지식이나 기술을 습득할 때 정규과정보다 시간적으로 앞서 배우는 것'을 말한다. 사전적 의미만으로는 예습과 선행학습이 어떻게 다른지 명확히 구별하기 어렵다. 논리적으로 분석하는 것이 낫다. 예습과 선행 학습은 수업과의 시간적 근접성과 공부 범위라는 두 가지 점에서 구별되는 개념이다. 즉, 예습은 수업 직전에 수업 예상 진도의 범위를 미리 공부하는 것을 말하고, 선행학습이란 한 학기나 1년 전에 한 과목의 전 범위를 미리 공부하는 것을 말한다. 한편 복습은 '배운 것을 다시 익혀 공부함'을 말한다. 복습에 대해서는 혼동될 여지가 없다. 수업이 끝난 직후에 배운 범위의 내용을 다시 공부하는 것을 말한다.

:: 예습의 장점

예습은 첫째, 수업에 대한 집중도를 높여 준다. 수업에 집중을 하지 못하는 가장 큰 이유가 수업 내용을 이해하지 못하기 때문이다. 그러나 미리 예습을 하면 기초적인 개념과 배경지식을 갖고 수업을 듣기 때문에 이해가 쉽고 집중해서 수업을 들을 수 있는 장점이 있다. 또한 예습을 하면 어떤 부분이 내게 흥미 있는 부분인지 미리 알게 됨으로써 수업 내용에 대한 호기심이 증대되고 이는 결국 집중력으로 나타나게 된다. 예습을 통해 내가 잘 알고 있는 부분과 모르는 부분이 무엇인지 파악하게 되고, 수업 시간에 잘 모르는 부분에 대한 고도의 집중력을 유지할 수 있다. 즉, 선택적 집중을 함으로써 집중의 강도를 높일 수 있다.

둘째, 예습을 한 후에 수업을 들으면 이미 알고 있는 부분에 대해서 수업을 통해 복습효과를 거둘 수 있다.

셋째, 예습을 했다는 자체에서 성취감을 느낄 수 있고, 수업에 대한 불안감을 해소시킴으로써 학습 효과가 커진다.

: ; **복습의 장점**

복습은 수업을 들은 직후 이해를 한 상태에서 바로 공부를 하는 것이기 때문에 짧은 시간에 정리와 암기를 할 수 있게 해준다. 수업을 듣고 나서 한참 후에 해당 부분의 책을 다시 읽게 되면 무슨 말인지 이해도 되지 않기 때문에 공부에 많은 시간이 소요된다. 즉, 복습은 효율이 높은 공부라고 할 수 있다.

: ; **예습과 복습, 무엇이 더 중요한가**

위에서 본 것처럼 예습과 복습 모두 장점을 갖고 있다. 따라서 예습과 복습을 겸해서 할 수 있다면 가장 좋은 공부법이다. 즉, 예습을 하고 수업을 듣고 다시 복습을 통해 마무리하는 것이다.

그러나 말이 쉽지 예습과 복습 어느 하나만 실천하기도 현실적으로는 그리 쉽지 않다. 가장 큰 이유는 게으름과 나태이다. 나도 수험 생활 내내 예습과 복습을 제대로 한 적은 한 번도 없다. 워낙 노는 것과 운동을 좋아했고, 잠이 많았기 때문에 일단 예습과 복습을 할 절대 시간 자체를 확보하기도 힘들었다. 거기에다 게으른 성격이 한몫을 했다. 그렇다면 예습과 복습 중 하나만이라도 제대로 하는 것이 현실적이다. 결론적으로 예습보다 복습이 더 중요하다고 할 수 있다. 예습은 최상위권이 아닌 이상 모르는 내용을 미리 공부하는 것이 매우 어렵다. 그러나 복습은 일단 수업을 들어 이해를 하고 있는 상태에서 다시 책과 노트를 보는 것이기 때문에 어렵지 않게 실천할 수 있다. 그래서 일단 예습이 어렵다고 느낀다면 복습이라도 철저히 하는 것이 좋다는 것이다.

∷ 예습이 꼭 필요한 과목

예습이 중요하다고 해서 모든 과목을 다 예습할 필요까지는 없다. 예습보다 복습이 더 중요하다는 점은 바로 앞에서 말했는데, 그럼에도 불구하고 반드시 예습을 해야 할 과목은 있게 마련이다. 가장 일반적인 기준은 수업을 따라가기 어려운 과목이 예습이 필요한 과목이다. 이는 그 과목이 누구에게나 객관적으로 어려운 과목일 경우도 있고, 나한테만 유독 어렵게 느껴지는 과목일 수도 있다. 이유야 어찌 되었든 수업을 듣고 이해하면서 따라갈 수 있는 과목을 제외하고 나머지 과목만 예습하는 것이 한 가지 원칙이다.

둘째, 수학과 영어 독해는 반드시 예습이 필요한 과목이다. 수학의 경우 개념과 공식 도출 과정을 미리 공부해두지 않으면 수업 자체를 따라가기가 어려운 과목이다. 그리고 내가 해결한 풀이법과 선생님의 풀이법을 비교함으로써 다양한 풀이법을 익힐 수 있는 바

탕을 마련할 수 있다. 영어 독해도 제대로 되었든 아니든 나름대로 해석을 시도한 후에 수업을 듣는 게 좋다. 내 독해가 맞는다면 복습 효과가 있게 되는 것이고, 잘못된 독해라면 어떤 부분이 문제였는지를 알 수 있게 되기 때문이다. 단어의 여러 가지 뜻 가운데 그 문장에 적절한 뜻이 아닌 경우도 있을 수 있고, 독해에 필요한 문법적 지식을 놓친 경우도 있고, 문장 구조 자체를 잘못 파악한 경우도 있을 수 있다. 미리 독해를 해 봐야만 무엇이 잘못인지를 명확히 알 수 있다.

:; 예습과 복습의 방법

수학은 자신의 문제 풀이가 맞든 틀리든 일단 문제를 풀어 봐야 한다. 영어 독해도 단어부터 문장까지 내 나름의 노력으로 완결시켜 예습을 해야 한다. 그러나 나머지 과목은 그 정도까지 예습을 할 필요가 없다. 수업 시작 5분 전까지 예상 진도에 관한 목차와 개념, 해당 단원의 학습 목표 정도를 훑어보는 것으로 충분하다. 수업 중 모르는 부분이 있으면 수업 후에 선생님을 찾아가 질문을 통해 해결하면 되기 때문이다. 복습은 수업이 끝난 후에 교과서와 필기한 노트를 가볍게 읽어보는 정도로 족하다. 어차피 집중적으로 암기하는 것은 문제를 풀고 핵심정리집을 만들어 외워도 늦지 않기 때문이다.

삼봉 공부법으로 공부를 하면 자연히 선행학습을 하게 된다. 학교 수업 진도와 관계없이 한 과목을 집중적으로 공부하는 것이 삼봉 공부법이기 때문이다. 복습은 이미 먼저 정복한 과목의 수업을 들음으로써 자연히 되고, 다른 과목을 공부하다 잠시 이미 정복한 과목을 빠른 속도로 다시 읽어 볼 때도 자연스레 가능하다.

 삼봉식
공부 생활법

: : 공부 장소

공부 장소는 공부를 하기 위한 공간을 말한다. 공부를 어디에서
할 것인가는 공부의 본질에 관한 문제가 아니라 공부를 위한 수단
에 불과하기 때문에 특정한 장소에 연연할 필요는 전혀 없다. 심리
학 실험 결과 물속에서 외운 경우 물속에서 시험을 치를 때 더 성
적이 좋았다는 결과가 있긴 하다. 맥락효과를 살리자는 취지인데
별 의미는 없다고 본다. 물속에서 공부가 잘된다고 해서 물속에서
공부를 하고 시험을 볼 때 물속에서 따로 시험을 보게 해 달라고
요구할 수 있는가? 현실적으로 불가능하다. 실험은 실험일 뿐이다.
더군다나 실생활에 유용하지 않은 실험은 아무 의미가 없다. 또한
몇 개의 지식을 묻는 실험과 엄청나게 많은 지식을 소화해야 하는
우리나라 수험생의 경우는 상황 자체가 다르다. 내가 배운 지식의
내용과 무관하게 장소라는 맥락이 주는 효과는 그리 크지 않다.

자기 방에서 공부가 잘되는 친구도 있고, 학교 교실, 독서실, 도서
관 등 각자 취향은 다르다. 그러나 집에서 공부할 경우 휴식 공간과

공부 공간이 같기 때문에 잠에 대한 유혹이나 먹을 것에 대한 유혹이 상대적으로 더 크다고 할 수 있다. 또한 컴퓨터나 TV도 가까이에 있기 때문에 집중을 방해하고 시간을 낭비하게 하는 요인들이 상대적으로 많다. 가능하면 집은 휴식 공간으로 하고, 공부는 별도의 공간으로 분리하는 것이 좋다. 다만, 어려서부터 유혹을 뿌리치고 자기 방에서 공부하는 습관이 잘 형성된 경우라면 그대로 하는 것이 좋다.

내 경우는 고등학교 중퇴를 할 때까지는 주로 학교 교실에서 공부를 했다. 토요일이나 일요일도 마찬가지였다. 칠판에 수학 문제를 써 놓고 분필로 풀이를 써 가면서 공부했다. 나 때문에 학교 분필 값이 좀 더 들었겠다. 학교를 그만둔 후에는 독서실에서 공부를 했는데, 독서실은 늘 같은 공간에다 같은 사람들만 있어서 지루하고 답답한 느낌을 주기 때문에 가끔씩 도서관에서 공부를 했다. 대학 입학 후에는 거의 도서관에서 공부를 했다.

도서관 열람실은 매일 이용하는 사람이 다르기 때문에 매일 신선한 느낌을 준다. 도서관도 특정 열람실만 고정적으로 이용하는 수험생도 있는데, 나는 그 익숙함이 오히려 집중에 방해를 주기 때문에 열람실도 특정 열람실을 고집하지 않고 여기저기 자리가 나는 대로 옮겨 다니며 이용했다. 특정 도서관 자체의 환경이 지루해지면 다른 도서관을 이용하곤 했다. 고대 중앙도서관에서 주로 공부를 하다가 지겨워지면 덕성여대 근처에 있는 도봉도서관도 이용했고, 집 근처에 있는 강남도서관, 심지어 영등포도서관까지 이용했다. 친구의 학생증을 빌려서 경희대, 서울시립대, 한양대, 단국대 도서관에서 몇 달씩 공부하기도 했고. 그저 집중이 되지 않는다 싶으면 과감하게 공부 장소에 변화를 주어 신선함을 유지하는 게 집중력에 도움이 된다. 장소에 미련을 두면 안 된다. 공부가 안 되면 바로 장소를 바꿔라.

∷ 모둠 학습

고려대한국어대사전에 따르면 모둠 학습은 '학습 방법의 하나로서 한 학급을 5~6명으로 편성된 여러 분단으로 나누어 토론하면서 학습 활동을 진행하는 방법'이다. 이 정의는 공식적으로 학교에서 수업을 진행하기 위해 나눈 단위를 말한다. 하지만 모둠 학습은 고시생들의 경우 스터디 그룹이라는 이름으로 5~6명 정도로 모임을 만들어서 같이 공부하는 것을 말한다. 고시에 합격한 후 받게 되는 연수에서는 분임이라고 표현한다. 분임 단위로 같이 토론하고 과제물도 분임 단위로 공동으로 제출해서 평가받는 것이다. 그러나 요즘 유행하는 말로는 순우리말인 모둠 학습이라고 표현하고 있다. 바람직한 현상이라고 생각한다.

모둠은 원래 고시 2차 논술 시험을 대비해서 공부하기 위해 만든 공부 모임이다. 논술 시험은 논점을 잘못 잡을 경우 바로 과락이 될 수 있는 위험성이 높은 시험이기 때문에 논점상의 오류를 미리 예방하기 위해 토론 위주로 공부를 하는 모둠 학습이 필요했던 것이다. 그리고 모둠 학습은 혼자 만들기엔 시간이 많이 걸리는 핵심정리집을 나눠서 맡음으로써 시간을 절약하기 위한 목적도 있다. 모둠이 구성되면 각자 잘하는 과목을 하나씩 나눠 맡아서 핵심정리집을 만들고, 이를 중심으로 매일 1시간 정도 모여 토론식으로 공부를 하는 것이다. 물론 그 이외의 시간에는 각자 공부를 한다.

중국 송나라의 정치인이자 문인인 구양수는 공부에 관해 '3다(三多)'를 말했는데, '다문다독다상량(많이 듣고, 많이 읽고, 많이 생각한다)' 또는 '다문다작다상량(많이 듣고 많이 짓고 많이 생각한다)'이 그것이다. 그런데 나는 대학 시절 '생각하며'를 전제로 '읽고, 쓰고, 대화하자'를 모토로 정해서 공부한 바 있다. 즉, 생각하면서 읽고, 읽고 난 후에 읽은 내용에 관한 글을 써 보고, 읽은 내용을 토대로 친구들과 많은 대화를 나누자는 것이다. 그게 구양수와 내 생각의 차이다. 구양수와 달리 나는 '대화'의 중요성을 강조하는 것이다. 대화는 대화하는 과정을 통해 내 생각이나 지식을 정리하고, 상대의 말을 들음으로써 미처 알지 못하거나 생각하지 못한 것을 알게 해 주며, 영감을 떠올릴 수 있게 해 준다. 그래서 친구들을 경쟁자로 생각해서 혼자 공부를 하는 것보다, 쉬는 시간이나 식사시간에도 친구들과 공부에 관해 토론을 하는 것이 공부나 우정 모두 조화롭게 성취할 수 있는 방법이다.

객관식 시험만 본다면 모둠 학습이 필수는 아니다. 객관식에 대비하는 공부는 각자 하고 각자 문제를 풀면 되기 때문이다. 그러나 모둠 학습을 하고자 하는 경우에 다음과 같은 요령으로 하는 것이 좋다.

첫째, 모둠 구성원을 모집하려면 모둠 학습을 하고자 하는 과목에 가장 실력이 있는 친구를 모아야 한다. 예를 들어 국어, 영어, 수학만 모둠 학습을 하고자 한다면 국어를 아주 잘하는 친구 1명, 영어를 아주 잘하는 친구 1명, 수학을 아주 잘하는 친구 1명을 모아야 한다. 대충 느낌이 오겠지만, 모둠 구성도 쉽지 않다. 모두들 모둠을 만들어 서로 이익을 보려고 하기 때문에 공부를 못하는 친구는 모둠을 만들기도 어렵고, 다른 모둠에 구성원으로 들어가기도 어렵다. 그렇다고 못하는 친구들과 모둠을 만들어 봐야 의미도 없다. 따라서 모둠을 만들거나 모둠에 들어가기 위해서는 먼저 스스로 자신 있는 과목 하나를 만들어 놓지 않으면 안 된다.

둘째, 모둠이 만들어지면 모둠 구성원에게 과목을 분담해서 각자가 맡은 과목의 핵심정리집을 만들어 배포한다. 이 자료를 토대로 각자 맡은 과목에 대해 먼저 설명을 하고 질문에 답을 하면서 진행한다. 내가 맡은 과목에 대한 자료를 준비하고 설명까지 하려면 엄청난 집중을 요한다. 그리고 설명하는 과정에서 막연하게 이해를 했던 부분이 명확해지고, 잘못 이해를 한 부분을 발견하고 교정할 수가 있다. 교학상장(教學相長)이라고 했던가. 가르치는 과정에서 내가 함께 배우고 성장한다는 의미이다. 내가 알고 있다고 착각했던 부분도 남에게 설명을 할 수가 없다면 정확히 이해했다고 말하기 어렵다. 이러한 설명을 통해 그 과목에 대해 완벽하게 정리할 수가 있게 되는 것이다. 율곡 이이 선생은 읽고, 글로 쓸 것, 책을 읽으면 반드시 토론을 할 것, 공부를 할 때는 뜻이 맞는 사람과 함께할 것을 강조한 바 있다. 연암 박지원 선생도 혼자 공부하면 잡념이 생기기 때문에 친구들과 함께 책을 읽으라고 강조했다.

셋째, 모둠 학습은 매일 30분, 아니면 토요일이나 일요일, 아니면 공휴일에 3시간 정도만 해도 충분하다. 이 시간을 제외한 나머지 시간은 각자 공부하는 것이 좋다. 친한 친구라도 모둠 학습 시간이 아닌 개별 공부 시간까지 같이하게 되면 서로의 리듬에 영향을 받게 되기 때문이다. 나는 지금 공부에 집중이 잘되는데 친구가 "잠 깐 쉴까?" 하면 의리상 같이 쉬어줄 수밖에 없게 된다. 친구가 슬럼프에 빠지면 그 영향에서 자유롭기도 쉽지 않다. 그래서 개별 공부는 따로 하는 것이 좋다.

넷째, 이론 공부가 끝나면 같이 모여 시간을 정해 놓고 문제를 같이 풀어 본 후에 정답을 체크하고 틀린 부분에 관해 토론하면서 정리를 한다.

친구들은 경쟁자가 아니라 동반자라는 생각이 중요하다. 어차피 대학 정원은 많다. 굳이 친구를 경쟁자로 인식할 필요가 없다. 같이 합격하는 동반자라고 생각하는 것이 좋다. 모둠 학습을 통해서 공부와 합격의 동반자, 더 나아가 인생의 좋은 동반자를 얻을 수 있는 것도 모둠 학습이 주는 큰 선물이다.

: ; 이성 교제

이성 교제는 공부에 적인가? 그렇지는 않다. 내 경우도 공부에 가장 성취가 컸던 시기에 늘 사랑하는 여성이 곁에 있었다. 그렇다면 이성 교제는 공부와 무관한가? 그렇지도 않다. 특히 첫사랑의 경우 경험 부족으로 인해 시행착오를 겪고 실연의 후유증이 매우 크고 오래갈 가능성이 많다. 그렇게 경험을 통해 조금씩 성장해 가는 것이다. 그래서 나는 이성 교제를 가능한 어려서부터 자연스럽게 경험하기를 권한다. 어린 나이에 무슨 연애질이냐고? 지금은 조선시대도 아니고 이성 교제를 무조건 금기시할 이유가 없다. 이성 교제와 공부 내지 생활은 양자택일의 문제가 아니다. 이성 교제를 하면서도 내게 주어진 과제나 생활을 충실히 하는 것은 얼마든지 가능하다. 그러나 그러기 위해서는 이성 교제를 미리 경험해 볼 필요가 있다. 또한 이성에 대한 환상을 갖지 않는 것이 중요하다. 이성에 대한 환상을 갖고 있는 한 그 관계는 기대감의 차이로 인해 반드시 깨질 수밖에 없고, 후유증도 심할 수밖에 없다. 이성 교제를 어릴 때부터 자연스럽게 경험하면 이성에 대해 특별한 환상을 갖지 않게 되고, 후유증을 극복하는 나름의 요령도 터득하게 된다.

다만 이유야 어찌 되었든 이성 교제를 한 번도 경험하지 않은 상태에서 고등학교 때처럼 중요한 시험을 앞둔 시기에 이성 교제를 새로 시작하는 것은 위험하다고 생각한다. 의지와 자제력이 약한 수험생도 이성 교제를 자제하는 것이 좋다. 이성 친구가 보고 싶어서 공부에 집중을 할 수 없다면 차라리 교제를 하지 않는 것이 좋다.

：；자투리 시간 활용 방법

자투리 시간을 하루 일정별로 보면 아침식사 시간, 집을 나와서 버스를 기다리는 시간, 버스를 타고 가거나 걸어서 학교에 가는 시간, 수업 중 쉬는 시간, 점심시간, 집으로 가는 버스를 기다리는 시간, 버스를 타거나 걸어서 귀가하는 시간 등을 들 수 있다.

자투리 시간만 잘 활용해도 3년 동안 누적된 시간이 엄청나다고 하는 소리를 많이 듣는다. 그러나 자투리 시간에 공부만 하는 것은 오히려 비능률적일 수 있다. 먼저 수업 중 쉬는 시간에는 휴식을 취하는 것이 좋다. 하루 6과목 수업을 듣는다고 가정할 때 단순 계산으로는 10분씩 5번이니까 매일 50분의 공부 시간이 추가된다. 그러나 쉬는 시간은 시간도 짧을뿐더러 다음 수업을 준비하기 위한 시간이라는 성격도 고려해야 한다. 쉬지 않고 10분 더 공부한다고 값싼 위안을 얻을 게 아니라 그 시간에 쉬지 못해서 정작 수업 시간 45~50분을 집중하지 못하게 되면 소탐대실이다. 따라서 쉬는 시간에는 화장실도 가고 기지개도 켜고 잠깐 토막잠도 자고 눈을 감고 명상을 한다든가 다음 시간에 공부할 과목의 목차 정도 훑어보는 것이 좋다.

점심시간은 식곤증이 따르기 쉬우므로 식사 후에 바로 앉아 공부를 하는 것은 권하지 않는다. 고등학교 때 나는 점심식사 후 평행봉을 했다. 처음엔 한 개도 힘겨웠는데 꾸준히 하니까 40번 이상도 거뜬히 하게 되었다. 턱걸이도 30개를 넘게 되고. 검정고시를 준비할 때는 시험까지 남은 기간이 3개월밖에 남지 않아서 점심식사 때도 『성문 종합 영어』를 들고 가서 책을 보며 식사를 했는데, 그건 특수한 상황에서의 일시적인 것이었다. 대학 입학 후 고시 공부를 할 때는 다시 점심식사 후 매일 산책을 한 다음 탁구를 쳤다. 정 피곤하다면 운동을 쉬고 잠시 낮잠을 자는 것도 좋다.

버스를 타고 가는 시간은 수업과 바로 연결되는 시간이 아니기 때문에 굳이 휴식을 취할 필요가 없다. 이 시간에는 영어 단어나, 국어 고전문학 작품, 수학 공식을 외우는 것이 좋다. 이해를 요하는 과목을 공부하는 것보다는 이처럼 단순암기를 하는 것이 좋다. 내 경우도 검정고시를 준비할 때나 고시 공부를 할 때 집에서 학교까지 1시간 정도 버스를 탔는데 주로 영어 단어를 외웠다.

대학생이 되면 성인이 되고 음주가 가능하다. 법대생들은 이 경우에도 밥터디, 차터디, 술터디라고 해서 토론 시간으로 많이 활용한다. 공부 모임을 스터디라고 하는데, 점심시간에 식사를 하는 것을 밥터디, 쉬는 시간에 차를 마시는 것을 차터디, 술자리 모임에서도 무의미한 잡담만 하는 것이 아니라 공부에 관계된 내용에 관해 토론을 하는 것을 술터디라고 한다. 쉬는 시간에도 휴식과 토론을 병행하는 하나의 문화라고 할 수 있다.

: ; 스트레스 해소와 슬럼프 관리

아무리 공부를 좋아하고 공부하는 습관이 만들어져 있고, 성적도 좋아서 공부를 통한 성취감을 느끼는 수험생이라도 사람은 심리적 존재이기 때문에 누구나 스트레스를 받고 슬럼프에 빠지게 마련이다. 먼저 이런 현실을 인정하고 담담하게 받아들일 필요가 있다. 스트레스에 민감하게 반응하는 것이 더 큰 스트레스를 주게 되고, 슬럼프를 장기화할 수 있기 때문이다. 스트레스가 일회적 내지는 일시적인 현상이라면 슬럼프는 어느 정도 지속적인 현상이라는 점에서 다르다.

수험생 시절 나의 경우 일시적인 스트레스를 풀기 위해 가장 많이 이용한 것이 전자오락과 만화책 보기, 술 마시고 푹 자기였다. 아침에 학교 도서관에 도착해서 가방을 풀고 커피 한 잔을 마시고 자리에 앉았는데 도저히 집중이 되지 않을 때면 바로 전자오락실로 갔다. 거기서 당시 갤러그와 1942, 테트리스를 오전 내내 하다가 만화방으로 옮겨서 짜장면을 시켜 먹으면서 오후 내내 만화책을 보고, 서녁이 되면 친구들과 술을 마시며 대화를 하고 난 후에 집으로 돌아가 시계를 맞추지 않고 16시간 정도 푹 잠을 자는 것이다. 웬만한 스트레스는 그런 정도면 풀렸다.

그러나 가끔 그런 정도로 풀리지 않을 때는 등산이나 시내버스 종점 여행이나 근교 여행을 가곤 했다. 등산은 주로 북한산을 가장 자주 갔고, 가끔 도봉산이나 관악산에도 갔다. 시내버스 종점 여행으로 자주 갔던 곳은 삼청공원이었다. 인공으로 만든 공원이 아니라 자연의 형세를 그대로 살린 천연의 공원이다. 특히나 비가 온 직후의 그 싱그러움은 이루 말할 수 없다. 남대문시장에 있는 포장마차에서 돼지곱창을 안주로 소주를 마시기도 했다. 치열하게 살아가는 시장 사람들의 생활을 보고 안일한 내 생활을 반성도 하고, 더 치열하고 열심히 살아야겠다는 자극도 받았다. 근교 여행은 강화도나 월미도, 대성리·청평 등 북한강에 주로 갔다. 대한민국에서 유일하게 바다가 없는 곳인 충청북도에서 나고 자란 나에게 바다가 주는 감상은 각별하다. 바닷가나 강가를 산책하며 노래를 마음껏 부른 후에 돌아오는 걸 즐겼다. 그래도 풀리지 않을 때는 미련 없이 일주일이든 열흘이든 장거리 여행을 떠났다. 그래도 풀리지 않으면 그건 스트레스나 슬럼프가 아니라 공부를 포기한 탓일 것이다.

위에서 말한 것들은 생활에 관한 것들이다. 이제 심리적인 극복 방안을 살펴보자. 먼저 목표의식을 다시금 확인하고 다짐을 하는 방법이다. 목표가 달성되었을 때의 성취감을 머릿속에 그려보고, 동기를 부여받으면서 스스로에게 자극을 가하는 것이다. 나는 대입 수험생 때는 합격기를 전혀 보지 않았고, 고시 공부를 할 때는 3편 정도 읽었다. 공부에 관한 나 나름의 확신이 있어서 남의 합격기를 읽을 필요를 느끼지 않았던 것이다. 그러나 공부에 관한 확신이 강하지 않은 수험생이라면 합격기를 읽으면서 목표를 다지고 동기를 부여받는 것도 괜찮다. 성공한 사람들의 이야기에 관한 책을 읽는 것도 도움이 될 수 있다.

심리적으로 스트레스를 풀거나 슬럼프를 탈출하는 데 가장 좋은 것이 사랑하는 애인과 함께하는 시간을 갖는 것이다. 굳이 애인이 아니라 편하게 대화할 수 있는 이성 친구라도 좋다. 나도 검정고시를 할 때 학원 수업을 듣지 않고 혼자 독서실에서 공부하고 밥도 혼자 먹고 외롭게 공부했다. 그러다 지독한 감기에 걸린 적이 있는데, 같이 학원에 다니는 누나가 감기약을 사다 주고 이런저런 대화를 해 주면서 순간적으로 슬럼프에서 벗어난 경험이 있다.

:: 컴퓨터, TV 시청, 핸드폰

수험 생활을 하는 동안에는 중독성이 있는 것은 가능하면 피하는 것이 좋다. 가장 대표적인 것이 컴퓨터나 스마트폰을 통한 게임과 TV 드라마 시청이다. 내가 수험생 때 하던 게임은 단순한 것이라 중독성이 강하지 않은 것들이다. 그러나 컴퓨터나 스마트폰에 있는 게임 가운데는 중독성이 강한 게임들이 많이 있다. 아예 손을 대지 않는 것이 좋다.

TV 시청도 일시적인 스포츠 중계나 뉴스 정도는 괜찮지만, 지속적으로 봐야 되는 중독성 있는 드라마는 절대 피하는 것이 좋다. 내가 고시 공부를 할 때 수목 드라마로 〈까치 며느리〉라는 프로그램을 방영했는데, 우연하게 보게 된 것이 그만 중독이 되었다. 그래서 나중에 고시 2차 논술 시험을 월요일부터 목요일까지 4일간 치르는데 수요일 저녁에도 〈까치 며느리〉를 식당에서 보고 말았다. 엄청나게 자존심이 상했다. 그 유혹에서 벗어날 수 없었던 것이다. 다행히 그해 시험에 합격했으니 망정이지, 만일 떨어졌다면 〈까치 며느리〉 때문이라고 탓할 수나 있었겠는가? 드라마는 절대 보지 않는 것이 좋다.

핸드폰도 수업이 끝났을 때나 잠자리에 들기 전에 잠깐 확인하는 정도 이외에는 사용하지 않는 것이 좋다.

∷ 사주와 운명

운명이란 무엇인가? 표준국어대사전에 따르면 운명이란 "인간을 포함한 모든 것을 지배하는 초인간적인 힘 또는 그것에 의하여 이미 정하여져 있는 목숨이나 처지"를 말한다고 되어 있다.

사주(四柱)는 말 그대로 풀이하면 '4개의 기둥'이라는 의미이다. 사람이 태어난 해를 연주, 월을 월주, 날을 일주, 시를 시주라고 해서 사람의 운명을 결정하는 연월일시를 4개의 기둥에 비유한 것이다. 사주는 모두 2글자로 이루어졌기 때문에 '4주8자'라고도 한다. 이 사주팔자에 사람의 운명이 결정되어 있고, 사주풀이를 통해 사람의 운명을 해석할 수 있다는 것이다. 한편, 네이버 지식백과에 따르면 명리학(命理學)이란 "사주(四柱)에 근거하여 사람의 길흉화복(吉凶禍福)을 알아보는 학문"을 말한다.

하지만 사주란 첫째 통계적으로 오류이다. 경우의 수를 따져 볼때 같은 사주를 갖고 태어난 사람이 얼마나 되는지 알아보기로 하자. 먼저 연주는 60갑자이기 때문에 60이 된다. 월주는 12달이므로 12가 된다. 일주는 30일이고, 시주는 12이다. 현재 인류의 수가 60억이라고 할 때 같은 사주를 갖고 태어난 사람의 수는 6,000,000,000 ÷ (60 × 12 × 30 × 12) = 23,148명이 된다. 그렇다면 대통령이나 나랏님 사주를 갖고 태어난 사람이 23,148명인데 과연 국가의 수가 그렇게 많이 되는가? 그렇다면 대통령 사주를 갖고 태어난 사람 중에 극히 일부만 대통령이 되고, 다수는 되지 못하는 현실을 어떻게 설명할 것인가?

둘째, 사주는 인과관계가 없다. 사주풀이는 사주에 나와 있는 천

간지지 — 줄여서 간지라고 한다 — 와 음양오행의 상생상극관계를 해석함으로써 사람의 운명을 예측한다는 것이다. 천간은 하늘의 기운을, 지지는 땅의 기운을 말한다. 10간 12지라는 말을 들어보았을 것이다. 10간은 갑을병정무기경신임계를, 12지는 자축인묘진사오미 신유술해를 말한다. 음양은 말 그대로 음과 양이고, 오행은 목화토금수를 말한다. 사주는 태어난 연월일시의 하늘의 기운과 땅의 기운이 사람의 운명과 길흉화복을 결정한다는 것이다. 물론 하늘의 공기가 차가우면 감기에 영향을 줄 수 있다. 그러나 길흉화복과는 도대체 무슨 관계가 있단 말인가? 사람은 매일매일 날씨에 영향을 받고 산다. 그리고 내가 태어난 날의 날씨는 나만이 아니라 그 당시 살아 있는 모든 사람들에게 영향을 준다. 그런데 하필 내가 태어난 날의 하늘의 기운이 유독 내 운명만을 결정한다는 이유는 무엇인가? 하늘과 땅의 기운과 길흉화복과의 인과관계를 설명하지 못한다. 음양오행설은 중국의 전국시대 사람인 추연이 제창한 학설이다. 그런데 추연과 동시대 인물인 순자의 하늘관은 완전 다르다. 『순자』「천론(天論)」의 내용 일부를 인용해본다.

별이 떨어지고 나무가 우는 소리를 내면 나라 사람들이 모두 두려워 한다. 그것은 어째서인가? 그것은 아무것도 아니다. 천지의 변화이자 음양의 변화로 드물게 생기는 일이다. 그것을 괴상하게 여기는 것은 괜 찮지만, 두려워하는 것은 잘못이다. 일식과 월식이 생기고 철에 맞지 않

는 비바람이 일고 이상한 별이 나타나는 것은 늘 어느 시대에나 있었던 일이다.[59]

순자는 BC 298년~BC 238년의 사람이다. 그런 순자의 인식이 아직도 하늘이나 땅의 기운과 길흉화복을 연결시키는 오늘날의 사람보다 더 합리적이다. 개인적으로 공자나 맹자에 관한 공부를 하면서 느낀 점은 별로 없는데, 순자의 책을 읽으면서 공감되는 게 오히려 더 많았다. 좀 더 공부한 후 판단할 일이지만 조심스럽게 판단하자면 공자나 맹자보다 순자의 사고가 더 합리적이라고 본다. 물론 그렇다고 공자나 맹자보다 순자가 뛰어나다는 말은 아니다. 순자는 공자와 맹자보다 후대의 사람이다. 따라서 제자백가의 견해를 모두 소화한 후 나름의 발전된 대안을 제시할 수 있었던 것이다. 우열의 문제로 이해할 수는 없다.

셋째, 사주는 역사적 사실과 일치하지 않는다. 만일 사주나 운명이 절대적이라면 우리는 역사 공부를 할 필요가 없다. 매 60년마다 같은 사주의 사람들이 출생하고, 그렇다면 60년 전 같은 사주의 사람들이 살아간 운명을 되풀이할 수밖에 없다는 말이다. 60년 전 사람이 전쟁이나 전염병으로 무수히 많이 죽어 갔다면, 60년 후의 사람들도 어김없이 죽어 가야 한다. 그렇다면 수험생들은 국사 공부

---

59) 순자, 김학주 옮김, 『순자』, 을유문화사, 2017, 574쪽.

삼봉 공부법

를 할 때 60년 치만 외우면 된다. 나머지는 곱하기만 해 보면 같은 사건이 반복돼야 할 것이다. 임진년에는 왜란이 일어나야 하고 병자년에는 호란이 일어나야 한다. 그러나 역사는 그렇지 않다.

넷째, 사주는 수명이 늘어나는 현상을 설명할 수가 없다. 남이 장군의 사주상 수명은 28세이다. 그러면 그와 같은 사주는 계속 28세에 죽어야 한다. 그럼 매 60년마다 같은 사주의 사람들이 태어나는데 수명이 길어지는 현상을 어떻게 설명할 것인가?

다섯째, 같은 사주라 하더라도 그 풀이에는 여러 학파가 있다. 가장 정통이라 인정되는 것이 연해자평인데 다른 유파도 많이 있다. 내가 대학교 때 동기 중에 사주를 어려서부터 배운 친구가 있다. 나중에 알게 되었는데, 그 아버지가 대통령 사주를 보러 다니는 아주 유명한 집안이었다고 한다. 내게도 사주를 알려 달라고 해서 보아 준 적이 있는데, 초년운, 중년운 그 정도로 보는 게 아니라 몇 세 때는 어떻고, 몇 세 때는 어떻고 하는 식으로 세밀하게 말해 주는 데 놀랐다. 그런데 더 놀라운 것은 이 친구가 법학을 전공하다 보니 학설 대립에 익숙하여 친구들의 사주 풀이를 하면서 어느 학설에 의할 때 더 정확한지를 계속 공부했던 것이다. 그리고 어느 날 만났는데 학설을 바꿨다고 내 사주 풀이를 새로 해 주었다. 학설을 바꾸니 내 운명이 달라진 것이다. 대체 어느 학설을 믿어야 한단 말인가? 그리고 나중에 학설이 바뀌면 내 운명도 또다시 바뀐단 말인가?

여섯째, 인간의 운명을 예측하는 것은 사주 풀이 말고도 궁합, 수상(손금), 관상, 풍수도 있다. 이들과의 상호관계를 해명해야 운명을 최종적으로 예측할 수 있다. 이들과의 관계는 사주우위설, 동위설, 풍수우위설, 종합설 등이 있을 수 있다. 사주우위설이 맞는다면 나머지는 신경 쓸 필요가 없다. 사주가 좋으면 궁합이 좋은 여자랑 저절로 만나게 될 것이고, 명당에 들어갈 사주라면 죽은 뒤에 묻힐 못자리도 결국 명당이 될 것이다. 그러나 그게 아니라면 얘기는 달라진다. 아무리 사주가 좋더라도 원진살의 상대와 결혼하면 3년 이내에 죽게 된다는 것인데, 그렇다면 이것은 궁합우위설이 맞는다는 말이 된다. 뭐가 우선인가를 해명하지 못하면 운명 예측은 불가능해진다.

재미있는 일화가 있다. 사실인지는 모르겠지만. 육관 손석우 씨의 구술을 토대로 만든 『육관도사의 풍수·명당 이야기: 터』란 책에 보면 손석우 씨와 유명한 사주가가 사주와 풍수 중 누가 더 센지 내기를 했다고 한다. 다리 밑에서 숙식하는 거렁뱅이의 사주를 풀이하고 나서 사주가의 결론은 평생 돈복이 없다는 결론을 내린다. 그런데 손석우 씨가 거렁뱅이 아버지의 묘를 적당한 곳으로 이장을 해 주었다. 그러던 어느 날 하필이면 거렁뱅이가 거주하는 다리에서 여대생이 투신한 일이 벌어졌다. 거렁뱅이가 그녀를 구해 주었고, 그녀는 남은 인생은 거렁뱅이 때문에 덤으로 얻은 것이라며 결혼을 하겠다고 한다. 그녀의 아버지는 중소기업 사장이었는데, 이장을 한 후에 거렁뱅이의 사주가 바뀐 것은 아니지만 관상이 바뀌면서 재운이 들어왔다는 것이다. 손석우 씨는 대표적인 풍수우위론 자라고 할 수 있다.

일곱째, 설령 사주가 맞는다고 하더라도 이는 철저하게 기득권적 이고 기복적이고 현실적이며, 가부장적인 가치관이다. 윤봉길 의사 의 경우 도대체 관운이 있나, 재운이 있나, 여복이 있나. 그야말로 최악의 사주라고 평가될 것이다. 그러나 역사적 가치로 평가해 보 면 나라를 위해 크게 쓰일 매우 훌륭한 사주라고 평가할 수도 있을 것이다. 전두환 씨의 사주는 나랏님이 될 사주라고 평가할 수도 있 지만, 나라에 큰 해악을 끼칠 난신적자의 사주라고 평가할 수도 있 다. 결혼 운이 없는 여성의 경우에도 과거에는 남편 없이 혼자 살 팔자라고 부정적으로 해석했는데, 지금의 가치관에 따르면 주체적 으로 삶을 살아갈 좋은 사주로 평가할 수 있다. 이처럼 가치관에 따라 사주는 재평가되고 운명이 바뀌게 되는 법이다.

그렇다면 무엇이 운명인가? 운명은 없다. 난 운명을 마주하는 마 음가짐이나 태도, 운명에 대한 평가와 믿음이 운명을 결정한다고 생 각한다. 운명이 있다고 믿으면 그런 방향으로 사주에 따라 살아가 게 될 것이고, 운명이란 없고 나 스스로가 만들어 갈 뿐이라고 생 각하면 그런 방향으로 살아갈 것이다. 전에 고시 공부를 할 때 선 배가 미아리에 점을 보러 가는데 같이 가자고 해서 따라간 적이 있 다. 그 형의 사주 풀이가 끝나고 나도 보지 않겠냐고 해서 안 본다고 했는데, 반값만 받고 보아 주겠다고 해서 선배가 계산을 했다. 그 점쟁이는 내 사주에 30세 전에는 관운이 없다고 나온다는 말을 했다. 그 전에 합격하면 손가락을 장에 지진다는 말과 함께. 그러니까 그냥 도나 닦는다는 마음으로 20대를 보내고 30대가 되면 그때 고시 공부를 하라는 것이다. 무슨 개똥같은 소리냐며 무시했다. 그리고 만 26세에 행정고시에 합격했다. 만일 내가 그때 점쟁이의 말을 믿었다면 20대를 허송세월하며 보냈을 것이다. 그러나 내가 그 말을 무시했기에 20대에 합격할 수 있었다. 내 생각에 운명이란 없다. 내가 하고 싶어 하는 일, 내 결정이 내 운명을 만들 뿐이다.

행정고시에 합격하고 나서 중앙공무원교육원에서 교육을 받을 때 어떤 형이 동기들의 사주를 수첩에 적었다. 그런데 그 후로 아무 말이 없다. 만일 행정고시에 합격한 동기들의 사주가 모두 관운이 있다고 나왔다면 잡지에 투고를 했거나 어떤 형태로든 광고를 했을 것이다. 그런데 그렇지 않았다는 것은 어떤 의미 있는 통계가 나오지 않았기 때문일 것이다. 결론적으로 사주 자체가 운명이 아니라 사주에 대한 나의 태도, 즉 사주를 믿는가 아닌가가 내 운명을 만드는 것이다.

합격운이 있는지 없는지 쓸데없이 사주를 보지 마라. 만일 부모님이 사주를 보셨는데 좋게 나오면 기분 좋게 공부하면 되고, 안 좋게 나오면 나처럼 무시하고 그냥 공부하면 된다.

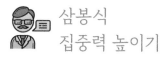
삼봉식
집중력 높이기

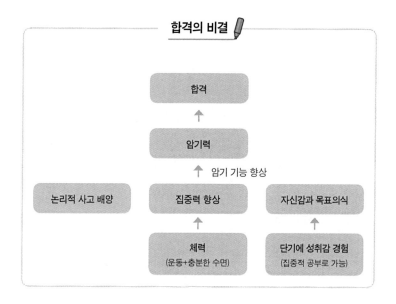

합격의 비결

합격

↑

암기력

↑ 암기 기능 향상

논리적 사고 배양 | 집중력 향상 | 자신감과 목표의식

체력
(운동+충분한 수면)

단기에 성취감 경험
(집중적 공부로 가능)

자신감

자신감(Self-confidence)은 자기 자신에 대한 믿음을 말한다. 인지심리학 이론은 자신감에 대해 구체적으로 제시하고 있는데 이에 따르면 자신에 대한 믿음은 자기의 '능력'에 대한 믿음인 자기효능감과 자신의 '가치'에 대한 믿음인 자아존중감으로 구성된다.

나는 기억이나 공부 또는 모든 일들에서 자신감이라는 요소가 가장 중요하다고 생각한다. 같은 일을 해도 자신감을 갖고 일을 하느냐 패배감을 안고 일을 하느냐에 따라 성과에 엄청난 차이가 벌어진다. 물론 어떤 일을 시작할 때 결과는 누구도 모른다. 그러나 일단 어떤 일에 착수할 때는 무조건 성공한다는 자신감으로 시작해야 한다. 결과적으로 실패하더라도 그에 대한 철저한 분석과 반성은 필요하겠지만, 그 과정이 끝나고 나서 새로운 일을 할 때는 역시 성공한다는 자신감으로 임해야 하는 것이다.

어떤 시험에 합격한다는 자신감이 없어지게 되면 자꾸 잡념이 생기고 집중력이 떨어지며 도피하고자 하는 심리가 발생한다. '될까?', '아무래도 이번 시험에는 늦은 것 같은데?', '내년을 대비해서 새로 시작하는 게 낫지 않을까?' 이런 끝없는 잡념과 도피는 바로 자신감의 결여에 기인한다.

자신감을 가지려면 일단 성취 경험이 있어야 한다. 아무리 작은 성취라도 성취 경험이 축적되면 자신감이 생기게 된다. 작은 성취감조차 느껴 보지 못한 사람은 자신감이 생길 수 없다. 그러나 성취를 느끼는 데 시간이 너무 오래 걸리면 성취를 이루기 전에 지쳐서 포기하게 된다. 성취는 단기간에 맛보아야 한다. 그러기 위해서는 어떤 과제를 집중적으로 수행할 필요가 있다. 결국 자신감과 집중적인 공부를 통한 성취 경험은 뗄 수 없이 연결되어 있다고 할 수 있다. 삼봉 공부법이 효율적인 이유 중의 하나이다.

한편, 성취감을 맛보려면 단기간에 성취가 가능한 것을 목표로 해야 한다. 장기간이 지나야 성취할 수 있는 과제나 성취 자체가 불가능한 것을 목표로 설정하면 결코 성취감을 맛볼 수가 없다. 오히려 좌절감만 안게 될 뿐이다.

확고한 목표의식

국어사전에 따르면 목표란 "어떤 목적을 이루려고 지향하는 실제적 대상으로 삼음. 또는 그 대상"이다. 내가 어떤 공부를 하든 확고한 목표의식 없이 하면 집중력이 약해지고 또한 집중력이 오래 지속될 수가 없다. 즉, 목표의식은 집중력의 강도와 집중력의 지속성과 관련된다. 또한 목표의식이 확고하면 슬럼프에 빠지더라도 극복하는 힘이 생긴다. 내가 진학하고자 하는 대학을 독서실 책상에 써넣거나 속으로 목표를 되뇌는 것은 슬럼프 극복 의지를 강하게 하고 목표 달성을 위해 끈기 있게 노력하도록 하는 기능을 수행한다.

동기 부여

국어사전에 따르면 동기(動機)란 "어떤 일이나 행동을 일으키게 하는 계기"를 말한다. 심리학에서는 동기를 어떤 행동의 방향과 강도에 영향을 주는 요인이라고 정의한다.[60] 즉, 우리의 행동이 목표 달

---

60) 이수원 외, 앞의 책, 60쪽.

성을 향해 나아가도록 하는 원동력이다. 동기 부여는 목표를 달성하기 위한 실천이나 끈기와 관련된다. 끈기를 유지하기 위해서는 외부적 보상뿐만 아니라 내재적 동기와 자기 조절 또한 중요하다. 외부적 보상에 의해 충족되는 동기보다는 행위 자체에서 만족을 얻게 되는 동기를 추구하는 사람들이 장기적인 목표를 위해서 더 끈기 있게 행동하는 경향이 있다.

체력(운동)

시험을 앞두고 체력이 따라주지 않아 마무리를 제대로 하지 못하는 안타까운 상황을 겪어 본 적이 있는가? 체력이 따라줘야 공부에 집중할 수 있다. 내가 행정고시에 최종 합격할 때 2차 논술 시험을 4일간 치렀다. 오전에 한 과목, 오후에 한 과목씩 7과목의 시험을 치렀던 것인데, 그 4일간 잠을 16시간밖에 자지 않고 버틸 수 있었던 것도 평소 운동을 통해 다진 체력 덕분이었다. 그렇게 4일째 시험을 치르고도 체력이 남아서 밤늦게까지 술을 마시기까지 했으니까.

뇌는 인체의 2%에 불과하지만 전체 산소량과 에너지의 20%를 소비한다. 또한 집중해서 공부를 할 때 격렬한 운동에 필요한 정도의 산소와 에너지를 소모시킨다. 운동을 하면 뇌에 필요한 산소가 공급된다. 또한 적당한 운동을 하고 나면 기분이 상쾌해지고 성취감도 생기는 만큼 공부에 대한 집중력도 높아진다. 나는 고시 공부를 할 때 선배들과 함께 점심식사 후 학교 캠퍼스를 산책한 다음 1시간 이상 매일 탁구를 쳤다. 전에는 점심식사 후 도서관에서 엎드려 낮잠을 2시간 자는 버릇이 있었다. 낮잠은 20분에서 30분 정도가 적당하다. 나처럼 낮잠을 2시간이나 자면 이마에 새겨진 도장이 사라지고 머리가 정상으로 돌아오는 데 3시간 정도 걸린다. 그러면 오후 시간은 그냥 날아가 버리고 만다.

초등학교 때는 매일 축구를 네 게임 정도 했고 중학교 때는 방과 후 축구와 탁구를 즐겼다. 행정고시를 준비할 때는 점심식사 후 매일 탁구를 1시간 정도 했다. 사법시험 준비를 하는 동기들도 매일 농구나 축구, 헬스 등 한 가지 정도 운동을 했다. 그 후에 운동 종목은 탁구에서 배드민턴, 등산으로 바뀌게 되었지만. 수험생들은 학교 체육수업 시간에 공부하겠다고 빠지지 말고 적극적으로 임하기 바란다. 내신 관리도 되고 집중력을 향상시키는 데에도 도움이 된다.

잠도 공부다, 아낌없이 투자해라

잠을 자고 나면 뇌가 휴식을 취했기 때문에 몸의 상태도 개운해지고 마음도 상쾌해지므로 집중해서 공부를 할 수 있게 된다. 잠이 부족할 때 공부에 집중이 안 되고 하품만 나오게 되는 것은 누구나 경험해 본 일일 것이다. 그러나 잠은 단지 휴식만을 뜻하지는 않는다. 잠을 자면서 뇌에 입력된 정보들을 정리하고 기존의 정보와 연결하여 통합 또는 재구성하는 기능을 수행한다. 이를테면 잠도 공부의 연속이라고 할 수 있다.

미국 뉴욕시립대학 윌리엄 피시바인 박사팀에 의하면 낮잠을 자면 단순 기억뿐 아니라 배운 사실을 응용하는 창조력까지 증진되는 것으로 나타났다.[61] 낮잠은 20분 정도가 적당하다고 생각한다. 그렇다면 밤잠은 어느 정도 자는 것이 좋을까? 나의 경우 "유환이는 잠 때문에 망한다"란 말을 들을 정도로 잠을 많이 잤다. 중학교까지는 초저녁잠이 많아서 저녁 9시 이후에 깨어 있는 날이 거의 없을 정도였다. 〈주말의 명화〉를 보고 싶어 하면서도 한 번도 보지 못한 이유가 그 시간까지 깨어 있지 못했기 때문이었다. 수면량은 대입 수험생 시절에는 평균 8시간 정도였고 고시 공부를 할 때도 평균 10시간 정도였으며 지금도 평균 10시간 정도는 자고 있다. 공부는 의자에 앉아 있는 시간이 얼마나 되느냐, 깨어 있는 시간이 얼마나 되느냐에 의미가 있는 것이 아니다. 맑은 정신으로 깨어서 집중하는 시간이 얼마나 되느냐가 중요한 것이다. 그러려면 충분한 수면이 오히려 기억과 공부에 필수적인 요소라는 것을 인식해야 한다. 뇌과학자들에 따르면 7시간 정도가 적정한 수면량인 것 같다. 어떤가? 실천하기 너무 쉽지 않은가? 일단 이것부터라도 시작하자. 잠은 최소 7시간 이상 충분히 자는 것부터!

---

61) 정갑수, 앞의 책, 260쪽.

적당한 휴식과 스트레스 해소, 규칙적인 식사

신경세포는 인접한 신경세포와 전기적·화학적 신호를 끊임없이 전달하기 때문에 지치기 쉽다. 신경세포와 신경세포 간의 회로의 연결이 기억의 장치라는 것은 앞에서 말한 바 있다. 새로운 정보가 계속 입력되면 신경세포가 발화하게 되고 과도하게 흥분하게 된다. 이런 상태가 지속되면 효율성이 떨어지기 때문에 중간중간 적절한 휴식을 취하는 것이 좋다. 또한 휴식 없이 공부만 하게 되면 스트레스를 받게 되고 스트레스 호르몬이 급격히 증가하는데 이는 단기기억이 장기 기억으로 변환되는 것을 방해하기 때문에 암기력도 떨어지게 한다.

그렇다면 어느 정도 공부한 후에 어느 정도 쉬는 것이 좋은가? 학교에 다니는 학생이라면 학교 수업 시간대로 휴식을 취하면 된다. 학교 수업이 끝나고 자율 학습을 할 때에도 수업시간과 마찬가지로 공부하고 쉬는 것이 리듬을 유지하는 데 좋다.

그러나 학교를 졸업한 경우에는 자기의 공부 리듬에 맞춰 쉬는 것이 좋다. 집중력이 유지되는 상태라면 3시간에 한 번 휴식을 취해도 좋다. 집중이 잘 안 되는 날은 한 시간에 한 번도 좋다. 일요일은 무조건 쉬어야 한다는 것도 성인의 경우는 바람직하지 않은 원칙이다. 공부가 잘되는데 일요일이라고 굳이 쉴 이유는 없다. 요일과 관계없이 공부하고 컨디션이 안 좋은 날 쉬는 것이 능률적이다.

규칙적인 식사도 집중력을 기르는 데 도움이 된다. 누구나 경험해 봐서 알겠지만 배가 고프면 공부에 집중하기가 어렵다.

자신 있는 과목이나 쉬운 과목으로 전환

어떤 과목을 공부할 때 아주 지겹게 느껴질 때가 있다. 이럴 땐 미련 없이 과목을 바꿔 주는 것도 좋다. 나의 경우도 경제학 과목을 공부할 때 이해가 안 되는 부분에서 엄청 스트레스를 받고 5분도 못 돼서 담배를 피러 나갔다가 씩씩거리고 다시 돌아와서 또 5분도 못 버티고 나가서 담배를 피우는 등 스트레스를 받은 경험이 있다. 누구는 새로운 경제 이론을 만들어내는데, 누구는 쉽게 쓴 경제학 책도 못 읽느냐는 자학도 해 가면서. 그러나 이때 억지를 부리는 것은 별로 도움이 되지 않는다고 판단하여 과감하게 내가 가장 흥미를 느끼고 자신 있는 과목인 정치학으로 전환했다. 그랬더니 다시 집중력이 살아나면서 엄청난 속도로 하루 600페이지를 읽어 냈다. 여기서 자신감을 재충전하고 다시 경제학에 도전해서 독학으로 한 달 만에 경제학을 정복한 것이다. 경제학은 행정고시에서 2차 논술 필수과목인데, 과락을 받는 비율이 70%에 달하는 과목이다. 정복만 하면 순식간에 30%의 범위 안에 들어가는 전략 과목인데, 정치학에서 얻은 자신감으로 한 달 만에 독학으로 이 과목을 정복한 것이 행정고시 합격의 견인차가 됐다.

쓰기

쓴다는 것은 여러 가지 기능을 갖는다. 수업을 들으며 메모를 위해 노트에 쓰는 것, 집중이 안 될 때 집중하기 위해 잠시 쓰는 것, 공부한 내용을 정리해 보기 위해 쓰는 것, 암기를 위해 쓰면서 공부하는 것 등등이다. 그러나 절대 암기를 위해 쓰면서 공부하는 습관은 버려야 한다. 암기를 잘하려면 집중력 있게 공부해야 하는데, 쓰면서 집중하는 것과 눈으로 책을 보면서 집중하는 것의 속도 및 효율 차이는 엄청나다. 쓰는 자체가 외우는 것은 아니라는 것을 명심하자. 다만 집중하기 위한 수단으로 습관처럼 쓰는 것이다. 쓰면서 집중하는 것은 속도도 느릴뿐더러 나중에는 체력이 남아 있더라도 손이 아파서 더 이상 쓰지 못하고 결국 그날 공부를 쉬어야 하는 안타까운 상황만 초래할 뿐이다. 압박붕대로 손목을 감고 쓰면서 공부하는 친구들을 보면 마냥 안타까울 뿐이다. 암기를 하기 위한 독서를 할 때 이제라도 손에서 필기구를 놓는 습관을 들여야 한다. 그러나 오랫동안의 잘못된 습관 때문에 눈으로만 보면 집중이 되지 않을 것이다. 습관이란 하루아침에 바꿀 수가 없는 것이기 때문이다. 이럴 때는 잠깐 써 보고 이내 집중이 되면 바로 필기구를 버리도록 노력해야 한다. 그렇게 해서 눈으로만 책을 읽고도 고도의 집중력을 유지할 수 있도록 자신을 바꿔 나가야 한다. 그럴 때 시간당 적어도 30페이지에서 60페이지까지 독해가 가능할 것이다. 이 정도 독서력이면 웬만한 책들은 하루에 1회독이 가능할 것이다.

낭독 및 암송

앞에서 살펴본 것처럼 암송은 암기를 위한 수단이기도 하다. 그러나 암송은 암기만이 아니라 슬럼프에 빠져 책에 집중이 되지 않을 때 기분전환 겸 집중력 회복을 위한 수단으로도 유용하다. 도서관이나 독서실에서 도저히 집중이 되지 않을 때는 장소를 옮겨 보는 것도 한 방법이다. 학교 캠퍼스 벤치나 공원 벤치에 앉아 책을 소리 내어 읽으면서 머릿속으로 외워 보는 것이다. 삼청공원을 무척 좋아했던 나는 지독하게 집중이 되지 않을 때 버스를 타고 삼청공원에 가서 한적한 벤치에 앉아 책을 소리 내어 읽는 것을 즐겼다. 그렇게 해서 다시 집중이 되기 시작하면 묵독으로 돌아가서 눈으로 광속 독해를 하는 것이다.

적절한 난도의 책으로 공부

내 수준에 비해 지나치게 어려운 책을 읽으면 누구나 집중력이 떨어지게 마련이다. 반면에 수준보다 지나치게 쉬운 책도 흥미를 유지하기 어렵기 때문에 집중력이 떨어질 수 있다. 따라서 내 수준에 적절하게 자극이 될 정도로 어려운 책을 선택하는 것이 집중력을 유지하는 데 도움이 된다.

유사 개념과의 비교

책을 읽을 때 무심코 읽으면 단어의 뜻이 선명하게 부각되지 않고 집중도도 떨어지게 된다. 이때 유사한 개념을 비교하면서 읽으면 두 개념의 차이가 선명하게 부각되고 집중도도 크게 올라가게 된다. 예를 들어 국어 단어 중에 '운소'와 '음소', '형태소'라는 단어가 있다. 유사한 단어를 비교하다 보면 그 차이가 무엇인지에 자연스럽게 집중을 하게 된다.

법과대학 1학년 때 배우게 되는 민법총칙 교과서에 보면 '권리', '권능', '권한', '권원'이라는 아주 헷갈리는 단어들이 있다. 그냥 보아서는 도저히 쉽게 이해가 되지 않는다. 그래서 이들을 모아 정리를 하고 비교하면서 보면 주의가 고도로 집중되면서 네 단어의 차이가 조금 이해된다. 그럼에도 역시 개념 정의는 추상적이다. 따라서 개념 정의와 사례를 연결하면서 공부할 때 이해가 가능하다.

한자 공부도 마찬가지이다. 같은 부수가 아니더라도 모양이 비슷한 글자를 모아 놓고 비교하면서 정리하면 집중도가 좋아지고 암기하기도 쉽다. 예를 들면 다음과 같다. 2018년 한국방송통신대학교 국어국문학과에 입학한 후 한자를 공부하면서 나름대로 만든 표이다.

한자	뜻	용례
各	각각, 제각각. 갖가지. 각	각론(各論): 각각의 부문이나 항목에 대한 논설 각별(各別): ① 각각 따로따로 ② 유달리 특별함 각양각색(各樣各色): 갖가지의 모양과 색깔

한자	뜻	용례
閣	집, 높은 건물 각	각하(閣下): ① 전각의 아래 ② 신분이 높은 사람에 대한 경칭 누각(樓閣): 다락식으로 지은 큰 집
	관서, 중앙관서 각	각료(閣僚): 최고의 행정기관의 각 장관
	놓을, 붓을 놓을 각	각필(閣筆): 쓰던 글을 그만두고 붓을 놓음
落	떨어질 락	낙담(落膽): ① 간이 떨어짐 ② 몹시 놀람의 형용 ③ 기대하던 일이 실패하여 갑자기 기운이 풀림 낙선(落選): 선거에 짐 낙엽(落葉): 나뭇잎이 떨어짐 낙하(落下): 위에서 아래로 떨어져 내림
	뒤처질, 뒤떨어질 락	낙후(落後): 어떤 일에서 남에게 뒤떨어짐
	성을 빼앗을 락	난공불락(難攻不落): 공격하기가 어려워 함락되지 아니함
	쇠할 락	몰락(沒落): 힘이 다하여 쇠하여짐
	이루어져 끝날 락	낙성(落成): 건축공사가 다 되어 끝남
落	떨어뜨릴, 죽을 락	낙명(落命): 목숨을 떨어뜨림, 곧 죽음
	마을, 사람이 사는 곳 락	촌락(村落): 시골의 작은 마을
	가지가 축축 늘어질 락	낙락장송(落落長松): 긴 가지가 축축 늘어진, 키가 큰 소나무
洛	낙수 락	낙수(洛水): 섬서성(陝西省)에 있는 강 이름
	낙양(洛陽)의 준말 락	낙양(洛陽): 하남성(河南城)에 있는 주(周)나라의 도읍. 서울이나 수도

한자	뜻	용례
絡	이을, 이어질 락	연락(連絡)
	통로 락	맥락(脈絡): 혈맥의 통로. 사물이 잇닿아 있는 연계
		경락(經絡)
	얽을, 휘감을 락	농락(籠[63]絡): 제압하여 얽음. 간교한 꾀로 남을 제 마음대로 휘잡아 놀림
酪	소젖 락, 소젖 낙	낙농(酪農): 소나 양을 길러 우유·버터·치즈 등의 유제 품을 만드는 농업
烙	단근질, 단근질할 락	포락(炮[64]烙): 뜨거운 쇠로 단근질함. 또는 그 형벌
	불에 달굴 락	낙인(烙印): 쇠붙이로 만들어 불에 달구어 찍는 도장
駱	낙타 락	낙타(駱駝): 사막에 사는 동물 이름

여기에서도 확인할 수 있듯이 단순히 글자만 익히는 것보다 그에 관한 용례나 단어를 함께 익히는 것이 장기 기억에 유리하다.

시사 문제와 공부의 연계

표준국어대사전에 따르면 시사란 "그 당시에 일어난 여러 가지 사회적 사건"을 말한다. 특히 시사와 연계성이 높은 과목은 중학교로 치면 일반사회, 고등학교로 치면 사회탐구 영역이다. 이 중에서도 법과 정치가 가장 연계성이 높다.

시사적인 문제를 확인하는 것은 신문과 방송을 통해서이다. 시사

---

62) 대그릇, 제압할 롱.
63) 통째로 구울 포.

문제와 암기를 연계한다는 것은 신문이나 방송에 보도되는 주요 사회적 사건을 공부하는 과목의 내용과 연계하는 것을 말한다. 예를 들어 얼마 전 베트남의 하노이에서 북미정상회담이 열린 바 있다. 이 사건의 보도를 보고 나서 지도상에서 베트남과 하노이의 위치를 찾아보고, 지역의 기후나 지질학적 특색, 자원이나 산업의 현황 등을 지리 공부와 연계하는 것이다. 또 베트남의 역사에 관한 부분을 세계사 교재에서 찾아 확인하는 것이다.

또한 지금 대한민국 국회에서는 선거제를 둘러싼 선거법 개정 논의가 한창이다. 이때 논란이 되는 연동형 비례대표제가 무엇인지, 더 나아가 소선거구제, 중·대선거구제 등의 선거구제의 장단점과 다수대표제, 소수대표제, 비례대표제 등의 대표 선출 방식의 장단점은 무엇인지에 대해 교과서에서 찾아보고 확인하는 것이다. 현재 진행 중인 뜨거운 사건에 관한 쟁점이므로 흥미진진하게 집중할 수 있게 되고 생생하게 기억될 수 있다. 그래서 고시생들은 평소 스터디 모임만이 아니라 점심식사를 하면서도(밥터디), 식사 후 차나 커피를 마시면서도(차터디), 술자리를 하면서도(술터디) 시사 문제를 두고 관련 쟁점에 대해 서로의 지식을 확인하고 토론을 하곤 했다. 놀이와 공부의 병행이라고 할까? 노는 시간에도 공부를 병행했던 것인데, 그 주된 주제는 시사 문제였던 것이다. 더 자세한 것은 법과 정치 공부법에서 다루기로 한다.

시사 문제를 파악하기 위해서는 일단 사건 기사를 보고 주요 사

　　　　　　　　　　　　　　　　　　　　　　삼봉 공부법

건의 해설 기사를 읽어 두는 것이 좋다. 예컨대 여야 간의 선거법 협상이 부결됐다는 기사를 보고 난 후에, 선거법 협상의 쟁점이 무엇인지 해설 기사를 읽는 것이다. 그리고 그 기사와 관련된 사설이나 칼럼도 같이 읽어 둔다. 내 경험에 의하면 사설은 분량이 짧기 때문에 그리 도움이 되지 않는다. 사설보다는 칼럼이 더 사건의 배경과 논리적 근거를 익히는 데 도움이 된다. 일간지도 좋지만 주간지도 구독하는 것이 좋다. 주간지는 특정 쟁점에 대해 일간신문보다 더 심층적으로 다룬 기사들이 많기 때문에 사건의 배경을 이해하고, 문제점과 해결책에 대한 논리적인 해설을 통해 사고 능력을 향상시킬 수 있다 시사적인 사건의 내용과 배경을 알고 난 연후에 마지막으로 교과서에서 관련된 부분을 발췌독해서 읽어 두면 된다. 시사에 관한 지식은 논술이나 면접에 대비하는 데도 매우 유용하다.

강의냐, 독학이냐

○ 독학의 장단점

독학이란 강의나 수업을 듣지 않고 혼자 책을 읽으면서 공부하는 것을 말한다. 독학의 장점은 시간을 절약할 수 있다는 점이다. 강의는 평균적인 수강생을 대상으로 진행하기 때문에 이미 알고 있는 내용도 많이 다루게 된다. 또한 강의 속도도 평균적인 수강생을 대상으로 하기 때문에 빠른 속도로 진도를 나갈 수도 없다. 반면에 혼자서 책을 읽으면 눈으로 읽기 때문에 빠른 속도로 진도를 나갈 수 있다.

그러나 특정 과목에 대한 배경지식이 없는 경우 혼자서 책을 읽어 나가면 이해가 되지 않고 오히려 속도가 더 떨어지는 문제가 발생한다. 또한 혼자서 제대로 이해했다고 생각했는데 알고 보니 잘못 이해하는 경우도 많다. 제대로 이해했다고 해도 책 자체가 오류인 경우 오류를 시정할 가능성이 없다는 것도 문제이다.

○ 독학의 전제

독학을 위해서는 먼저 광범위한 독서가 선행되어야 한다. 그래서 광범위한 배경지식을 축적하고 독서 능력도 길러 두어야 한다. 오해나 오류를 방지하기 위해서는 한 권의 책으로 공부해서는 안 된다. 한 과목당 여러 책들을 비교해 가면서 오류 여부도 스스로 걸러낼 수 있어야 한다. 내 경우 국어·영어·수학은 14권 이상, 그 밖의 과목은 3권 이상의 책으로 공부를 했다. 고시 공부를 할 때도 과목당 10권 이상의 책으로 공부했다. 결국 여러 책을 빠른 속도로 읽어 가면서 이해할 수 있는 독서 능력의 소유자가 아니라면 독학을 하는 것은 오히려 시간이 많이 걸릴뿐더러 위험하다고 할 수 있다.

○ 학교 수업에 충실하라

초등학교와는 달리 중학교나 고등학교에 진학하게 되면 학교에서 보내는 절대시간이 많다. 이 많은 시간을 그냥 흘려버리는 것은 엄청난 낭비라는 사실을 알아야 한다. 학교에서는 수업을 듣지 않고 부족한 잠을 보충하고, 방과 후에 학원에 가서 강의를 듣는 게 낫다고 생각하는 수험생이 의외로 많은 것 같다.

그러나 내신을 대비하기 위해서는 학원에서 내신 강의를 듣는 것보다 학교 수업에 충실한 것이 유리하다. 학원 강사는 다양한 학교의 재학생들을 상대로 강의하기 때문에 학교별, 선생님별 출제 경향에 정통할 수가 없다.

모두가 알고 있듯이 내신 시험의 출제 위원은 학교 선생님이다. 일반적으로 책의 저자는 직접 강의할 수 있지만 출제 위원은 강의를 하면 안 된다. 그 유일한 예외가 내신을 위한 학교 시험이다. 수업을 한 선생님이 바로 출제 위원이 되는 것이다. 선생님마다 정도의 차이는 있지만, 시험에 출제될 내용을 수업 중에 암시하게 마련이다. 선생님들이 수업 중에 밑줄을 그으라고 한다든가 특히 중요하다고 강조를 한다든가 특정 주제에서 목소리가 커진다든가 하는 식으로 수업 내용 중에서 중요한 부분을 강조하는 것인데, 이는 사실 시험 출제 내용을 미리 가르쳐 주는 것이기도 하다. 가장 정확한 출제의 원천이 바로 학교 선생님의 수업이다. 출제 위원이 출제 문제를 암시하는 수업을 포기하고 학원 강의에 의존한다는 것은 매우 비효율적이고 어리석은 일이다.

더군다나 선생님들의 입장에서는 수업을 열심히 듣는 학생이 더 예뻐 보이고 더 관심이 가는 법이다. 거기에다 선생님에게 질문하러 자주 가서 눈도장을 찍게 되면 금상첨화다. 질문에 답하는 과정에서 시험 문제에 대한 암시를 얻기도 한다. "그건 고민할 필요가 없어"라든가 "뭐를 잘 봐 둬"라든가. 이렇게 선생님하고 친해지면 수행평가에도 유리한 고지를 점할 수밖에 없다.

수능을 대비하기 위해서는 학원 강의가 필요한 경우도 있다. 그러나 학교 시험이나 수능 시험은 출제 경향이 다를 뿐 모든 문제의 원천은 교과서이다. 따라서 수능을 대비하기 위해 필요한 학원 강의를 듣는다 하더라도 학교 수업에 충실한 상태에서 병행하는 것이 효율적이다. 즉, 학교 수업은 내신 대비만이 아니라 장기적으로는 수능 대비를 위한 것이기도 하다. 하루하루의 수업이 쌓여 수능의 기초 지식들이 축적된다는 사실을 명심하자.

학원 강사가 학교 선생님보다 실력이 훨씬 뛰어나다고 생각하는가? 물론 그런 강사도 있긴 하다. 그러나 학원에서 강의를 13년간 해 본 나로서는 학원 강사가 모두 뛰어난 실력을 가지고 있다는 사실을 인정하지 않는다. 학원 강사로서의 인기나 인지도는 실력과 반드시 비례하는 것이 아니다. 소위 1타 강사라고 하는 강사 중에 교재도 만들지 못하는 강사가 압도적으로 많다. 그럼 누가 교재를 만드는가? 수능의 경우 새끼강사들이 주로 교재 작업을 한다. 고시나 공무원 시험 과목인 법학 과목의 경우 고시를 오래 공부하다 떨어진 친구들이나 대학원 석·박사 과정에 있는 친구들에게 돈 몇백만 원을 주고 원고를 사는 경우가 대부분이다. 그런 강사들의 경우 교재와 강의가 연계되지 않는다. 교재가 바뀌어도 강의는 똑같다. 교재 내용을 설명할 실력이 없으니까 교재로 강의를 하지 못하고 영화 대본처럼 달달 외워서 기계적으로 칠판에 필기 내지 판서만 잔뜩 하는 것이다. 그에 필요한 배경 설명도 못한 채 말이다.

얼마 전에 유명 강사가 댓글을 조작한 사실이 들통나서 언론에 보도된 바가 있다. 빙산의 일각일 뿐이다. 내가 강의를 할 때도 강사 스스로 수십 개의 아이디를 만들어 잠에서 깨자마자 사이트에 접속해서 댓글을 달고, 쉬는 시간이나 식사 시간에도 수시로 댓글을 다는 경우를 알고 있다. 본인만이 아니다. 조교를 고용해서 댓글 작업에 동원하기도 한다. 이렇게 형성된 인지도를 그대로 믿으면 바보다.

○ **학원 강의나 과외**

학교 수업은 무조건 들어야 한다. 다시 한 번 강조하지만 내신을 해결하는 가장 좋은 방법은 내신 출제 위원인 선생님의 수업을 듣는 것이다.

일단, 학원 강의는 수단에 불과하다는 점을 명심해야 한다. 학원 강의를 듣기만 하면 저절로 실력이 향상되리라는 착각을 하는 것은 위험한 일이다. 둘째, 학원 강의에는 시간이 많이 들어간다는 점 역시 기억하자. 투입되는 시간과 돈에 대비해서 실력 향상이라는 산출을 따져봐야 한다.

○ **강사 선택 요령**

강사를 선택하는 데 가장 중요하게 고려할 요소는 실력이다. 강사는 한 과목만 가르친다. 수험생은 여러 과목을 함께 공부해야 한다. 그래서 수험생은 강사보다 실력이 뛰어날 수가 없다. 강사의 실력이 90이라면 수험생은 아무리 잘해야 90 이상을 넘어설 수 없다. 강사의 실력이 50이라면 수험생의 실력 또한 50을 넘어설 수 없다. 이렇게 되면 100점 만점이 아니라 50점 만점인 수준의 공부를 하는 셈이다. 그래서 일단 실력이 있는 강사의 강의를 들어야 한다. 강사가 100 정도의 실력이 되어야 90 정도의 성적이 나올 수 있는 것이다.

강사의 실력은 어떻게 파악할 수 있는가? 첫째, 가장 중요한 것은 시험에서의 적중률이다. 강사는 적중률로 말한다. 적중률이 떨어지는 강사는 무엇이 중요한지도 모르고 강의를 한다고 보면 된다. 적중률을 확인하려면 전년도 교재·문제집과 실제 시험을 비교해야 한다. 예를 들어 2019 수능에 적중하지 못한 교재의 경우 2020 수능 교재를 만들면서 적중하지 못했던 부분을 뒤늦게 반영한다. 그리고 마치 전년도에 100% 적중한 것처럼 수험생을 호도하는 경우가 많다. 나는 이를 두고 '뒷북 적중'이라고 비아냥대곤 한다. 미리 예상해서 적중해야지 시험이 끝난 뒤에 교재에 보완하고 나서 마치 적중한 것처럼 보이는 것은 일종의 사기에 불과하다. 이것을 확인하기 위해 모든 문제를 확인할 필요는 없다. 아주 중요하면서 어려운 몇 개의 문제만 확인하면 된다.

둘째, 해당 강사에게 질문함으로써 실력을 테스트하는 방법이 있다. 가장 기본적인 것은 강의를 하는 해당 교재에 관한 내용을 질문해 보는 것이다. 이것조차 질문을 받지 않거나 제대로 설명을 하지 못한다면 바로 수강을 취소하는 것이 좋다. 일부인지는 잘 모르겠지만 질문은 자기가 고용한 직원이 관리하는 홈페이지에 하라고 한다든가, 휴식 시간은 강사의 고유 권한이므로 질문을 받지 않는다고 하는 강사도 있다. 최악의 강사이다. 이런 강사의 강의는 무조건 듣지 마라. 강사의 실력은 다른 교재로 질문하는 경우에 드러난다. 다른 교재에 관한 문제를 질문해도 막힘없이 답변하는 강사가 있다면 최고의 실력자다. 처음 보는 문제라면서도 조금 생각하다 설명을 할 수 있는 정도라면 어느 정도 실력이 되는 경우이다. 그러나 끝내 설명을 해 주지 못한다면 최악 다음으로 실력이 없는 강사이다.

셋째, 강사의 전공과 강의 과목이 일치하는지도 중요하다. 다만 전공을 고려할 때 학부 전공을 보아야지 대학원 전공을 보고 판단해서는 안 된다. 학부 4년 과정을 거쳐야 그 과목에 대한 감이나 분위기, 배경을 알 수 있다. 대학원부터는 세부적인 전공으로 나눠지기 때문에 전반적인 감을 잡기가 쉽지 않다. 따라서 학부는 해당 과목의 전공이 아닌데 대학원에서 전공한 경우라면 선택하지 않는 것이 좋다. 전공자가 아니라도 달달 외워서 전달할 수는 있다. 그러나 전공자가 아니면 배경 설명을 하지 못한다. 강의를 왜 듣는가? 교재를 혼자 읽어서 이해가 되지 않기 때문에 강의를 듣는 것이다. 그런데 강의에서 교재 내용 이상의 것을 설명해 주지 못한다면 굳이 강의를 들을 필요는 없는 것이다. 전공자는 교재에 실린 내용의 배경까지 설명해 주기 때문에 이해가 쉽고, 또 이해를 함으로써 굳이 암기하지 않고도 해당 내용을 정복할 수 있게 해준다.

예를 들어 법과 정치에 '형식적 법치주의'란 용어가 나온다. 여기서 형식이란 내용과 대립되는 말이다. 내용이 어떻든 간에 법이라는 형식만 갖추면 법치주의로 인정하겠다는 말이다. 그런데 형식이란 말이 추상적이다. 이에 대한 설명은 법서 어디에도 나와 있지 않다. 다만, 법학을 제대로 전공하다 보면 이해를 통해 알게 되는 것이다. 형식이란 말은 쉽게 말해 '명칭'이란 의미로 이해하면 된다. '형식적 의미의 헌법'은 헌법이란 명칭의 법, 법률 형식이란 법률이라는 명칭의 법을 말한다. 다른 말로 설명을 하면 법치주의의 목적은 국민의 자유와 권리인데, 형식적 법치주의는 국민의 자유와 권리를 보장하지 않더라도 법이라는 형식만 갖추면 법치주의로 인정하겠다는 것이다. 따라서 형식적이란 말은 '가짜' 내지는 '사이비'의 의미도 갖는다. 이런 설명을 할 수 있어야 강의이다. 그리고 이런 강의는 오직 제대로 전공을 한 자만이 할 수 있다. 연극영화를 전공한 사람이 국사를 강의한다면 그게 연기이지 강의라고 할 수 있겠는가? 연기는 사극처럼 일반 대중에게 교양과 상식을 전달할 수는 있지만, 특정 시험의 수험생에게 전문적인 지식을 전달하는 것은 아니다. 일반 대중이 아닌 수험생에게 필요한 것은 전문가의 강의이지 배우의 연기가 아니다. 철학 전공자가 법학을 강의하는 경우도 마찬가지다. 법에 관한 기초적인 배경지식을 전혀 설명하지 못한다. 그저 밑줄만 치는 강의일 뿐. 밑줄을 긋기 위해 강의를 들을 바에는 차라리 밑줄이 그어진 책을 중고 서점에서 구입하는 편이 낫다.

넷째, 학원 강사들의 추천은 믿지 않는 것이 좋다. 학원 강사들의 경우 일종의 패거리가 있다. 서로서로 강의를 추천하면서 공생하는 경우가 많다. 실력이 없더라도 내 패거리에 속한 강사의 강의를 추천하는 경우가 많다.

다섯째, 학원 강사들의 학력과 경력이다. 가르치는 본인이 공부를 못했는데, 공부를 잘하는 방법을 알고 있다고 인정하기는 어렵다. 공부와 운동은 다르다. 운동은 지적인 능력(전술 수립과 이해 능력, 판단력, 경기의 흐름을 읽는 능력 등)과 물리적인 능력(축구의 경우 드리블, 패싱, 트래핑, 헤딩 능력 등)이 분리될 수 있다. 그래서 현역 시절 별 볼 일 없는 선수였더라도, 감독으로서는 뛰어난 지적 능력으로 명감독에 오른 사람들이 제법 있다. 물리적 조건이나 기술에서는 떨어지지만, 전술을 연구해서 상대에 대한 맞춤 전술을 수립하여 대응하는 능력과 리더십으로 선수들을 지도하는 능력이 뛰어난 경우가 있을 수 있다. 한국을 월드컵 4강에 오르게 지도했던 거스 히딩크 감독이 그 예 가운데 하나이다. 반면 현역 선수 시절 유명한 선수였지만 지도자로서는 성공하지 못하는 경우도 제법 많다. 그러나 공부는 이와 다르다. 공부는 지적 능력과 물리적 능력이 구분되는 분야가 아니다. 공부의 효율적인 방법이 무엇인지 아는 사람이 공부를 잘할 수 있다. 그래서 고시생들은 고시 출신 강사를 선호한다. 고시에 떨어진 강사는 나름의 이유가 있을 것으로 보기 때문이다.

물론 이는 절대적인 기준은 아니다. 자기가 공부를 잘하는 것과 남이 공부를 잘하게 가르치는 것은 별개인 경우도 많기 때문이다. 교재는 좋은데 강의력이 떨어지는 경우도 종종 있다. 이런 경우에도 그 강사의 수업을 듣는 것이 좋다. 강의는 지식의 전달이라는 수단에 불과하다. 따라서 교재와 강사에 대한 실력을 믿고 그에 적응해서 수업을 듣는 것이 좋다. 학교 수업도 마찬가지이다. 과목마다 여러 선생님들이 계시는데, 수업 방식은 모두 다르다. 나에 맞는 스타일로 수업을 하는 선생님도 계시지만, 나랑 맞지 않는 선생님도 계신다. 선생님에 대해 신뢰하지 못하면 학습 효율이 떨어질 수밖에 없다. 우리는 '위약 효과'라는 것을 통해 약과 의사에 대한 신뢰가 치료 효과가 있다는 사실을 알고 있다. 실력 없는 강사의 강의를 듣는다고 해서 내 실력은 절대 늘지 않는다. 강의력은 전달력에 불과하다. 전달할 내용이 부실한데 쇼맨십만 발달해서 화려해 보이는 강의력을 갖추었다는 것에 현혹되면 안 된다. 실력 없는 강사의 강의를 백 번 듣는 것보다는 차라리 독학으로 7회독을 하는 것이 좋다.

○ 인터넷 강의냐 학원 실강이냐

인터넷 강의는 학원까지 가고 오는 시간을 단축할 수 있고, 좋은 자리를 잡기 위해 줄을 서는 시간도 없고, 자신에게 익숙하거나 쉬운 부분은 빠른 속도로 들을 수 있기 때문에 시간이 적게 든다. 또한 실강에 비해 수강료가 저렴하고 패키지 상품의 경우 할인 행사가 많기 때문에 돈이 적게 든다. 자기 방에서나 독서실에서나 학교 교실에서나 수강이 가능하기 때문에 공간적 제약이 없다. 각 과목별로 실력 있는 선생을 선택해서 들을 수 있기 때문에 강사 선택의 제약을 받지 않는다. 자기에게 취약한 부분을 반복해서 들을 수 있다는 점 등 실강보다는 장점이 많다. 다만 인터넷 강의는 의지가 약한 수험생의 경우 집중력이 떨어지고, 인터넷에 접속했을 때 게임이나 서핑의 유혹에 빠지기 쉽다는 단점도 있다.

학원 실강은 학원에서 실시간으로 진행되는 강의를 말한다. 실강은 인터넷 강의와 비교해 볼 때 시간과 돈이 많이 든다는 점, 학원이라는 공간에 가야만 들을 수 있다는 점, 놓친 강의를 반복해서 들을 수 없다는 점, 강사 선택에 제약이 따른다는 점에서 비효율적이다. 반면에 강의에 대한 집중도가 높다는 점과 실시간으로 질문이 가능하다는 점은 장점이다.

이렇게 단순하게 비교하면 인터넷 강의가 실강보다 효율적이라고 결론 내리기 쉽다. 그러나 현실은 그렇게 이론대로 진행되지 않는다. 단순 계산상으로는 실강보다 인터넷 강의 수강이 더 빨리 끝나야 한다. 그러나 현실적으론 인터넷 강의가 실강보다 더 오래 걸리는 경우가 비일비재하다.

결론적으로 삼봉 공부법으로 공부하려고 한다면 어려운 강의만 실강으로 집중해서 듣고, 나머지 과목은 필요하다면 인터넷 강의로 최대한 빨리 수강하는 것이 좋다.

○ 학원 강의는 필요한 과목만 들어라

학원 시스템은 단과 강의와 종합반 강의가 있는데 종합반 강의는 절대 추천하지 않는다. 단과 강의는 개별 과목별로 설정된 강좌이고, 종합반 강의는 시험 과목 전체를 같이 수강하는 강좌이다. 종합반 강의를 한 번 들어서는 절대로 그 많은 과목을 정복할 수가 없다. 그러기 때문에 강의를 몇 번 반복해서 들어야 한다. 그러고 난 후에도 실력이 오르지 않기 때문에 종합반 과정을 거치고 난 후에도 단과 강의를 수강해야 한다. 따라서 학원이나 강사의 입장에서는 종합반 수강생이 노다지나 다를 바 없다. 그래서 나는 노량진에서 강의할 때 종합반 설명회에 참석하지 않았다. 스스로 양심에 꺼려졌기 때문이다. 강사는 수험생들이 시행착오를 하지 않고 단기간에 합격하는 데 기여해야 하고 거기서 보람을 찾아야 한다. 오히려 시행착오를 유도하고 장기간 수강하게 만든다면 직업윤리에 반하는 행동이다.

가장 빨리 정복하는 것은 한 과목씩 집중적으로 공부하는 것이다. 그러기 위해서는 취약한 과목을 선정해서 단과 위주로 예습·복습을 병행하면서 집중적으로 수강해야 한다. 한 과목을 정복하고 다른 과목을 수강하고 하는 식으로 강의를 활용해야 한다. 참고로 종합반 시스템의 학원은 고시가에는 없던 시스템이다. 수능과 공무원 수험가에만 있는 독특한 시스템이다. 고시 강의는 가장 어려운 과목부터 쉬운 과목 순으로 순서를 정해서 순차적으로 강의가 이뤄지지, 동시에 여러 과목의 강의를 하는 시스템 자체가 없다. 물론 지금은 고시가 모두 없어져서 신림동 학원도 종합반 시스템을 도입했다고 들었는데 안타까운 일이다.

Part 04

과목별 공부 방법

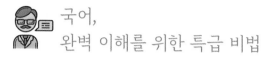

국어,
완벽 이해를 위한 특급 비법

::국어는 모든 공부의 기초이다

국어는 한 과목 이상의 의미를 갖는다. 수학의 기본 개념과 공식에 대한 설명도 국어 단어에 대한 지식이 있어야 이해가 가능하다. 심지어 외국어인 영어도 영어 단어에 대응하는 우리말을 제대로 알아야 정확한 의미를 이해할 수 있다. 영어 문법에 대한 설명도 국어로 되어 있다. 이처럼 국어 공부가 되어 있지 않으면 다른 과목에 대한 공부도 제대로 하기 어렵다. 물론 국어적 의미만 가지고 다른 과목의 전문 용어를 바로 알기는 어렵다. 특별한 뜻을 별도로 익혀야 한다. 그러나 국어적 의미도 모르는 전문 용어에 대해 이해하기는 더더욱 불가능하다.

한때 영어몰입교육이라는 광풍이 우리나라를 휩쓴 바 있다. 영어가 제2의 모국어로 사용되는 나라라면 타당성을 어느 정도 이해할 수 있다. 그러나 우리나라와 같이 영어를 모국어처럼 사용하는 사람이 많지 않은 경우에 모든 수업을 영어로 하는 것은 새로운 지식을 익히는 데 매우 비효율적인 교수법이다. 어렵게 생각할 것도 없이 우리말로 설명해도 이해가 쉽지 않은 수학과 같은 과목을 영어로 수업을 한다고 해 보자. 언어는 지식이나 의사, 감정을 전달하기 위한 수단에 불과하다. 언어를 수단으로 우리는 서로 소통하면서 새로운 지식을 배우는 것이다. 그런데 영어 과목도 아닌 다른 과목까지 영어로 가르치면 언어 장벽 때문에 새로운 지식을 배울 수가 없게 되고 주객이 전도되게 되는 것이다. 즉, 수단이 목적 달성을 가로막게 되는 것이다.

그래서 국어 교육의 강화가 필요한 것이다. 수험생들도 국어 공부를 국어 시험을 잘 치르기 위해 마지못해 해야 하는 것으로 생각하기보다는 다른 과목을 제대로 공부하기 위한 준비로서의 가치가 있다는 점을 적극적으로 인식하고 동기 부여를 하기 바란다. 나중에 사회에 나가 직장생활을 하게 되더라도 내가 작성한 문서가 오탈자투성이에 띄어쓰기도 제대로 되어 있지 않다면 상관들이 내 능력에 대해 상당한 의구심을 갖게 될 것이다. 국어 지식은 다른 과목 공부를 위한 기초이자, 내 능력에 대한 평가의 기초로 평생을 따라다닌다는 것을 명심하자.

국어의 시작은 어휘이다

모든 언어가 그렇듯이 국어의 시작도 국어 단어, 즉 어휘를 익히는 데서 시작한다. 영어도 처음 공부할 때는 영어 단어부터 공부하듯이. 2019년 수능 국어에서도 최소 대립쌍, 음운, 밭게, 바투, 매도인,

매수인 등의 단어를 알아야 문제를 해결할 수 있다. 2020년 수능 국어에서도 적절성, 타당성, 다의어, 음절, 어미, 조사 등의 개념을 알아야 하는 문제가 출제되었다. 물론 다의어, 음절 등에 대해서는 관련 내용을 제시하고 있지만, 제시문을 보기 전에 해당 개념에 대해 미리 알고 있었다면 문제 푸는 시간을 현격히 단축할 수 있었다.

문학 영역 중 소설의 경우 복선, 서사, 시점, 아이러니, 액자소설, 어조, 화자(서술자), 청자, 화법 등의 단어를 알아야 한다. 시의 경우에도 공감각, 대유, 제유, 환유, 은유, 직유, 비유, 상징, 서정시, 심상, 어조, 운율, 이미지 등의 단어를 알아야 한다.

특히 고전문학의 경우에는 오늘날과 다른 어휘가 사용되므로 완벽하게 암기를 해 두어야 한다. 특히, 향가, 고려속요, 시조는 가능하면 문장을 통째로 외워 두는 것이 좋고, 가사의 경우 주요 어휘는 반드시 정리해야 한다. 2020년 수능 국어에서도 만경(萬頃) 황운(黃雲), 아히돌, 훗텨 잇고, 당신로다, 옥루(玉樓), 거후로니, 겨룰 업다, 밍세, '옥당금마(玉堂金馬)*의 몽혼(夢魂)*[64]이 섯긔엿다' 등의 단어가 등장하고 있다. 일부 단어에 대해서는 뜻풀이를 제공하지만 모두 그런게 아니라 문제를 풀려면 단어의 뜻을 알아야 하는 경우가 많다.

교과서를 읽다가 모르는 단어나 고사성어가 나오면 반드시 사전을 찾아 확인하는 것을 생활화해야 한다. 내가 사전을 이용하기 시

---

64)　이 단어에 대해서는 문제에서 뜻풀이를 제공하고 있다.

작한 것은 초등학교 졸업 선물로 국어사전, 영어사전, 옥편을 받고 난 후 중학교부터이다. 그 이후로 맞춤법 통일안이 변경되면 그에 관한 해설 책자도 새로 사고 사전도 새로 사면서 공직을 그만둘 때까지 항상 사전을 책상에 두고 수시로 찾아서 확인하곤 했다. 지금은 네이버 어학사전으로 간단하게 검색이 가능하기 때문에 굳이 사전을 살 필요는 없지만, 어쨌든 사전을 수시로 확인하는 습관을 기르는 것이 좋다.

:; 한자 공부

대부분의 사람들은 개념을 명확히 구별해서 사용하는 데 익숙하지 않다. 한자와 관련해서도 마찬가지다. 일단 한문과 한자를 구별하지 못한다. 한자는 말 그대로 글자를 말하는 것이고, 한문은 한자로 이루어진 문장을 말한다. 한문을 전공하거나 국문학, 사학 등 한문 공부를 필수로 하는 전공자 이외에는 한문까지 공부할 필요가 없다.

그렇다면 한자 공부는 국어 공부를 위해 반드시 필요한가? 이를 검토할 때에도 개념의 구별을 명확히 할 필요가 있다. 한자는 글자의 모양을 지칭하는 형(形), 소리를 지칭하는 음(音), 글자에 담긴 뜻을 지칭하는 의(義)를 구성 요소로 한다. 먼저 우리가 한문을 공부하지 않는 한 모양은 알 필요가 없다. 의자(椅子)라는 단어의 뜻을 알기 위해 椅子라는 모양은 전혀 알 필요가 없다. 그렇다면 의자의 한자 뜻을 알 필요가 있는가? 椅는 '의나무 의' 자이다. 이런 뜻이 우리가 이 단어의 뜻을 이해하는 데 과연 필요한 것인가? 전혀 필요 없다. 그냥 의자라는 단어 자체로 외우면 된다. 물론 천지(天地)라는 단어는 한자 뜻인 '하늘 천, 땅 지'라고 알면 뜻이 더 명확하다고 느낄 수 있다. 그러나 어차피 한자 모양을 외울 필요가 없는 상태에서 천이 하늘이란 뜻이고, 지가 땅이란 뜻이라고 외우면 되지 굳이 이걸 한자와 연계할 필요가 없는 것이다. 한자어인지도 모르고 한자 모양이 어떤 것인지 몰라도 국어사전을 찾아 의자란 "사람이 걸터앉는 데 쓰는 기구. 보통 뒤에 등받이가 있고 종류가 다양하다"라는 설명을 보면 이해가 되는 것이다.

더군다나 한자어가 아닌 순우리말이나 영어 단어는 그럼 어떻게 외우란 말인가? 예를 들어 사랑이라는 단어를 보자. 사전을 찾아보면 사랑이란 순우리말로서 "어떤 사람이나 존재를 몹시 아끼고 귀중히 여기는 마음"이라고 되어 있다. 여기에 해당하는 한자 뜻이 없는데 어떻게 외우란 말인가? 그래서 연상을 해서 사랑을 한자어로 사랑(思娘)이라고 '아가씨를 생각함'이라든가 사랑(思郞)이라고 '사나이를 생각함'이라고 하면서 외울 것인가? 웃기는 일이다. 그냥 사전을 찾아 외우면 되는 것이다.

결론적으로 국어사전을 찾는 것을 습관화하면 되는 것이지 굳이 한자 뜻을 알아야 할 이유가 없다. 물론 이미 한자를 공부했다면 나쁠 것은 없다. 그러나 한자를 전혀 모르는데 국어를 잘하기 위해서 한자 공부를 할 이유는 없다는 말이다.

:; 유사 개념과의 구별

국어 문법에서 끝에 '소(素)'가 들어가는 단어들이 몇 개 있다. 운소, 음소, 형태소 등이 그것이다. 먼저 '소(素)'의 국어적 의미를 알기 위해 네이버 국어사전을 찾아보면 "1. [명사] 고기나 생선 따위를 쓰지 아니하고 채소류만으로 만든 음식. 2. [명사] 흰 빛깔이 나는 비단. 3. [명사] 꾸미거나 덧붙이지 아니한 것" 등의 뜻이 나온다. 우리가 이해하고자 하는 뜻과는 전혀 상관이 없다. 그래서 배경지식을 갖고 유추해서 '원소(元素)'를 찾아보니 의미 있는 정의가 나온다. 즉, 원소란 "[화학] 모든 물질을 구성하는 기본적 요소"이다. 여기서 우리는 '소(素)'라는 글자가 '최소 단위'라는 뜻으로 쓰인다는 것을 알 수 있다. 즉, 화학에서 모든 물질을 구성하는 기본적 요소라는 의미로 쓰이는 '원소', 국어에서 '신화소(신화를 구성하는 이야기의 최소 단위)'가 그것이다.

국어 문법 용어도 이에 해당하는 단어가 여러 개인데, 이들을 비교하여 정리해야 의미의 차이를 쉽게 확인할 수 있다. 먼저 '음운(音

韻) 또는 음소(音素, Phoneme)'는 '특정 언어에서 하나의 소리로 인식되며 단어의 뜻을 구별해 주는 말소리의 최소 단위'를 말한다. 이 정의만 읽으면 음운의 핵심적인 것이 무엇인지 부각되지 않으므로 집중해서 읽기도 어렵고 이해하기도 어렵다. 그런데 '형태소(形態素)'란 문법 단위 가운데 의미를 가지는 언어 단위 중 가장 작은 단위, 즉 '최소의 유의적 단위(Minimal Meaningful Unit)'를 말한다는 것과 연계하여 비교하면 두 단어의 차이가 확연히 드러나게 된다. 즉, 음운이나 음소는 '소리 음' 자가 들어가니까 소리에 관계되는 최소 단위를 말하는 것이고, 형태소는 '문법 단위', 즉 '의미를 가지는'이라는 것이 결정적인 표지임을 알게 되는 것이다. 이것을 도표로 비교하면 차이가 확연히 드러난다.

음운(音韻) 또는 음소(音素, phoneme)	특정 언어에서 하나의 소리로 인식되며 단어의 뜻을 구별해 주는 말소리의 최소 단위
형태소(形態素)	형태소란 문법 단위 가운데 의미를 가지는 언어 단위 중 가장 작은 단위, 즉 '최소의 유의적 단위Minimal Meaningful Unit)'

그런데 위 설명도 다소 추상적이라 응용에는 한계가 따른다. 이처럼 추상적 개념을 완전히 이해하려면 그에 해당하는 사례와 연결하는 것이 가장 좋다. 이제 사례를 연결해서 도표를 수정해 보면 다음과 같다.

음운(音韻) 또는 음소(音素, phoneme)	특정 언어에서 하나의 소리로 인식되며 단어의 뜻을 구별해 주는 말소리의 최소 단위 **예** 음소는 의미를 분화시키는 최소의 단위로 기능한다. 예를 들어, '물'과 '불' 두 단어에서 [ㅜㄹ]이라는 조건이 같은데도 그 뜻이 다른 것은 [ㅁ]과 [ㅂ]의 소리의 차이 때문이다. 이와 같이 어떤 한 가지 음의 차이에 의해서 두 단어의 뜻이 달라진 두 짝을 최소대립어(Minimal Pair)라 한다. 그리고 이러한 최소의 짝을 만든 두 소리는 각각 음소가 된다. 즉 국어에서 [ㅁ]과 [ㅂ]은 각각 별개의 음소가 되는 것이다.
형태소(形態素)	형태소란 <u>문법 단위</u> 가운데 <u>의미를 가지는</u> 언어 단위 중 가장 작은 단위, 즉 '최소의 유의적 단위(Minimal Meaningful Unit)' **예** '코. 얼굴. 구름, 나무, 저고리, 도토리, 비둘기, 코스모스, 흙' 어휘적 의미를 가진 형태소 ⇨ 어휘형태소[실질형태소] 문법적 의미를 가진 형태소 ⇨ 문법형태소[형식형태소]

이렇게 유사 개념과 구별하고, 추상적인 단어에 사례를 연결해서 두 단어를 쉽게 정복했다. 이제 이를 토대로 응용을 하면 '운소(韻素)'나 '음절(音節)'이란 단어도 쉽게 유추가 가능하다.

운소(韻素)	운율적 자질로 이루어진 음소. 다른 음성에 얹혀서 발음되면서 말의 뜻을 달라지게 하는 것. 비분절음소, 초분절음소, 초분해음소라고도 한다. 음장, 억양, 연접, 강세, 성조 등이 있다.
음절(音節)	소리의 낱덩이, 즉 홀로 발화할 수 있는 최소의 단위. 모음(반모음 제외)은 모두 홀로 발화될 수 있는 단위, 즉 음절이지만 자음은 반드시 모음과 결합해야만 한 음절을 이룰 수 있다.

아직 끝나지 않았다. 음운이나 음소와 유사한 개념이 더 있다. 바

로 '변이음'이 그것이다. 이것도 비교해서 같이 보면 뜻의 차이가 확연히 드러난다.

음운(音韻) 또는 음소(音素, phoneme)	특정 언어에서 하나의 소리로 인식되며 **단어의 뜻을 구별**해 주는 말소리의 최소 단위
변이음(이음)	어떤 음성들이 서로 다른 자리에 나타나 발음상 차이가 있기는 하지만 **뜻을 구별 짓는 일을 하지 못할 때**, 그들 음성을 음운의 변이음이라고 한다. 변이를 통해 실제로 실현되는 음

즉, 말소리는 같은데 단어의 뜻을 구별 짓게 해 주면 '음운', 그렇지 않으면 '변이음'이 되는 것이다. 형태소와 유사한 개념으로 '단어'가 있다. 이도 역시 비교해야 정확한 차이가 쉽게 드러나게 된다.

형태소(形態素)	형태소란 문법 단위 가운데 <u>의미</u>를 가지는 언어 단위 중 <u>가장 작은 단위</u>, 즉 '최소의 유의적 단위(Minimal Meaningful Unit)'
단어	의미를 지닌 <u>최소의 자립 형식</u>, 즉 다른 것의 도움을 받지 않고 문장 속에 쓰일 수 있는 단위 가운데 가장 작은 단위

형태소와 단어 모두 의미를 갖는다는 점은 공통이지만, 자립의 형식인가 아닌가가 결정적인 차이라는 것이 드러난다.

이처럼 단어장을 만들 때는 무조건 가나다순으로 하는 것보다 유사 개념을 몰아서 사례와 함께 도표로 정리하면 명확하게 그 차이를 이해할 수 있다. 이게 앞에서 말한 핵심정리집을 만드는 요령

가운데 하나이기도 하다. 참고로 어간과 어근, 파생어와 합성어, 구와 절의 차이도 비교해 보자.

어간	어미와 직접 결합할 수 있는 어기 **예** '뛰-': '뛰-ㄴ다', '뛰-고', '뛰-니', '뛰-어라'
어근	어미와 직접 결합하지 못하는 어기 **예** '깨끗-': '*깨끗-으니'

파생어(derived word)	구성 요소의 어느 한쪽이 접사인 합성어 **예** 맨맨손, 군말, 풋사랑, 시누이, 빗나가다, 새파랗다, 새빨갛다(접두파생어) 잠보, 울보, 일꾼, 덮개, 넓이, 높이, 점쟁이, 조용히, 이롭다, 신비롭다, 정답다, 자랑스럽다(접미파생어)
합성어(complex word)	두 개 또는 그 이상의 형태소로 이루어진 단어 **예** 손목, 눈물, 잘못, 책상, 할미꽃, 어깨동무, 손쉽다, 알아보다, 앞지르다, 돌아가시다

구(句)	단어들이 모여 이루어진 것으로 단어보다는 크지만 주어와 서술어가 갖추어진 구성이 아닌 언어형식
절(節)	구와 마찬가지로 단어들의 집합으로 이루어져 단어보다 크지만 주어와 서술어를 갖추고 있다는 점에서 구와 다름

이제 여러분 스스로 시에서 사용되는 비유법 중 직유, 은유, 대유, 제유, 환유에 대해서도 각각의 개념들을 모아서 사례와 연계해서 핵심정리를 해 보기 바란다.

:; 개념과 사례(종류)의 연계

암기의 효율성을 높이는 법에서도 다루었지만, 개념과 사례를 연계
해야 추상적인 개념의 뜻을 구체적으로 이해할 수 있게 되고, 사례도
맹목적으로 외우지 않고 뜻풀이와 연계해서 몰아 정리할 수 있다.

다음은 2019년 수능 국어 문제이다.

---

11. 〈보기〉의 ㉠에 들어갈 말로 적절하지 않은 것은?

선생님: 최소 대립쌍이란 하나의 소리로 인해 뜻이 구별되는 단어의 짝을 말해요. 가령 최소 대
립쌍 '살'과 '쌀'은 'ㅅ'과 'ㅆ'으로 인해 뜻이 달라지는데, 이때의 'ㅅ', 'ㅆ'은 음운의 자격을 얻게 되
죠. 이처럼 최소 대립쌍을 이용해 음운들을 추출하면 음운 체계를 수립할 수 있어요. 이제 고
유어들을 모은 [A]에서 최소 대립쌍들을 찾아 음운들을 추출하고, 그 음운들을 [B]에서 확인
해 봅시다.

[A]

쉬리, 마루, 구실, 모래, 소리, 구슬, 머루

* 문제 하단의 [B]와 [C] 항목은 불필요하여 생략함

이 문제의 관건은 '최소 대립쌍'과 '음운'이라는 개념을 알고 있느
냐이다. '음운'은 '음소'와 동의어로서 '음소'는 '의미를 분화시키는 최
소의 단위'로 기능한다. 예를 들어, '물'과 '불' 두 단어에서 [ㅁ]이라

는 조건이 같은데도 그 뜻이 다른 것은 [ㅁ]과 [ㅂ]의 소리의 차이 때문이다. 이와 같이 어떤 한 가지 음의 차이에 의해서 두 단어의 뜻이 달라진 두 짝을 최소대립어(Minimal Pair)라 한다. 그리고 이러한 최소의 짝을 만든 두 소리는 각각 음소가 된다. 즉, 국어에서 [ㅁ]과 [ㅂ]은 각각 별개의 음소가 되는 것이다.[65] 최소대립쌍은 단어의 동일한 위치에서 단 하나의 소리만 다른 단어의 쌍으로서 '물'과 '불', '물'과 '뿔', '불'과 '뿔', '가발'과 '고발' 등이 이에 해당한다. 최소라는 것은 소리가 하나만 다르다는 의미이다. 음운은 언어말의 뜻을 구별하여 주는 소리의 가장 작은 단위로서 음소와 동의어이다. 그렇다면 위 문제에서 최소 대립쌍은 쉬리와 소리, 구실과 구슬, 마루와 머루이고, 음운은 [ㅟ], [ㅗ], [ㅣ], [ㅡ], [ㅏ], [ㅓ]라는 것을 알 수 있다.

　　매월당 김시습이 쓴 한문소설인『금오신화』에는「만복사저포기」, 「이생규장전」, 「취유부벽정기」, 「남염부주지」, 「용궁부연록」 등 다섯 편이 남아 있다. 이 중「만복사저포기」를 외우는 방법 중에 연상하기 쉽게 '만복사가 저술을 포기했다'라고 하는 것이 있다. 유치찬란한 암기법이다. 쓸데없는 짓이다. 어차피 소설 내용을 알아야 한다. 그렇다면 소설 내용과 제목을 연계하면 저렇게 외울 필요가 없다. 「만복사저포기」는 '만복사라는 절에서 저포(樗蒲) 즉, 주사위 내기

───────────
65)　이익섭·고성환,『국어학개론』, KNOUPRESS, 2017, 37-38쪽.

놀이를 기록한 것'이라는 의미이다.

이처럼 개념과 사례를 연계하면 이해도 쉽고 암기할 분량도 줄어들게 된다. 개념이 얼마나 유용한지 여러분이 이해하고 활용하기를 바란다.

원리와 사례를 연계하라

맞춤법과 관련된 내용들이 이에 해당한다. 원칙이나 조건과 실제 사례를 연계하면 사례를 일일이 외우지 않아도 해결되는 경우가 많이 있다. 대표적인 것이 사이시옷에 관한 내용이다. 먼저 사이시옷 표기의 조건을 정리해 보자.

기본적 조건	실현 조건
① 명사와 명사가 결합하여 합성명사가 될 때 두 명사 사이 ② 앞에 오는 단어가 모음으로 끝나야 함 ③ 합성어가 '고유어+고유어' '고유어+한자어' 또는 '한자어+고유어'로 구성	① 뒷말의 첫소리 'ㄱ, ㄷ, ㅂ, ㅅ, ㅈ'이 된소리로 발음되는 경우. 가장 많음 ② 뒷말의 첫소리 'ㄴ, ㅁ' 앞에서 'ㄴ' 소리가 덧나는 경우 ③ 뒤에 오는 단어가 모음으로 시작할 때 합성어가 되면서 두 개의 'ㄴ', 즉 'ㄴㄴ'이 추가되는 경우

누구나 느끼겠지만 이 조건만 봐서는 조건이 의미하는 바가 무엇인지 이해하기조차 어렵다. 그래서 사례와 연계해야 의미가 분명히 드러나는 것이다.

구분		사례	예외
기본적 조건	① 명사와 명사가 결합하여 합성 명사가 될 때 두 명사 사이		
	② 앞에 오는 단어가 모음으로 끝나야 함		
	③ 합성어가 '고유어+고유어' '고 유어+한자어' 또는 '한자어+고 유어'로 구성 ▲ 외래어가 들어가거나 한자어 로만 이루어진 경우 사이시 옷이 들어갈 수 없음 예 피자 집, 전세방		2음절로 된 6개의 한 자어 '곳간(庫間), 셋방 (貰房), 숫자(數字), 찻 간(車間), 툇간(退間), 횟수(回數)'는 예외적 으로 사이시옷 표기 가 인정
실현 조건	① 뒷말의 첫소리 'ㄱ, ㄷ, ㅂ, ㅅ, ㅈ'이 된소리로 발음되는 경우. 가장 많음	갈빗집/등굣길/ 바닷가/아랫집/ 장맛비/전셋집(전 세방과 구별할 것)/ 해님/찻잔/최댓 값/최솟값	처음부터 된소리나 격음(ㅋ, ㅌ, ㅍ)으로 표 기된 경우 예 위쪽/위 층/나루터/뒤풀이
	② 뒷말의 첫소리 'ㄴ, ㅁ' 앞에서 ' ㄴ' 소리가 덧나는 경우	곗날/아랫니/아 랫마을/제삿날/ 혼잣말	표준발음이 덧나지 않는 경우 예 머리말/ 인사말/해님
	③ 뒤에 오는 단어가 모음으로 시작할 때 합성어가 되면서 두 개의 'ㄴ', 즉 'ㄴㄴ'이 추가 되는 경우	나뭇잎/도리깻열/ 베갯잇/예삿일	

그런데 기본적 조건 중 ③의 예외는 이대로는 외워지지 않는다. 그래서 두문자를 따게 되는데 그런 무식한 짓을 하지 말고 '의미 단 위(Chunk)'별로 재분류하면 간단하게 몰아서 암기할 수 있다. 이렇 게 핵심정리를 하는 게 나의 노하우이다.

구분		사례	예외
기본적 조건	① 명사와 명사가 결합하여 합성명사가 될 때 두 명사 사이		
	② 앞에 오는 단어가 모음으로 끝나야 함		
	③ 합성어가 '고유어+고유어' '고유어+한자어' 또는 '한자어+고유어'로 구성 ▲ 외래어가 들어가거나 한자어로만 이루어진 경우 사이시옷이 들어갈 수 없음 예 피자집, 전세방		2음절로 된 6개의 한자어 ① '-간'['곳간(庫間), 찻간(車間), 툇간(退間)], ② **수(數)**와 관련[숫자(數字), 횟수(回數)'{개수(個數)에 주의], ③ **셋방(貰房)**은 예외적으로 사이시옷 표기가 인정됨
실현 조건	① 뒷말의 첫소리 'ㄱ, ㄷ, ㅂ, ㅅ, ㅈ'이 된소리로 발음되는 경우. 가장 많음	갈빗집/등굣길/바닷가/아랫집/장맛비/전셋집(전세방과 구별할 것)/해님/찻잔/최댓값/최솟값	처음부터 된소리나 격음(ㅋ, ㅌ, ㅍ)으로 표기된 경우 예 위쪽/위층/나루터/뒤풀이
	② 뒷말의 첫소리 'ㄴ, ㅁ' 앞에서 'ㄴ' 소리가 덧나는 경우	곗날/아랫니/아랫마을/제삿날/혼잣말	표준발음이 덧나지 않는 경우 예 머리말/인사말/해님
	③ 뒤에 오는 단어가 모음으로 시작할 때 합성어가 되면서 두 개의 'ㄴ', 즉 'ㄴㄴ'이 추가되는 경우	나뭇잎/도리깻열/베갯잇/예삿일	

:: 분야별로 나누어 공략하라

국어는 문학, 독서, 문법, 화법, 작문, 비문학 등으로 구성되어 있다. 다른 과목에 비해 연계성이 떨어지는 과목이므로 국어 전체를 공부한다기보다는 분야별로 집중적으로 공부하는 것이 효율적이다. 문학 분야도 시, 수필, 소설, 논설문, 설명문, 고전 등 갈래별로 집중적으로 공부하는 것이 좋다. 그래야 갈래별로 출제 경향을 쉽게 파악하고 감을 잡을 수 있다.

먼저 시는 시각적, 청각적, 후각적, 촉각적, 공감각적 심상과 은유법, 직유법, 대유법, 제유법, 환유법, 활유법, 설의법 등 비유법에 대한 문제가 자주 출제된다. 시어는 단순한 국어적인 의미가 아닌 함축적 의미와 작가의 개성이 반영된 의미로 쓰이기 때문에 시에서 시어의 의미를 묻는 문제도 자주 출제된다. 이 경우 작가의 작품세계와 시대적 배경에 대한 공부가 되어 있어야 한다. 시어는 작가의 주관적 정서가 반영되기 때문에 시어의 해석이 나뉘는 경우가 많다. 따라서 다양한 해석들을 정리해서 비교해 보는 것이 좋다. 이것이 객관식 문제 푸는 법에서 설명한 '상대적으로 정답을 결정하는 접근법'이다. 심상과 비유법은 개념을 잘 소화해 두면 된다.

소설의 경우 구성 요소가 인물, 사건, 배경이다. 인물과 관련해서 주인공과 부수적 인물이 누구인지 파악하고, 등장인물의 성격이나 심리를 중심으로 작품을 분석하면서 공부한다. 사건의 경우 발단,

전개(갈등), 절정, 결말(대단원)의 흐름을 분석해야 한다. 사건의 핵심은 등장인물 간의 갈등 관계이다. 배경은 시·공간적 배경을 말한다. 시대적 배경이 동학혁명기인지 일제강점기인지 알아야 당대의 풍속과 세태를 이해할 수 있다. 공간적 배경도 빈민가인지 도시 번화가인지에 따라 주제가 달라질 수 있다. 서술과 관련해서 시점과 초점, 화자(서술자)와 초점자, 문체와 어조, 풍자와 해학, 아이러니, 복선 등이 중요하다. 그 외에 액자소설이나 여로소설 등 소설의 분류에 관한 문제 등이 자주 출제된다.

교과서에 나오는 소설은 일부 지문만 발췌해서 실어 놓은 경우가 대부분이다. 그래서 교과서에 나오는 작품만이라도 전문을 다 읽어 보는 것이 좋다. 다만 소설이라도 제대로 해석하면서 읽는다는 것은 여간 어려운 일이 아니다. 따라서 교과서 앞머리의 학습 목표를 확인함으로써 이 작품의 의미에 대해 개략적으로 알아보고 해당 소설을 읽는 것이 중요하다. 해당 소설의 의미가 해학적이고 골계적인 표현에 있는지, 인물의 성격이나 심리 상태에 대한 묘사인지, 인물 사이의 갈등이 주안점인지 등등이 학습 목표에서 제시되어 있다. 학습 목표에서 제시한 내용을 스스로 읽으며 찾아낼 수 있는지 확인해 보면서 읽는 것이 도움이 된다.

독서와 화법은 독해력을 길러 두는 것이 대비법이다. 주어진 제시문 안에 답이 다 있는데 문제는 제한된 시간 내에 독해를 해서 정답을 골라낼 수 있느냐가 관건이다. 비문학은 문학성이 없는 글인

논설문이나 설명문에 대해 묻는 분야인데 역시 독해력이 관건이다. 이들 분야에 대비하기 이해서는 평소 다양한 분야의 글에 대해 독서를 함으로써 배경지식을 늘리고 독해력을 향상시키는 훈련을 해야 한다. 단순히 많은 책을 읽는 게 중요한 것이 아니라 단락별로 주제어와 중심문장을 찾아내는 연습을 하면서 읽는 게 중요하다. 고3이 되어서는 많은 문제집을 통해 실전 감각을 익히고 시간에 대한 감각도 길러 둘 필요가 있다. 문제를 통해 점검을 하지 않으면 시간 제한에 걸리기가 쉽다.

문법 분야는 공부량이 많지 않은 대신 어려운 단어들이 제법 있기 때문에 주요 개념을 개념 노트로 정리해서 반복하는 것이 좋다.

: ; 기출문제를 통해 유형을 파악하라

국어와 같이 범위가 매우 넓은 과목의 경우 과목에 대한 감을 잡기가 쉽지 않다. 따라서 기출문제를 가능한 많이 다룸으로써 과목의 출제 유형을 파악하고 어떻게 공부해 나갈지 감을 잡는 것이 중요하다. 또한 기출문제를 충실히 다룸으로써 공부할 범위를 좁힐 필요가 있다.

∷ 문제를 많이 풀어라

국어 영역 중 문학은 해석이 나뉘는 경우가 많다. 특히 향가, 고려속요, 가사 등의 고전시가는 당시의 언어에 관한 자료가 정확하게 남아 있지 않아 해석의 여지가 더욱 크다. 이런 문제에 대비하기 위해서는 다양한 문제집을 풀어 보는 수밖에 없다. 같은 내용이 어떤 문제집에서는 맞는 것으로, 어떤 경우에는 틀린 것으로 나오는 경우가 많다. 이때 대립되는 해석들을 같이 정리해야 한다. 해석이 나뉘는 줄도 모르고 특정 문제집만 무조건 외울 때 낭패를 보게 되는 경우가 있다. 좋은 사례가 2020년 수능 국어이다.

다음은 2020년 수능 국어 문제이다.

> (가)
> 동녁 두던 밧긔 크나큰 너븐 들희
> 만경(萬頃) 황운(黃雲)이 흔 빗치 되야 잇다
> 중양이 거의로다 내노리 ᄒᆞ쟈스라
> 블근 게 여믈고 눌은 둙기 ᄉᆞᆯ져시니
> 술이 니글션졍 버디야 업슬소냐
> 전가(田家) 흥미ᄂᆞᆫ 날로 기퍼 가노매라
> 살여흘 긴 몰래예 밤블이 ᄇᆞᆯᄀᆞ시니
> ⊙게 잡ᄂᆞᆫ 아ᄒᆡ들이 그믈을 훗텨 잇고
> 호두포 엔 구븨예 아젹믈이 미러오니
> ⓛ돗ᄃᆞᆫ빈 애내성(欸乃聲)이 고기 ᄑᆞᄂᆞᆫ 댱식로다
> 경(景)도 됴커니와 생리(生理)라 괴로오랴

(중략)

어와 이 청경(淸景) 갑시 이실 거시런들
적막히 다든 문애 내 분으로 드려오랴
사조(私照) 업다 호미 거즌말 아니로다
ⓒ모재(茅齋)*예 빗췬 빗치 옥루(玉樓)라 다룰소냐
청준(淸樽)을 밧쎄열고 큰 잔의 ㄱ득 브어
ⓔ죽엽(竹葉) ㄱ는 술룰 둘빗 조차 거후로니
표연호 일흥(逸興)이 져기면 놀리로다
이적선(李謫仙) 이려호야 둘을 보고 밋치닷다
춘하추동애 경물이 아름답고

주야조모(晝夜朝暮)애 완상이 새로오니
ⓜ몸이 한가호나 귀 눈은 겨룰 업다
여생이 언마치리 백발이 날로 기니
세상 공명은 계륵이나 다룰소냐
ⓐ강호 어조(魚鳥)애 새 밍셰 깁퍼시니
옥당금마(玉堂金馬)*의 몽혼(夢魂)*이 섯긔엿다
초당연월(草堂煙月)의 시름업시 누워 이셔
촌주강어(村酒江魚)로 장일취(長日醉)룰 원(願)호노라
이 몸이 이러구롬도 역군은(亦君恩)이샷다
                          – 신계영, 「월선헌십육경가」–

*호두포: 예산현의 무한천 하류.
*애내성: 어부가 노를 저으면서 부르는 노랫소리.
*사조: 사사로이 비춤.
*모재: 띠로 지붕을 이어 지은 집.
*옥당금마: 관직 생활.
*몽혼: 꿈.

(나)

어촌(漁村)은 나의 벗 공백공의 자호(自號)다. 백공은 나와 태어난 해는 같으나 생일이 뒤이기 때문에 내가 아우라고 한다.

풍채와 인품이 소탈하고 명랑하여 사랑할 만하다. 대과에 급제하고 좋은 벼슬에 올라, 갓끈을 나부끼고 인끈을 두르고 필기를 위한 붓을 귀에 꽂고 나라의 옥새를 주관하니, 사람들은 진실로 그에게 원대한 기대를 하였으나, 담담하게 강호의 취미를 지니고 있다. 가끔 흥이 무르익으면, 「어부사」를 노래한다. 그 음성이 맑고 밝아서 천지에 가득 찰 것 같다. 증자가 상송(商頌)을 노래하는 것을 듣는 듯하여, 사람의 가슴으로 하여금 멀리 강호에 있는 것 같게 만든다. 이것은 그의 마음에 사욕이 없어 사물에 초탈하였기 때문에 소리의 나타남이 이와 같은 것이다.

하루는 나에게 말하기를,

"나의 뜻은 어부(漁父)에 있다. 그대는 어부의 즐거움을 아는가. 강태공은 성인이니 내가 감히 그가 주 문왕을 만난 것과 같은 그런 만남을 기약할 수 없다. 엄자릉은 현인이니 내가 감히 그의 깨끗함을 바랄 수는 없다. ⓑ아이와 어른들을 데리고 갈매기와 백로를 벗하며 어떤 때는 낚싯대를 잡고, ⓐ외로운 배를 노 저어 조류를 따라 오르고 내리면서 가는 대로 맡겨 두고, 모래가 깨끗하면 뱃줄을 매어 두고 산이 좋으면 그 가운데를 흘러간다. ⓞ구운 고기와 신선한 생선회로 술잔을 들어 주고받다가 해가 지고 달이 떠오르며 바람은 잔잔하고 물결이 고요한 때에는 배에 기대어 길게 휘파람을 불며, 돛대를 치고 큰 소리로 노래를 부른다. ⓩ흰 물결을 일으키고 맑은 빛을 헤치면, 멀고 멀어서 마치 성사*를 타고 하늘에 오르는 것 같다.

강의 연기가 자욱하고 짙은 안개가 내리면, 도롱이와 삿갓을 걸치고 그물을 걸어 올리면 금빛 같은 비늘과 옥같이 흰 꼬리의 물고기가 제멋대로 펄떡거리며 뛰는 모습은 ⓐ넉넉히 눈을 즐겁게 하고 마음을 기쁘게 한다. 밤이 깊어 구름은 어둡고 하늘이 캄캄하면 사방은 아득하기만 하다. 어촌의 등불은 가물거리는데 배의 지붕에 빗소리는 울어 느리다가 빠르다가 우수수하는 소리가 차갑고도 슬프다.

    …

여름날 뜨거운 햇빛에 더위가 쏟아질 적엔 버드나무 늘어진 낚시터에 미풍이 불고, 겨울 하늘에 눈이 날릴 때면 차가운 강물에서 홀로 낚시를 드리운다. 사계절이 차례로 바뀌건만 어부의 즐거움은 없는 때가 없다.

저 영달에 얽매여 벼슬하는 자는 구차하게 영화에 매달리지만 나는 만나는 대로 편안하다. 빈궁하여 고기잡이를 하는 자는 구차하게 이익을 계산하지만 나는 스스로 유유자적을 즐긴다. 성공과 실패는 운명에 맡기고, 진퇴도 오직 때를 따를 뿐이다.

부귀 보기를 뜬구름과 같이 하고 공명을 헌신짝 벗어 버리듯 하여, 스스로 세상의 물욕 밖에서 방랑하는 것이니, 어찌 시세에 영합하여 이름을 낚시질하고, 벼슬길에 빠져들어 생명을 가볍게 여기며 이익만 취하다가 스스로 함정에 빠지는 자와 같겠는가.

ⓑ이것이 내가 몸은 벼슬을 하면서도 뜻은 강호에 두어 매양 노래에 의탁하는 것이니, 그대는 어떻게 생각하는가?"

하니 내가 듣고 즐거워하며 그대로 기록하여 백공에게 보내고, 또한 나 자신도 살피고자 한다. 을축년 7월 어느 날.

- 권근, 「어촌기」-

*성사: 옛날 장건이 타고 하늘에 다녀왔다고 하는 배.

25. ⓐ와 ⓑ를 비교한 내용으로 가장 적절한 것은?

① ⓐ는 '내'가 '강호'에서 임금께 맹세하며 정치 현실의 이상을 실현하려는 태도를, ⓑ는 '공백공'이 정치 현실의 폐단에 실망하며 '강호'에 은거하려는 희망을 나타낸다.

② ⓐ는 '내'가 '강호'에서 늙어 감에 체념하면서도 정치 현실을 지향함을, ⓑ는 '공백공'이 정치 현실을 외면하면서 '강호'에 은거하려는 염원을 나타낸다.

③ ⓐ는 '내'가 '강호'에서 경치를 완상하며 정치 현실의 번뇌를 해소하려는 자세를, ⓑ는 '공백공'이 정치 현실과 갈등하여 강호에 은거하려는 자세를 나타낸다.

④ ⓐ는 '내'가 '강호'에서의 은거를 마치고 정치 현실로 복귀하려는 의지를, ⓑ는 '공백공'이 정치 현실에서 신뢰를 잃어 '강호'에 은거하려는 소망을 나타낸다.

⑤ ⓐ는 '내'가 '강호'에서의 은거를 긍정하지만 정치 현실에 미련이 있음을, ⓑ는 '공백공'이 정치 현실에 몸담고 있지만 '강호'에 은거하려는 지향을 나타낸다.

이 문제처럼 ⓐ와 ⓑ 두 개가 제시되고 비교하는 문제가 출제될 때는 가장 쉬워 보이는 만만한 것과 비교해서 정답이 아닌 것을 줄여 놓고 나머지 선지를 다른 것과 비교하면 쉽게 정답을 고를 수 있다. 먼저 ⓐ와 ⓑ를 간단히 살펴보자. ⓐ는 한자도 섞여 있고 만만해 보이지 않는다. 그럼 일단 ⓑ만 놓고 선지를 검토해 보자. ⓑ의 입장이나 태도는 현재 벼슬을 하면서도 강호에 은거하기를 원하고 있다. 따라서 일단 정치 현실을 외면한다는 내용의 ②와 정치 현실에서 신뢰를 잃었다는 것은 정답이 아니다. 제시문을 볼 때 ① 정치 현실의 폐단에 실망하거나, ③ 정치 현실과 갈등하거나 하는 것과는 관계가 없다. 그렇다면 정답은 ⑤가 된다. 까다로운 ⓐ를 검토하지 않더라도 얼마든지 쉽게 정답을 고를 수 있는 문제이다. 그런데 문제는 일타 강사의 교재로 강의를 들은 수험생들이 정답에 혼선을 빚었다는 것이다. 이는 특정 해석을 맹목적으로 암기했기 때문에 발생한 일이다. 단순한 암기가 왜 위험한지 이 사례를 보면 이해가 쉬울 것이다.

영어,
단어 천 개 외우고 시작한다고?

:; 영어 공부 순서

영어는 단어(어휘), 문법, 독해, 듣기, 말하기(회화), 쓰기(영작)로 구성되어 있다. 영어를 공부하려면 일단 기초적인 단어를 암기해야 한다. 그러나 기초적인 단어를 익힌 후에 영어 공부를 하려면 '문법 → 독해 → 단어'의 순서로 공부하는 것이 좋다. 문법과 독해 공부를 하고 그날 공부한 문장 중에 나온 단어를 단어장에 정리해 외운다. 다음 날 단어장을 다시 확인해서 잊어버린 단어를 다시 외우고 문법책이나 독해책으로 공부한다. 이렇게 해서 문법과 독해 공부가 모두 끝나면 문법책과 독해책에 나온 단어를 마지막으로 정리한 후에 잘 정리된 어휘집으로 총정리를 하면 영어 공부는 마무리된다.

:; 문법 지식은 독해를 위해 필요하다

수능 영어 출제 경향을 보면 문법과 관련된 문제가 매년 두세 문제씩 출제된다. 그래서 과연 문법 공부에 투자할 가치나 필요가 있는지 의문을 제기하는 수험생도 있다. 결론적으로 말해 문법 공부는 반드시 필요하다. 문법 문제를 맞추기 위해서도 그렇지만 독해를 위해 독해와 관련된 문법 지식은 반드시 알아야 하기 때문이다.

언어 가운데 제1언어는 모국어를 말하고, 제2언어는 외국어를 말한다. 그런데 모국어와 외국어를 배우는 과정이 다르다는 점을 알아야 한다. 모국어는 문법을 배우지 않더라도 주변 환경이나 인간관계, 놀이 등을 통해 자연스럽게 '습득'을 하게 된다. 그러나 외국어를 배울 때는 언어를 이해하고 학습하기 위해 개별적으로 분리된 내용을 '학습'해야 하는데, 이때 문법 학습은 언어의 구조를 이해할 수 있도록 도와주는 역할을 한다.[66] 즉, 모국어는 자연스럽게 '습득'하는 데 비해, 외국어는 '학습'을 통해 익히는 것이다.

모국어를 배울 때는 한 단어부터 두 단어 조합, 세 단어 이상의 언어 표현 단계를 거쳐 수없이 많이 반복함으로써 언어를 자연스럽게 익히게 된다. 어릴 때부터 충분한 시간을 들여 배우게 되기 때문에 한 단어, 한 문장씩 수없이 반복해도 시간적으로 쫓길 이유가 없다. 그러나 성인이 모국어가 아닌 외국어를 배우는 것은 시험이나 승진, 업무상의 필요 때문이다. 아이가 모국어를 배우듯이 하나하나 일일이 익히다가는 너무 많은 시간이 소요된다. 따라서 문장

---

66) 박윤주, 『영어 교수법』, KNOUPRESS, 2019, 22쪽.

구조에 관한 원리를 익히고 그에 해당하는 여러 단어들의 용법을 유형화시켜 한번에 익히는 것이 효율적이다. 그래서 모국어와 달리 외국어를 배울 때는 문법을 먼저 익혀야 하는 것이다.

문법 지식 가운데 독해를 위해 필수적인 것으로 먼저 문장 형식 5형식을 들 수 있다. 독해 문장은 아무리 길어도 결국 5형식 가운데 하나이다. 따라서 기본적인 문장 형식을 익힌 후에 독해 문장을 5형식으로 묶어 버리는 것이 독해의 기본이다. 독해 문장이 길어지는 이유는 구와 절이 추가되기 때문인데, 구와 절을 괄호로 묶어 버리면 문장 구조는 쉽게 분석이 가능하다. 문제는 구와 절이 무엇인지를 모르면 같은 의미 단위로 묶을 수가 없다는 점이다. 따라서 구와 절에 관한 문법지식이 반드시 필요한 것이다. 구에 관한 것으로 동명사, 분사, 부정사에 관한 지식이 필수적이다. 절에 관한 것으로는 관계대명사, 관계부사, 접속사에 관한 지식이 필수적이다. 여기에 가정법에 관한 내용까지 익히면 독해를 위한 문법은 정리되었다고 할 수 있다.

:;**독해 공부 방법**

독해는 복습보다 예습이 중요하다

예습과 복습이 중요하다는 것은 누구나 알고 있다. 그럼에도 예습과 복습을 매일 꾸준히 하는 것이 얼마나 어려운지도 모두 경험해서 알고 있다. 그래서 예습과 복습도 과목별 특성을 살려 전략적으로 접근하는 것이 필요하다. 결론적으로 모든 과목에 예습이 필요한 것은 아니다. 예습을 하지 않으면 수업을 이해하고 따라가기가 어려운 과목의 경우만 예습하면 된다. 그 대표적인 과목이 수학일 것이다. 특별히 예습을 하지 않아도 수업을 들으며 이해할 수 있는 과목의 경우 굳이 예습을 할 필요는 없다. 사회탐구나 한국사가 그에 해당한다. 그러나 수학과 영어 독해는 예습이 꼭 필요한 과목이다. 설령 수학과 영어 독해 수업을 예습을 하지 않고 이해할 정도의 실력이라 하더라도 예습이 필요하다. 수학 문제를 미리 풀어 보거나 나름대로 영어 독해를 하지 않고 수학의 문제 풀이나 영어 독해 해설을 피동적으로 듣다 보면 자신의 문제 풀이 감각이나 독해 감각을 기를 수가 없다. 그렇게 예습 없이 수업을 듣고 복습을 하면서 반복하면 어느새 문제 풀이나 해설이 외워지게 된다. 그러나 그것은 내 것이 아니다. 진정한 내 지식이 되었다면 풀어 보지 않은 다른 수학 문제나 영어 독해 문장도 나 스스로 해결할 수 있어야 한다.

수학 문제를 미리 풀어 보아서 문제가 풀린 경우에도 수업을 통해 내 문제 풀이가 맞는지 확인할 수 있고, 다른 풀이 방식이 있는지 확인할 수 있게 된다. 문제가 풀리지 않았다면 수업을 통해 문제가 풀리지 않은 이유가 무엇인지, 공식 가운데 어떤 부분을 놓쳤는지 확인할 수 있다. 이런 과정을 통해 그 문제만이 아니라 그 문제와 같은 유형의 문제에 대한 적응력도 기를 수 있는 것이다. 영어 독해도 마찬가지다. 내 나름대로 독해를 해 보고 수업을 들으며 제대로 독해를 했다면 확신을 가지면 되고, 잘못된 독해였다면 왜 그런지를 확인함으로써 독해 감각을 내 것으로 만들 수 있는 것이다.

난 『성문 종합 영어』나 『베스트 영어』를 공부할 때 별도로 나온 해설집을 아예 사지 않았다. 그리고 내 힘으로 독해를 하려고 노력했다. 어떤 경우에는 세 줄짜리 단문을 해석하는 데만 무려 3시간이 걸린 적도 있다. 당연히 시간도 많이 걸리고 스트레스도 많이 받게 되지만 문장 분석 능력을 완전히 익히게 되고, 문장에 나온 단어의 용법도 완전히 내 것으로 만들 수 있었다. 그러나 처음부터 강의에 의지하고 해설에 의지한 경우 그 책은 다 외우게 되지만, 낯선 문장을 만나면 독해가 제대로 되지 않는다. 독해는 말 그대로 문장을 읽고 해석하는 것이지, 문장을 그대로 외우는 것이 아니다. 문장은 독해를 통해 반복하면서 자연스럽게 외워야지 제대로 된 독해도 없이 무작정 외운다고 독해 능력이 늘지도 않는다.

모든 문장을 5형식 기본형으로 묶어라

앞에서도 말했지만 아무리 긴 문장도 기본적으로 5형식 중 하나에 해당한다. 문장을 길게 만드는 원인인 수식어나 구와 절 등 '의미 덩어리(Chunk)'들을 괄호로 묶어 버리고 나면 어떤 문장도 간단한 5형식 문장으로 환원된다. 2019년 수능 영어 문제로 확인해 보자.

다음 글에서 필자가 주장하는 바로 가장 적절한 것은?

The basic aim of a nation at war in establishing an image of the enemy is to distinguish as sharply as possible the act of killing from the act of murder.

굉장히 긴 문장이다. 그런데 이 긴 문장도 수식어를 괄호로 묶어 버리고 나면 기본적인 5형식 문장 중 하나로 변형할 수 있다.

The basic aim of a nation (at war in establishing an image of the enemy) is (to distinguish as sharply as possible the act of killing from the act of murder).
→ The basic aim of a nation is to distinguish.

이렇게 괄호로 묶고 난 후 기본적인 문장 요소만 해석하면 "국가의 목적은 구별하는 것이다"가 된다. 결국 위 문장은 '주어 + be 동사 + 보어'로 이루어진 2형식 문장에 불과하다. 독해를 할 때는 이처럼 문장을 단순화해서 5형식의 기본 문장으로 환원해야 한다. 큰 틀을 잡고 난 후에 기본 문장을 해석해 보고, 다음 단계로 괄호로 묶은 세부적인 부분을 해석한다. 이때 모르는 단어가 있더라도 일단 문맥으로 뜻을 유추해 본다. 그럼에도 모르는 단어가 있을 때는 반드시 사전을 찾아서 적당한 뜻을 대입해 본다. 문맥이 자연스럽지 않으면 다른 뜻을 대입해 보기도 하고, 관련 숙어가 있는지도 확인해서 대입해 본다. 이렇게 해서 자기 스스로가 납득할 정도의 해석이 되었다고 느낄 때 교재의 해석과 대조해 본다. 그래야 자기의 해석이 결과적으로 잘못된 것이라고 해도 무엇이 왜 잘못되었는지를 느낄 수 있게 된다.

독해를 공부할 때는 문장을 다 해석해야 하는데, 실제 시험에서는 정답을 고르는 데 꼭 필요한 문장이 아니라면 이 정도 해석으로 넘어가도 된다. 정답과 관련된 문장이냐 아니냐는 선지의 내용을 먼저 읽으면 알 수 있다. 선지 중에 국가의 목적에 관한 내용이 나온다면 이 문장을 반드시 해석해야 한다. 그러나 그렇지 않다면 굳이 해석할 필요가 없다. 위 문장이 정답과 관련된 문장이라면 이제 괄호 안의 내용까지 해석해야 한다.

The basic aim of a nation (at war in establishing an image of the enemy) is (to distinguish as sharply as possible the act of killing from the act of murder).

'at war in establishing an image of the enemy'는 다시 'at war'와 'in establishing an image of the enemy'로 나눌 수 있는데 '전쟁 시에 적의 이미지를 확립함에 있어서'라는 뜻이다. 모두 전치사와 목적어로 이루어진 부사구이다. 'to distinguish as sharply as possible the act of killing from the act of murder'는 다시 'to distinguish (as sharply as possible) the act of killing from the act of murder'로 나누어진다. 이렇게 괄호로 묶고 나면 '타동사 + 목적어'로 이루어진 3형식 문장이라는 것을 알 수 있다. 그래서 해석도 기본적으로 '살해행위와 살인행위를 구별하는 것이다'가 된다. 마지

막으로 괄호 안의 부사구를 해석하면 '가능한 한 선명하게'가 된다. 긴 문장도 직독직해를 할 수 있을 정도의 실력이 아니라면 독해 공부를 할 때는 기본적인 문장형식을 파악하는 것으로 시작해서 수식어를 나중에 해석하는 방식으로 공부하는 것이 좋다.

영어 어순대로 해석하고 절대 앞으로 되돌아오지 마라(직독직해)

지금 우리가 영어 독해를 공부하는 것은 번역가가 되려고 하는 것이 아니라 특정한 시험을 준비하기 위한 것이다. 번역가로서 제대로 된 번역을 하려면 당연히 우리말 어순대로 바꾸어서 번역을 마무리해야 한다. 그러나 시험 문제를 푸는 과정에서의 독해는 영어 어순대로 해석을 마무리해야 시간을 줄일 수 있다. 직독직해를 할 때는 문장을 단어마다 끊어 해석해서는 안 되고 '의미 덩어리(Chunk)'별로 끊어서 해석하고 넘어가야 한다. 직독직해를 위해서는 의미 덩어리별로 끊어서 영어 어순대로 해석해서 이해하려고 해야지, 우리말 순서대로 재구성해 이해하려고 앞뒤를 오가면 안 된다. 즉, 영어 어순 그대로 이해하려고 노력하는 것이 직독직해의 핵심이다. 이때 단어의 뜻을 모르는 경우 어느 정도 단어가 축적된 수험생이라면 성급하게 사전을 확인하는 것보다는 문맥을 음미하면서 어떤 뜻일지 유추해 보는 훈련이 필요하다.

다시 위의 문장으로 돌아가자.

The basic aim of a nation at war in establishing an image of the enemy is to distinguish as sharply as possible the act of killing from the act of murder.

이제 독해 공부가 끝나고 시험장에서 위와 같은 문제가 출제되었다고 하면 영어 어순대로 해석하고 넘어가야지, 우리말 어순에 따라 앞에서 뒤로 왔다갔다하면서 해석하면 안 된다. 즉, '국가의 기본적인 목적은 / 전쟁에서 / 적의 이미지를 확립함에 있어서 / 구별하는 것이다 / 가능하면 선명하게 / 살인행위와 살해행위를'로 해석을 마무리하는 것이다. 이렇게 영어 어순에 익숙해져야 독해만이 아니라 영어회화를 배우는 데도 매우 유용하게 적용할 수 있다.

문법과 독해를 연계시켜라

독해를 하면서 모르는 단어가 나올 때 사전을 찾아 다양한 뜻을 적용해 보고, 관련 숙어를 찾아 대입을 해도 독해가 잘 되지 않는 이유는 관련되는 문법 지식이 부족하기 때문인 경우가 대부분이다. 독해를 공부하기 전에 문법을 공부했더라도 시간이 지나면서 일부 잊을 수도 있고, 문법 지식을 다양한 문장과 연계시키는 응용력이 부족해서 발생하는 문제이다. 이럴 때는 관련되는 문법책을 찾아 발췌독을 하는 것이 좋다. 이런 과정을 반복하면서 비로소 문법 지식이 살아 있는 지식으로 완성되는 것이다.

가능한 한 많은 문장을 읽는 것이 좋다

앞에서도 말했듯이 '독해'는 읽고 '해석'하는 것이지 문장을 맹목적으로 외우는 것이 아니다. 내가 공부한 독해 교재에서 똑같은 문장이 수능 시험에 그대로 출제될 것을 기대하는 것이 얼마나 어리석은 일인가는 누구나 다 알 것이다. 결국 수능 시험장에서 낯선 문장을 만나게 되고 그걸 제한된 시간 내에 정확히 해석해서 정답을 골라내는 것이 관건이다. 그런 독해 능력을 기르려면 가능한 한 많은 문장에 대한 독해를 해 두는 것이 좋다. 문법책을 선택할 때도 단순히 문법에 관한 내용만 자세하게 설명한 책보다는 문법과 관련된 독해 지문을 많이 실어 놓은 책으로 공부하는 편을 추천한다.

: ; 단어 공부 방법

모든 어학 공부의 시작은 단어이다. 모르는 단어가 나오면 그때마다 사전을 찾아 확인을 해야 한다. 사전을 찾기 전에 문맥을 통해 단어의 뜻을 유추하라는 말을 앞에서 했는데, 이는 단어가 상당한 정도로 축적된 경우에만 타당한 말이다. 어느 정도 단어가 축적될 때까지는 부지런히 사전을 찾는 습관을 들이는 것이 좋다.

사전에서 뜻을 찾을 때는 독해에 적당한 뜻을 찾기 위해 다양한 뜻과 용례를 확인해야 한다. 해당 문장에 직접 관련되는 뜻만 찾아

보는 것은 도움이 되지 않는다. 중요 동사의 경우에는 수십 개의 뜻을 모두 알아두어야 할 필요도 있다. 그래서 나는 문법과 독해를 공부하면서 나만의 단어장을 따로 만들었다. 해당 문장의 뜻만이 아니라, 다른 뜻도 정리하고, 관련된 단어인 동의어와 반의어도 같이 정리했다. 이때 단어의 뜻만 적는 것은 좋지 않다. 반드시 예문까지 적어 두는 것이 좋다. 단어장이 만들어졌다고 한 단어를 100번씩 쓰면서 외우는 건 고통스럽고 비효율적이다. 단순 반복만 하다 보면 손은 습관적으로 그 단어를 쓰고 있는데, 머리는 다른 생각을 하게 되는 경우가 많다. 암기력 천재라면 몰라도 한 번에 완벽하게 외우겠다는 생각을 버려야 한다. 일단 어느 정도 암송한 후에는 다음으로 넘어간다. 뒤에 가면 다른 문장에서 그 단어들이 다시 나오기 때문에 단어의 뜻이 기억나지 않으면 다시 찾아서 확인하고 외우고 반복하면 된다. 반복하다 보면 언젠가는 외워진다. 그래야 스트레스를 받지 않게 된다. 나는 하루의 공부가 끝날 때 그날 공부한 단어만 30분 정도 시간을 들여 암기하고 잠자리에 들었다. 들어간 지식이 날아가지 않고 저장되도록.

단어 공부를 할 때 단어의 뜻만 외워서는 절대 기억이 오래 가지 않는다. 문장과 함께 외우는 것이 가장 효율적이다. 나는 중학교부터 영어 교과서나 참고서 문장을 모두 외우는 식으로 공부했다. 문장 속에서 단어를 외우는 것도 좋지만, 더 좋은 것은 문장 간의 연결과 맥락 속에서 단어의 뜻을 외우는 것이다. 앞에서 암기의 효율에 관해 다루었는데, 이렇게 문장을 통으로 다 외우면 어떤 한 단어가 주어질 때 관련되는 신경회로가 같이 발화하게 된다. 그러면 단어 자체만 보았을 때 뜻이 떠오르지 않다가도 관련되는 단서가 주어지면 자동적으로 연관된 회로가 동시에 발화하게 되어 인출이 쉬워진다. 이를 '맥락효과'라고 한다.

예를 들어, 다음은 서양 경수필의 선구자 파스칼의 『팡세』에 있는 내용을 번역한 영어 문장 중 일부이다.

Man is but a reed. But he is a thinking reed.

이렇게 문장을 통째로 외우게 되면 'but'의 의미 중에 '그러나'가 아닌 '다만(only)'이라는 뜻이 있다는 것을 자연스럽게 외우게 된다. 그리고 'reed'와 관련해서 'read'라는 단어도 동시에 떠오르게 되면서 두 단어의 차이에 대해서도 명확하게 구별할 수 있게 된다. 많은 문장을 외우게 되면 말하기와 쓰기에도 많은 도움이 된다. 듣기와 말하기를 공부하지 않은 학력고사 세대인 내가 1993년 대전 엑스포 (EXPO)에서 파견근무할 때 보직이 '국가의 날(National Day, ND)' 관련 언론 홍보자료를 만드는 일이었다. 그러려면 국가의 날 행사 전날 그 나라의 전시관에 가서 취재를 해야 한다. 예를 들어 내일이 프랑스의 날이라면 오늘 프랑스 전시관에 가서 전시관에 전시된 내용들에 관한 설명을 듣고 보도자료를 만들어 엑스포 조직위원장님께 다음 날 축사를 위한 참고자료로 보고하고, 각종 신문사나 방송사 등에 배포하는 것이다. 영미권 국가의 경우는 전혀 알아듣지 못해서 처음부터 통역에 의지했는데, 남미나 홍콩, 필리핀 등의 동남아 영어는 귀에 들렸다. 그래서 페루관 취재를 할 때 나와 또래인 여관장과 1시간 가까이 통역 없이 프리토킹을 한 적이 있다. 문장을 많이 외워 놓은 덕분에 말이 들리자 말이 나올 수 있었던 것이다.

그러나 처음부터 문장을 무조건 외우는 것은 고통스럽고 비효율적인 일이다. 삼봉 공부법의 구체적 방법을 설명하면서 말한 것처럼 반복해서 공부하면서 자연스럽게 외우면 된다. 단어를 찾고 문맥상의 의미를 고려해서 만족스럽게 해석하고 난 후에 다시 그 문장을 소리를 내어 읽어 보고 다음 문장으로 넘어가면 된다. 영어도 언어의 일종인 만큼 소리를 내어 낭송하는 것이 중요하다. 말하기 전에 먼저 눈으로 보고, 말을 하면서 집중력을 높일 수 있고, 말을 들으면서 청각을 자극하기 때문이다. 이렇게 해서 한 권의 책을 다 공부하고 다시 몇 번 반복하게 되면 단어나 숙어도 저절로 암기가 된다. 단어와 숙어에 대한 암기가 완벽하게 된 후에 마지막으로 의미 덩어리별로 끊어서 문장을 외우면 자연스럽게 외울 수가 있다. 즉, 문장 암기는 그 책을 마무리할 때의 최종적인 목표인 것이므로 처음부터 외우려고 하지 말라는 것이다.

앞에서도 말했지만 어휘집은 문법과 독해를 통해 배운 단어를 완전히 외우고 난 후에 최종 정리용으로 활용하는 것이 좋다.

독해와 문법을 통해 어느 정도 단어를 익혔다면 마지막으로 잘 정리된 단어집으로 마무리하는 것이 좋다. 단어집에는 중심 개념을 통한 어휘 확장, 접두어와 접미어를 통한 어휘 확장, 어근 등을 통한 어휘 확장 등으로 관련 단어를 유형화시켜 정리하고 있다. 예를 들어 'skill'이라는 중심 단어를 통해 관련된 단어인 'adroit(능숙한)', 'aptitude(재주, 재능)' 등을 같이 정리하는 것이다. 또한 라틴어 어근인 'AM, AMOR(사랑, 좋아함, 다정함)'과 관련해 'amiable(사랑스러운, 애교 있는)', 'amicable(친한, 우호적인)', 'amorous(사랑하는)' 등의 단어를 같이 정리하는 것이다. 이 경우 기본형에다 살을 붙여나가기 때문에 연상이 쉽고 암기하기가 쉽다. 그러나 모든 단어가 이러한 공통의 어근을 갖고 있는 것은 아니기 때문에 유형화할 수 없는 단어들은 문장을 통해 반복하면서 외우는 수밖에 없다.

수학,
무작정 암기가 능사일까?

: ; 수학의 기초도 개념이다

모든 학문의 기본은 개념과 개념의 뜻을 규정한 개념 정의이다. 수학도 예외는 아니다. 다만 수학은 표현의 경제성과 효율성 때문에 한글만이 아니라 특수한 기호와 수식으로 표현되는 경우가 많다는 점이 다르다. 여기에 현혹되면 안 된다. 기호나 공식을 맹목적으로 암기하고 문제를 풀려고 하는 것은 무모하다. 먼저 수학 용어의 뜻을 정확하게 이해하고 음미해야 한다.

수학 용어는 일본을 거쳐 한자어로 만들어져 우리에게 전해졌기 때문에 생소한 용어들이 많다. 함수(函數)라는 말을 보자. 함수에서 '함(函)' 자는 '함', '상자'라는 뜻이다. 어떤 상자에 어떤 물건을 넣었을 때 그에 대응하는 다른 물건이 되어 나온다는 의미에서 만든 용어이다. 네이버 지식백과에 따르면 변수 x와 y 사이에 x의 값이 정해지면 따라서 y값이 정해진다는 관계가 있을 때, y는 x의 함수라고 한다. 함수는 영어로 function이라고 하는데, 함수를 의미하는 기호를 f로 표현하는 이유는 function의 첫 글자를 따서 만들었기 때문이다. 즉, y가 x의 함수라는 것은 y=f(x)로 표시한다. 함수의 원인과 결과를 변수(變數)라고 하는데 이는 '변화하는 수'라는 의미이다. 즉, x에 따라 y라는 수가 변한다는 의미로서, 주도적인 역할을 하는 x를 독립변수, 수동적으로 값이 정해지는 y를 종속변수라고 한다.

그런데 추상적인 성질의 개념 정의를 통해 바로 함수가 무엇인지 이해하기는 어렵다. 암기의 효율성을 높이는 방법에서도 설명했지만, 추상적인 개념은 구체적인 사례와 연계해서 공부할 때 이해하기 쉽다. 그래서 함수의 개념을 익힌 후에는 구체적인 사례를 통해 함수인 것과 함수가 아닌 것을 연계해서 확인해야 한다. 이런 연계를 통해 추상적인 개념이 구체적으로 이해가 되고, 이해가 됨으로써 자연스럽게 암기가 가능하게 된다.

수학은 암기 과목인가?

수학이 암기 과목인가, 이해 과목인가 하는 것은 여전히 논란이 되고 있다. 결론적으로 모든 과목은 암기 과목이다. 다만 최종적으로는 암기가 돼야 한다는 의미에서 암기 과목이라고 하는 것이고, 공부하는 과정에서 이해 위주로 공부해야 하는 과목인가, 이해를 요하는 부분이 적고 암기해야 할 부분이 많은가 하는 차이가 있을 뿐이다.

수학을 처음부터 무작정 암기하려고 하는 태도는 바람직하지 못하다. 이해를 하지 못하고 문제 풀이를 그대로 외워서 공부하면 새로운 문제 유형에 적응할 수 없게 된다. 맥락 없는 암기는 장기 기억으로 유지되기도 어렵다. 그래서 무작정 암기하는 것은 비효율적이다. 개념과 공식이 도출되는 원리를 정확히 이해한 다음 기본 문제부터 차근차근 고난도의 문제를 많이 풀어 보아야 한다. 많은 문제를 풀다 보면 공식이나 문제의 유형이 자연스럽게 암기가 되는 것이다.

수학의 핵심은 공식이다

수학 문제 풀이의 도구는 공식이다. 그러나 공식을 기계적으로 암기할 것이 아니라 공식이 도출되는 과정이나 원리를 잘 이해해야 한다. 이 과정을 제대로 이해하게 되면 수학적 사고에 익숙하게 되고, 응용력과 적응력이 길러질 수 있다. 공식이 도출되는 원리를 아는 것은 문제 유형을 파악하는 데도 도움이 된다. 문제 풀이 방식은 한 가지인 경우도 있지만 다양한 방식이 있는 경우도 많다. 공식이 도출되는 원리를 이해하고, 다른 공식과의 관계에 대해서도 비교해서 공부하면 새로운 문제 풀이 방식을 적용하는 능력도 생기게 된다. 이런 과정을 통해 새로운 문제 풀이 방법이나 응용 공식을 만들 수 있다. 나도 대입 수험생일 때 수학 공식을 18개 정도 만들어 이용했다. 그때는 그게 대단한 성과라고 생각했지만, 문제를 많이 풀다 보면 누구나 발견할 수 있는 공식에 불과한 것이었다. 여러분은 수학 문제를 풀면서 여러분 스스로가 공식을 만들어 사용한 적이 있는가? 그 정도까지 가면 수학은 완성이라고 보면 된다. 또 그런 공식의 발견은 누구에게나 가능하다는 점을 강조하고 싶다.

최악의 경우 공식을 잊어버렸을 때도 공식을 도출해서 문제에 적용할 수 있다. 물론 공식을 외우고 있는 경우보다 시간은 많이 걸리겠지만, 최후의 수단으로 활용할 수 있다.

내 경험에 따르면 공식 도출 과정을 눈으로만 보고 이해하는 것은 도움이 되지 않는다. 수학에 관한 한 단순히 머리로 이해하는 것과 직접 공식을 도출하고 증명하는 것과는 다르다. 머리로는 다 이해한 것 같은데 막상 공식을 증명하라고 하면 안 된다. 이는 공식을 아직 소화한 것이 아니기 때문에 발생한다. 내가 한 공식을 완전히 이해했는지 확인하기 위해서라도 반드시 공식을 스스로 증명해봐야 한다.

해설을 보기 전에 고민해라

중학교 3학년 1학기까지 난 수학을 공부할 때 눈으로만 공부했다. 중간고사든 기말고사든 한정된 분량만 공부하면 되기 때문에 문제를 읽고 바로 해설을 보고 정답을 확인해서 암기를 했다. 그러고도 늘 90점 이상을 받는 데 지장이 없었다. 공부 시간도 별로 많이 들지 않았다. 그래서 수학이 어려운 과목이라는 생각 자체를 하지 못했다.

그러나 그런 식의 공부는 연합고사를 대비한 모의고사가 중요해진 3학년 2학기부터 문제가 심각하게 발생했다. 이제 중학교 1, 2, 3학년 교과서 전 범위를 대상으로 모의고사를 치르게 된 것이다. 지나간 3학년 1학기 때 배운 내용도 까먹었는데, 1학년과 2학년 내용을 어떻게 짧은 시간 안에 공부한단 말인가? 엄청난 부담감이 밀려왔다. 주변의 말 없는 기대가 주는 중압감은 지구의 중력을 직접 느끼는 수준으로 다가왔다.

그러나 반전은 우연한 기회에 찾아왔다. 중학교 동창 친구와의 짧은 대화가 내 수학 인생을 근본적으로 바꾸어 놓는 계기가 되었다. 중학교 3학년 때 나는 2반이었고, 그 친구는 1반이었는데 어느 날 우연하게 방과 후에 만나 대화를 나누게 되었다. 수학 때문에 고민이라고 말했다. 그랬더니 그 친구가 수학 문제는 해설을 보기 전에 3분이고 심지어 3시간이 걸리더라도 풀려고 노력하는 끈기만 있으면 된다고 조언을 했다.

결국 문제는 풀리기 마련이다. 난도가 낮은 문제부터 하나하나 풀리기 시작한 것이다. 3분 걸린 문제에서 3시간까지 걸린 문제까지 결국 내 힘으로 다 풀어냈다. 이때의 뿌듯함은 지금도 느껴질 정도로 선명하다. 이렇게 해서 원의 공식에 대해 완벽하게 정리를 끝냈다. 이제 진도를 역순으로 전에 배운 부분을 같은 요령으로 1학년까지 다 풀어 보았다. 중학교 전 학년 수학을 정복하는 데 한 달이 채 걸리지 않았다. 그리고 그 결과는 분당 8문제를 푸는 속도로 연합고사 만점이었다. 이제 수학은 자신 없고 부담스러운 과목에서 가장 자신 있는 전략 과목으로 변해 있었다.

수학은 사고력 훈련에 가장 좋은 과목이라고 한다. 그만큼 많은 사고를 통해 문제를 풀어야 하고, 그런 훈련 과정을 통해 사고력이 길러진다는 말이다. 따라서 가장 좋은 것은 3분이든 3시간이든 스스로가 공식을 이것저것 대입해 보고, 문제를 변형시켜 가면서 문제를 푸는 것이다. 가장 기본적인 문제는 공식을 바로 대입할 수 있는 문제이다. 그러나 심화 문제나 응용 문제로 갈수록 공식을 바로 대입해서 풀 수 있는 문제는 없다. 문제를 변형해서 공식을 대입할 수 있는 상태로 만들어야 한다. 그 과정이 그리 만만치 않은 것이고, 많은 고민을 해야 한다.

그러나 어쨌든 수학 문제는 어차피 답이 정해져 있다. 고민하면 풀리지 않는 문제는 없다는 것이다. 쉽게 정답을 확인하고 해설을 보기 전에 자기 스스로 충분히 고민하는 과정이 반드시 필요하다. 그래야 수학적 사고력이 생기고 어려운 문제를 끝내 해결했다는 성취감과 자신감도 맛볼 수 있다. 수학이 더욱 친숙하고 재미있는 과목이 될 것이다.

오랫동안 고민했는데도 풀리지 않으면 일단 그 문제는 넘어가는 것이 좋다. 그런 후 얼마간의 시간이 지난 뒤에 다시 풀어 보는 것이다. 그 기간 동안에 뇌에 저장되어 있던 개념이나 공식이 숙성 내지는 재구조화되어 다시 문제를 풀 때는 의외로 쉽게 해결되는 경우가 많다. 아무런 고민 없이 해설만 눈으로 익히면 결국 자기 것이 되지 않는다. 그리고 해설을 보고 이해한 다음에 반드시 자기 스스로 다시 한 번 문제를 풀어 봐야 한다.

교과서와 참고서를 병행하라

수학은 단원별, 학년별로 연계가 많은 과목이다. 물론 다 그렇다는 것은 아니고 연계가 있는 단원들이 많다는 것이다. 그래서 어떤 한 단원을 공부할 때 그 단원과 관련되는 모든 학년의 내용을 종합 정리한 참고서를 병행하는 것이 좋다. 예를 들어 교과서 중에 방정식에 관한 단원을 공부한다고 했을 때 1, 2, 3학년에 흩어져 있는 방정식에 관한 내용을 참고서를 통해 같이 공부하는 것이 좋다는 말이다. 나도 고등학교 1학년 때 교과서와 관련된 부분을 『실력 정석』과 『실력 해법 수학』에서 발췌독으로 같이 공부한 바 있다. 참고서가 이해하기 어렵다면 해당 학년의 교과서를 찾아 기본부터 정리한 후에 참고서를 공부하면 된다.

가능한 한 많은 문제를 풀어라

문제 유형이란 어떤 공식을 적용해서 해결할 수 있는 문제인지, 특정 공식을 적용하기 위해 문제에서 제시된 수식을 어떻게 변형시켜야 하는지의 유형을 말한다. 많은 문제를 풀게 되면 문제의 유형 파악이 빠르고 어떤 공식을 적용하면 해결되는지 금방 알 수 있다.

그러기 위해서는 적어도 3권 이상의 문제집을 풀어 보는 것이 좋다. 나는 14권 정도의 문제집을 풀었다.

다만, 마음만 급해서 한 문제집을 제대로 소화도 못하고 이것저 것 풀어 보는 것은 도움이 되지 않는다. 한 문제집을 완전히 정복한 후에 다른 문제집을 푸는 것이 좋다. 아니면 지금 공부하고 있는 단 원에 관한 부분만 발췌해서 여러 문제집을 동시에 풀어 보는 방법 도 좋다.

영어는 단어와 숙어까지 합하면 적어도 6천 개 이상을 암기해야 한다. 거기다 문법 지식까지 외워야 하기 때문에 암기량이 엄청나 다. 반면에 수학의 경우 공식과 문제 유형을 모두 합해도 암기해야 할 것은 500개 정도이다. 영어에 비해 암기의 절대량이 적은 것이 다. 더군다나 수학 포기자가 무려 70%에 이르는 현실을 감안할 때 가장 양이 적은 수학만 정복해도 최소 30% 안에 쉽게 진입할 수 있 는 것이다. 투자 가치가 크지 않은가? 나 같으면 수학부터 정복해 놓고 시작하겠다.

이렇게 다양한 문제를 풀어 봄으로써 문제 유형을 익히게 되면 실전에서 문제를 푸는 속도가 엄청나게 빨라진다. 내가 고등학교 연합고사를 치를 때는 분당 8문제를 풀었는데 만점을 받았다. 문제 푸는 시간을 단축하면 차분하게 검산할 시간도 확보할 수 있게 된 다. 모두가 점수로 반영되는 것이다.

현재 수업 중인 단원부터 정복하라

이미 지나간 부분이 걱정이 된다고 해서 현재 수업 진도와 무관하게 지난 학년이나 학기에 배운 것을 공부하려면 마음만 급해질 뿐 오히려 집중해서 공부하기가 힘들다. 이럴 때는 일단 현재 수업 중인 단원부터 정복한 후에 지나간 부분을 공부하는 것이 효율적이다.

앞에서 말했지만 내가 중학교 3학년 2학기 때 수학 때문에 고민을 하고 있을 때 수업 진도가 원의 공식이었다. 그래서 일단 동아출판사 수학 문제집에서 원의 공식에 관한 문제를 풀어 보았다. 해당 부분의 문제를 해설을 보지 않고 내 실력으로 풀어 보니 15문제 중 겨우 3문제만 풀렸다. 예전 같으면 당장 눈으로 해설을 보고 정답을 확인했을 것이다. 꾹 참았다. 사람이 낸 문제를 사람인 내가 왜 못 푸는가? 다짐도 해 가면서. 그러나 미칠 것 같았다. 어떤 문제는 3시간을 끙끙거려도 실마리가 보이지를 않는다. 공식을 연습장에 적어 놓았다. 그리고 공식이 도출되는 과정을 다시 음미해 보았다. 어떤 문제에 어떤 공식이 대입되어야 하는지 실마리를 찾는 것이 중요하기 때문이다. 문제가 풀리지 않을 때마다 다시 공식이 도출되는 원리를 읽고 또 읽었다. 그러면서 원의 공식을 완전히 내 힘으로 정복하고 지난 부분도 같은 방식으로 풀었다. 결국 중학교 전 학년 수학을 한 달이 채 걸리지 않고 정복했다. 수학의 기초가 부족하다고 생각하는 수험생들은 지금 수업 중인 진도부터 정복한다는 마음으로 공부하기 바란다.

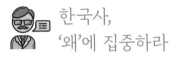

한국사,
'왜'에 집중하라

: ; 한국사도 개념 정리가 필요하다

한국사도 학문의 일종인 이상 개념에 대한 정리는 필수적이다. 특히 한국사 교과서에는 한자어가 많기 때문에 생소한 용어들이 많다. 예를 들면 석기, 청동기, 율령, 소경, 골품제, 호족, 교종, 선종, 6두품, 관료전, 시비법, 우경, 조세, 공물, 요역, 군역, 역법, 독서삼품과, 전탑, 이두, 향찰 등의 용어 등이다.

: ; 유사 개념이나 인물, 사건의 종합 정리

한국사에서도 고구려 왕 중 고국천왕과 고국원왕, 최치원의 시무 10조와 최승로의 시무28조, 신민회와 신간회 등 유사한 것을 비교하면 집중력도 높일 수 있고 양자의 차이도 명확하게 정리할 수 있다. 또한 각 나라별 중앙조직과 지방체제, 군사제도, 토지제도, 분묘제도, 왕에 따른 독자적 연호 등도 종합정리를 해서 외우는 것이 좋다. 다음은 수험생 때 내가 정리한 것 중 예를 든 것이다.

구분	고구려	백제	신라
고대국가 기초	태조(2세기)	고이왕(3세기)	내물왕(4세기)
율령반포	소수림왕	고이왕(? 논란)	법흥왕
불교공인	소수림왕	침류왕	눌지왕
부자세습	고국천왕	근초고왕	눌지왕

::; 시대적 흐름과 인과 관계의 파악

한국사이든 세계사이든 개개의 사건을 맹목적으로 외우는 것보다 커다란 시대적 흐름을 먼저 이해하는 것이 중요하다. 개별적인 사건들을 커다란 시대적 흐름의 맥락 속에서 이해하는 것이 암기 부담을 줄이는 방법이다. 특히 왕조의 교체기에는 전 왕조의 멸망 원인이 무엇인지 파악하고 이것이 신왕조에 어떤 영향을 주었는지, 어떠한 개혁 정책으로 이어졌는지 연계해서 공부해야 한다.

고려시대는 무신란을 계기로 전기와 후기로 구별된다. 고려 전기는 한문과 한문학에 조예가 깊은 문벌귀족들이 지배계급의 주류를 이루었고, 무신란 이후로는 불학무식한 무신들과 권문세가들이 주류를 이루었다. 일단 난이 일어났기 때문에 지배계급이 바뀌었을 것이란 점은 쉽게 예측할 수 있다. 이들의 배경과 성향을 비교하면서 정리한다. 무신란 이후 무식한 무신들이 지배계급을 차지하게 되면서 당연히 한문학이 쇠퇴하고 다른 갈래가 등장하게 된다는 것도 예측할 수 있다. 먼저 지배계급의 권위가 땅에 떨어지면서 민중들 가운데 구전되어 온 속요들이 지배계급에 의해 받아들여질 수밖에 없고, 한문에 대한 조예가 깊은 신흥사대부들이 등장하면서 경기체가라는 양식이 새로 등장하게 된다. 또한 신진사대부들의 사상적 토대가 성리학이기 때문에 사대부들을 주축으로 조선왕조가 개창되면서 불교를 억압하게 되고, 사찰이 소유한 거대한 토지를 몰수해서 토지개혁을 실시하게 된다는 것도 이해가 된다.

조선시대도 임진왜란과 두 번에 걸친 호란을 기점으로 중대한 변화를 초래하게 된다. 일단 두 전쟁을 통해 경제력이 급격히 쇠퇴하면서 자구책으로 그동안 정부가 규제했던 이앙법이 민간 사이에 급속하게 번져 나가게 되고, 땅에 떨어진 지배계급의 권위에 대비해서 경영형 부농층이 성장하면서 조선을 지배하던 신분질서가 급격하게 동요하게 된다.

또한 사건과 사건을 별개로 외우는 것보다 어떤 사건이 원인이 되어 어떤 결과를 초래했고, 그 결과가 원인이 되어 다시 어떤 결과를 초래했는지 인과관계의 연쇄를 이해하면서 공부해야 암기하기가 쉽다.

한국사에서 조선 후기 사회의 변동은 출제가 많이 되는 주요 주제이다. 그런데 일련의 사건들을 일일이 외울 필요가 없다. 이앙법

하나만 알면 여기서 파생되는 내용을 얼마든지 이해를 통해 정리할 수 있다. 먼저 이앙법이 무엇을 의미하는지 알아야 한다. 국어 공부를 할 때만 국어사전을 찾아볼 것이 아니라, 다른 과목을 공부할 때도 모르는 단어가 나오면 국어사전을 찾아보는 것을 습관화해야 한다. 이앙법이란 벼의 모를 모판에서 길러 나중에 논에다 옮겨 심는 농사법을 말한다. 모를 모판에서 내어 논에다 옮겨 심는다는 뜻에서 모내기법이라고도 한다. 이와 대조적으로 볍씨를 직접 논에 뿌리는 농사법은 직파법이라고 한다. 논에다 볍씨를 직접 파종한다는 의미이다.

그러나 단순히 단어의 뜻만 안다고 문제가 해결되는 것은 아니다. 왜 이앙법이 직파법에 비해 유리한 농법인가를 이해해야 한다. 직파법은 무질서하게 볍씨가 뿌려지기 때문에 나중에 벼가 성장한 후 잡초를 뽑기 위해 김매기를 할 때 지나다니기가 어렵다. 이에 반해 이앙법은 모를 옮겨 심을 때 줄에 맞춰 일정하게 심기 때문에 통로가 확보되어 통풍에 유리하고 김매기할 때 지나다니기도 수월하다. 따라서 김매기를 할 때 노동력이 절감되는 효과가 있다. 그렇다면 이제 전에는 같은 면적의 논농사를 짓기 위해 4명이 필요했다면 이제는 1명만 있으면 되는 것이다. 결국 한 사람이 지을 수 있는 면적이 늘어나게 되는데 이를 넓은 땅을 경작한다는 의미인 광작(廣作)이라고 한다.

또한 이앙법은 이모작을 가능하게 한다. 벼농사는 대략 5월경에 시작하게 되는데 보리는 이 무렵까지 자라게 된다. 따라서 직파법에 의하면 벼를 심기 전에 보리농사를 지을 수가 없다. 논에 보리가 아직 그대로 있기 때문이다. 그러나 이앙법에 의하면 보리가 자라는 5월까지 모판에서 벼를 키우고, 보리를 수확한 후에 논에 옮겨 심기 때문에 보리농사와 벼농사의 이모작이 가능하게 되는 것이다. 이는 다시 두 가지 현상을 초래한다. 광작이나 이모작을 통해 지주나 일부 소작농은 종전에 비해 많은 수확을 거두게 됨으로써 경영형 부농으로 성장하는 한편, 종전의 대다수 소작농은 농사를 지을 땅을 상실함에 따라 도시로 이주하여 상공업이나 수공업, 광업에 종사하게 되는 것이다. 경영형 부농층은 축적된 부를 바탕으로 신분상승을 꾀하게 됨으로써 조선 사회를 지탱하던 신분제가 붕괴되는 결과를 초래하게 된다. 한편, 다수의 빈농들이 도시로 모여들어 상공업에 종사하게 됨으로써 관영수공업의 사장(私匠)화, 민간수공업의 발달, 난전의 증가 등이 초래되는 것이다.

　이런 일련의 사건들의 원인인 이앙법 하나만 제대로 이해하면 나머지는 인과관계를 통해 굳이 외우지 않아도 자연스럽게 끌어낼 수 있게 된다. 다만 요약집만 갖고는 이앙법의 의미와 영향을 알 수가 없다. 따라서 이를 제대로 알려면 배경에 관해 상세히 설명하고 있는 교재를 택해야 한다. 공부를 못하는 수험생은 단순히 양만을 줄이려 노력하고, 공부를 잘하는 학생들은 다소 분량이 많더라도 충실한 교재로 공부를 한다. 양이 많다고 암기 분량이 늘어난다고 생각하면 오산이다. 양이 많아 보이지만 충실한 배경지식을 설명함으로써 이해가 가능하게 되고, 그러면 오히려 암기할 분량이 줄어들게 된다.

2020년 한국사 수능 문제를 보자.

---

12. (가), (나) 시기 사이에 있었던 사실로 옳은 것은?

> (가) 러·일 전쟁을 일으킨 일본은 전략상 필요한 지역을 임의로 사용할 수 있다는 내용의 한·일 의정서를 강제로 체결하였다.
> (나) 고종이 강제 퇴위당하고 군대가 해산된 후 의병들이 13도창의군을 결성하여 서울 진공 작전을 감행하였다.

① 동학 농민군이 전주성을 점령하였다.
② 대한 제국이 외교권을 빼앗겼다.
③ 홍경래의 난이 발발하였다.
④ 노비안검법이 시행되었다.
⑤ 훈련도감이 설치되었다.

정답은 ②번이다. 먼저 한일 의정서 체결이라는 사건을 둘러싼 일련의 사건들의 연계를 보자. 이 사건의 원인은 청일전쟁의 결과 벌어진 러시아, 독일, 프랑스의 삼국간섭에 기인한다. 삼국간섭의 성공으로 러시아의 힘을 확인한 민비 세력이 러시아에 접근하고 친일 내각이 사실상 붕괴되면서 형세를 만회하기 위해 일본은 을미사변 (1895년)을 일으킨다. 이 사건으로 민비는 살해되고 고종은 사실상 감금되었다. 이어 단발령이 시행되었고, 이에 반발한 유생들이 을미 의병을 일으키자, 의병 진압을 위해 일본 군대가 지방으로 분산되

자 궁궐 경비가 허술해지게 되었고, 이 틈을 타 고종이 러시아 공사관으로 피신하는 아관파천(1896년 6월)이 일어나게 된다. 아관파천으로 친일내각이 다시 붕괴되고 이를 기회로 대한제국이 선포된다(1897년 10월 12일). 대한제국은 땅에 떨어진 왕실의 권위를 회복하기 위한 필요에서 광무개혁을 실시하게 되고 나름의 성과를 거두기도 했다.

이처럼 러시아의 만주 점령이 계속되고 러시아의 한반도에 대한 영향력이 커지게 되자 러시아의 남하를 저지하는 데 이해관계가 일치하는 영국과 일본이 1차 영일동맹을 체결(1902년)하게 된다. 결국 러일전쟁이 발발하게 되고 전쟁 비용 총 19억 8,400만 엔 중 12억 엔을 부담한 미국과 영국의 도움으로 일본이 전쟁에 승리하게 된다. 우리가 러일전쟁에 끼어들 이유가 없으므로 대한제국은 국외중립을 선포(1904년 1월 21일)했지만, 일본은 이를 무시하고 한국에 군대를 출동시키는 한편 한일의정서 체결(1904년 2월 23일)을 강요하였다. 미국은 가쓰라-태프트 밀약(1905년 7월 29일)을 맺어 한반도에서의 일본의 우월적 지위를 인정하였다. 러일 전쟁이 끝나고 포츠머스조약이 체결된다(1905년 9월 5일). 일본은 을사늑약을 체결(1905년 11월 17일)함으로써 대한제국의 외교권을 박탈하였다. 이에 대한 대응으로 고종은 헤이그 만국평화회의에 이상설 등을 파견하여 부당함을 알렸지만, 오히려 일본의 강요에 의해 고종의 퇴위(1907년 7월 20일)를 가져왔고 을사의병 전쟁이 전개되었다. 순종이 즉위하자 정미7조약의 체결(1907년 7월 24일)을 강요했고, 대한제국의 군대를 해산(1907년 8월)했다. 해산된 군대가 의병에 합류(정미의병)하면서 1907년 12월 13도창의군을 결성하고 서울진공작전을 개시했지만 실패하고, 결국 1910년 8월 29일 대한민국은 일본의 식민지로 전락하고 말았다.

여기까지가 제시문에 나와 있는 사건의 인과관계이다. 즉, 러시아의 삼국간섭이 원인이 되어 조선에 친러내각이 수립되고, 이에 대한 일본의 대응으로 을미사변이 발생하고, 그에 대한 조선의 대응으로 아관파천이 단행되어 친러내각이 수립되고, 그에 대한 일본의 대응으로 러일전쟁이 발발하게 되고… 이렇게 사건을 개별적으로 다루지 않고 일련의 사건들의 작용과 반작용, 원인과 결과로 연결하면 사건들이 일어난 흐름을 자연스럽게 정리할 수 있다.

선지 ①과 관련된 일련의 사건들을 정리해 보면 다음과 같다. 1894년 1월 9일 갑오농민전쟁의 도화선인 고부민란이 일어나고, 무장에서 재차 봉기한 농민군이 전주에 입성(1894년 3월)했다. 이에 대한 정부의 대응은 두 가지로 전주화약 10일 전에 청국과 원병 교섭을 벌이는 한편, 농민군과 전주화약(1894년 5월 8일)을 체결하여 집강소가 설치됐다. 6월에 청나라가 군대를 파병하자 일본도 텐진조약에 근거하여 동시에 조선에 파병했다. 일본은 6월 23일 청일전쟁을 도발하여 승리한 후 조선에 내정간섭을 하자 농민군이 재차 봉기했지만(1894년 10월 12일), 공주 우금치 전투에서 패함으로써 실패로 끝났다(1894년 11월 10일). 한편, 일본은 전주협약 이후 소강 상태를 이용해 경복궁으로 쳐들어가 고종을 포로로 만든 상황에서 일본이 요구하는 개혁안을 통과시켰는데 이것이 갑오개혁(1894년 7월~1896년 2월)이다.

---

13. 다음 사건의 배경으로 가장 적절한 것은? [3점]

> 왕은 일본에 의해 볼모가 되어 갇혀 있었다. … 물밑에선 은밀한 계획이 진행되고 있었는데, 충직한 신하들이 왕을 구출하기로 결심한 것이었다. … 이에 왕과 세자는 궁을 벗어날 수 있었고, 한 시간 뒤 전 세계는 아래와 같은 전보를 접하게 되었다.
>
> "조선왕이 궁궐에서 탈출하여
> 러시아 공사관에 머무르고 있다."
>
> - 제임스 게일, 「조선, 그 마지막 10년의 기록」 -

① 을미사변이 발생하였다.
② 자유시 참변이 일어났다.
③ 대한국 국제가 반포되었다.
④ 만민 공동회가 개최되었다.
⑤ 헤이그 특사가 파견되었다.

정답은 ①번이다. 선지 ②와 관련된 일련의 사건을 정리하면 다음과 같다. 1919년 3·1 운동의 성과로 청년들이 만주와 연해주로 망명하여 독립군에 참여하였다. 독립군은 압록강과 두만강을 건너 국내로 진입하여 식민 통치기관을 습격하였다. 1920년에 의병장 출신

홍범도가 이끄는 대한독립군이 국경을 넘어 일본군을 기습하자, 일본군은 1920년 6월에 토벌군을 파병했는데 봉오동 야산에 매복한 홍범도 군대가 기습공격을 함으로써 큰 승리를 거두었다. 이를 봉오동 전투라고 한다. 이후 홍범도 군대는 일본군과 정면으로 맞서는 것을 피하고자 백두산 서쪽으로 이동했는데, 일본군이 추격해 오자 김좌진이 이끄는 북로군정서군과 홍범도의 연합군은 1920년 10월 청산리에서 큰 승리를 거두었다. 이를 청산리 대첩이라고 한다. 그에 대한 보복으로 일제는 간도참변을 저질러 한인사회를 파괴하고 대학살을 저질러서 독립군의 기반을 무너뜨렸다. 이에 독립군은 소련 땅인 자유시(스보보드니)로 이동하였는데, 지휘 문제로 갈등이 생겼고 상호 간의 전투로 독립군이 많은 희생을 입었는데, 이를 자유시 사변(1921년)이라고 한다.

이해와 논리적 사고를 활용하는 방법

이해와 논리적 사고를 통해 공부를 하면 최소한의 기초 지식으로 많은 것을 암기하지 않고도 유추할 수 있어 암기의 효율성을 높일 수 있다. 인과관계를 활용한 공부란 어떤 사건이 원인이 되어 어떤 과정을 거쳐 어떤 결과를 초래했는지를 연계해서 공부하는 것이다. 인과관계를 연결하면 원인만 제대로 알아도 결과를 어느 정도 유추할 수 있다. 사례를 통해 확인해 보자.

다음은 2019년 수능 한국사 문제이다.

문화유산 조사 보고서

연천 전곡리 유적

○학년 ○반 ○모둠

1. 분류: 사적 제268호

2. 소재지: 경기도 연천군 전곡읍

3. 조사 내용

유적 설명	출토 유물
1978년 처음 발견된 이래 여러 차례에 걸친 발굴 조사 결과, (가) 시대의 대표적인 유물인 주먹도끼, 찍개, 긁개 등의 뗀석기가 출토되었다. 이러한 유물을 통해 사냥과 채집을 했던 당시 생활 모습을 파악할 수 있다.	 주먹도끼

1. (가) 시대의 생활 모습으로 옳은 것은?

　① 고인돌을 축조하였다.
　② 민무늬 토기를 사용하였다.
　③ 비파형 동검을 제작하였다.
　④ 철제 농기구로 농사를 지었다.
　⑤ 주로 동굴이나 막집에서 살았다.

정답은 ⑤이다.

위 문제를 풀기 위해서는 먼저 (가) 시대가 어떤 시대인지 알아야 한다. 주먹도끼가 구석기 문물이라는 것을 알고 있다면 문제 풀이 시간을 단축할 수 있다. 그래서 공부를 할 때 이해 위주로 공부하되 최종적으로는 암기가 되어 있어야 한다. 암기가 되어 있지 않다면 유추를 해야 한다. 유적 설명에 '사냥과 채집'이라는 단서가 있긴 하지만, 신석기 시대에 농경이 시작되긴 했지만 여전히 사냥과 채집이 주된 경제 활동이었기 때문에 '사냥과 채집'이라는 단서만으로 구석기 시대라고 단정할 수는 없다. 실마리는 출토 유물 사진에서 찾을 수 있다. 모양을 볼 때 갈아서 만든 간석기가 아니라, 투박한 게 깬석기임을 알 수 있다. 따라서 (가) 시대는 구석기 시대라는 것을 알 수 있다.

① 고인돌이 무언지 전혀 모르면 넘어가야 한다. 그러나 고인돌이 대단히 큰 돌무덤이라는 것을 알면 이는 지배계급이 분화된 청동기 시대의 유물이라는 것은 외우지 않아도 유추할 수 있다. 고인돌은 무게가 수십 톤에서 가장 큰 것은 전라북도 고창군에 있는 300톤까지로, 이렇게 큰 돌을 옮기려면 많은 사람들을 동원할 수 있는 권력이 있어야 하는 것이다. 그래서 계급 분화가 이루어지지 않은 석기 시대의 유물이 될 수는 없다.

② 토기는 곡식 등을 저장하기 위한 도구이다. 따라서 사냥과 나무열매 채집이 경제 활동의 전부였던 구석기 시대의 유물일 수는 없다. 물론 여기서도 구석기 시대의 경제 기반이 사냥과 채집이라는 사실은 알고 있어야 한다. 사냥과 채집 경제 시대에는 잉여 자원이 없기 때문에 저장 도구도 있을 필요가 없다.

따라서 토기는 농경이 시작된 신석기 시대의 산물이라는 것을 알 수 있다.

③ '동'검이라는 말에서 청동기 시대의 유물이라는 것을 바로 알 수 있다.

④ '철제' 농기구라는 말에서 철기 시대의 유물이라는 사실을 알 수 있다.

⑤ 주거 형태에서 신석기 시대는 농경이 시작되었으므로 평지에 거주했을 거라는 사실을 추론할 수 있다. 따라서 동굴이나 막집은 그 전 시대인 구석기 시대의 산물임을 유추할 수 있다.

이처럼 최소한의 암기는 필요하지만, 나머지는 이해를 통해 끌어냄으로써 암기 분량을 줄이는 것이 효율적인 암기법이다.

삼봉 공부법

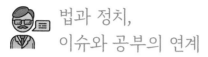

법과 정치,
이슈와 공부의 연계

: ; **과목의 구성**

법과 정치는 대학으로 치면 법학 개론과 정치학에 관한 내용으로 구성되어 있다. 법에 관한 부분은 헌법에 관한 내용이 대부분이고 개인 생활에 관한 민법, 사회생활과 관련된 형법과 사회법, 국제법에 관한 내용으로 구성되어 있다. 정치는 정치의 개념과 정치 참여, 국제정치에 관한 내용 등으로 되어 있는데 법에 비해 차지하는 양이 많지 않다. 법과 정치이지만 주로 법에 관한 내용이 주된 것이라고 할 수 있다.

: ; **과목의 특성**

개념 정의가 가장 중요한 분야

모든 학문이나 과목의 기초가 개념을 둘러싼 논쟁에서 시작되기 때문에 개념의 중요성은 같지만, 상대적으로 법 과목은 개념의 엄밀한 정의를 가장 중시하는 과목이라고 할 수 있다. 수능은 객관식이긴 하지만, 논술 시험의 경우 개념 정의는 반드시 필요한 요소가 빠져도 안 되고, 불필요한 요소가 추가되어서도 안 될 정도로 정확하게 정의를 내려야 한다. 우리가 논술을 대비하는 것은 아니지만 이런 특성은 객관식 시험을 준비하는 데도 마찬가지로 중시되어야 한다. 특히 법학전문대학원을 진학해서 법조인으로 성장하는 것이 목표인 학생이라면 더더욱 이를 염두에 두어야 한다.

법과 정치에 나오는 주요 개념의 정의는 문장을 통째로 외워야 한다. 이해가 가든 안 가든 일단 입에서 바로 나올 정도로 줄줄 외워 두고 시작하는 것이다. 같은 단어가 다양한 맥락에서 사용되기 때문에 일단 외워 두면 반복하면서 자연히 뜻을 이해하게 된다.

법의 목적은 오로지 국민의 권리침해 예방과 권리구제의 확대이다. 나머지는 모두 수단에 해당한다. 따라서 법에 대해 공부할 때 권리와 관련된 쟁점들이 가장 중요하다는 것을 염두에 두고 공부할 필요가 있다.

일상 용어와 다른 뜻

법률 용어에는 단어는 같지만 그 뜻이 국어적 의미와 달리 쓰이는 경우가 많다. 이런 단어들이 나올 때는 국어적 의미의 편견을 갖고 대할 것이 아니라 법률 용어의 전문적인 뜻을 그대로 받아들이려는 마음가짐이 필요하다. 예를 들어 '소극적 자유'와 '적극적 자유'

라는 단어가 나왔을 때 그 의미는 국어적 의미와는 전혀 다른 의미로 사용된다. 표준국어대사전에서 소극적이란 '스스로 앞으로 나아가거나 상황을 개선하려는 기백이 부족하고 비활동적인. 또는 그런 것', 적극적이란 '대상에 대한 태도가 긍정적이고 능동적인. 또는 그런 것'이란 의미이다. 그러나 법률 용어로서 사용될 때 소극적이란 '침해(방해)배제'의 의미로 사용된다. 즉, 소극적 자유란 적극적으로 일정한 행위를 요구하는 것이 아니라 소극적으로 내가 갖고 있는 자유나 재산을 침해하지 않도록 요구할 수 있는 자유를 말하는 것이다. 법률 용어로서 사용되는 용어를 정리하면 다음과 같다.

소극적	적극적
① 권력분립: 소극적으로 자유와 권리의 침해를 예방하기 위한 원리 ② 평등권(평등원칙): 소극적 차별금지이지 적극적 평등대우(이행청구권)가 아님 ③ 자유권: 개인이 위법한 행정작용에 의해 자신의 자유를 침해당하지 않을 권리로서 소극적 공권. 침해(방해)배제청구권	사회권: 국가 등 행정주체에 대해 적극적으로 자신의 이익을 위해 일정한 행위를 요구(청구, 신청)할 수 있는 권리로서 적극적 공권 cf) 참정권: 능동적 공권

국어적 의미로 진짜와 가짜에 대응하는 법률 용어로는 실질적·형식적이라는 용어를 쓰는 것이 일반적이다. 예를 들어 진정한 법치주의를 지칭할 때 '실질적 법치주의', 변질된 법치주의로서 진정한 의미의 법치주의가 아닌 것은 '형식적 법치주의'라고 표현한다. 진정한 법치주의는 국민의 준법을 강조하는 것이 아니라 권력 기관에

대한 통제를 강화함으로써 권리 침해를 미리 예방하고 현실적으로 권리 침해가 발생했을 때 권리 구제를 넓게 인정하는 것을 말한다. 그러나 형식적 법치주의는 권력 기관이 아니라 국민의 준법만 강조하고 권리구제를 축소 내지 부정하는 사이비 법치주의를 말한다. 한편, 가짜에 대응하는 용어로 '외견적'이라는 단어가 사용되기도 한다. 실질은 절대군주정이지만 겉으로만 입헌군주정을 표방하는 가짜 입헌군주정을 '외견적(外見的) 입헌군주정'이라고 한다.

개념의 엄밀한 분화

먼저 국어적으로 동의어로 구별 없이 사용하는 용어를 법률 용어로 사용할 때는 엄밀하게 구별한다는 점을 염두에 두어야 한다. 일상적인 대화에서는 '권리'나 '권한'을 거의 구별하지 않는데, 법률 용어로서는 엄밀하게 다른 개념으로 구별해서 쓴다.

① 권리: 직접 자기를 위해 일정한 이익을 주장할 수 있는 법적인 힘(권리법력설, 다수설) 또는 법에 의해 보호되는 이익. 예 소유권, 물권, 채권, 저당권 등
② 권능: 권리를 구성하는 개개의 법적 힘. 예 소유권이라는 권리는 사용권·수익권·처분권이라는 세 개의 권능으로 구성
③ 권한: 타인을 위해 그 자에 대해 일정한 법률효과를 발생케 하는 행위를 할 수 있는 법률상의 지위 또는 자격. 예 대리권, 대통령의 비상계엄선포권, 대통령의 공무원임용권, 국회의 조약체결비준권 등
④ 권원: 어떤 법률행위 또는 사실행위를 하는 것을 정당화하는 법적 원인

둘째, 개념의 뜻을 넓은 의미와 좁은 의미로 구별하는 경우가 많

다. 법 과목과 사회과학의 일종인 정치학과의 차이를 예로 들어보자. '정치'라는 단어에 좁은 의미와 넓은 의미가 있다. 좁은 의미의 정치는 '국가와 관련된 일을 하는 활동' 또는 '정치권력을 획득·유지·행사하면서 이루어지는 정책 결정과 사회 질서 확립 과정'이라는 의미이다. 넓은 의미의 정치는 '개인이나 집단 간 이해관계의 대립이나 갈등을 조정·해결하는 과정' 또는 '권력·명예 등 사회적 희소가치를 권위적으로 배분하는 과정'이라는 의미이다. 그런데 넓은 의미의 정치가 보편적으로 사용되는 의미이다. 이처럼 사회과학에서는 넓은 의미로 사용되는 경우가 많은데, 법률 용어는 대부분 가장 좁은 의미로 사용되는 경우가 많다.

유사 개념과의 구별

유사 개념과의 구별의 중요성은 다른 과목에서 누차 강조한 바 있다. 법과 정치도 마찬가지이다. 고대 그리스 민회와 평의회, 합법성과 정당성, 국제사회에 대한 현실주의와 자유주의, 상소·항소·상고·항고·재항고, 국민투표와 주민투표, 주민소환투표, 국가로부터의 자유와 국가에의 자유와 국가에 의한 자유, 형식적 평등과 실질적 평등, 형식적 법치주의와 실질적 법치주의, 법의 지배와 법에 의한 지배, 영국·프랑스·미국의 인권사, 사회계약론자들의 주장, 토마스 홉스(만인의 만인에 대한 투쟁, 군주주권론, 모든 자연권의 양도), 로크(저항권, 생명·자유·재산, 국민주권론), 루소(일반의지, 국민주권론, 주권의 불가

양도성), 로크와 몽테스키외의 권력분립론, 대통령제와 의원내각제, 직접민주제와 간접민주제, 일당제·양당제·다당제 등에 관해 비교를 함으로써 종합 정리를 할 필요가 있다.

시사 문제와 가장 밀접한 관련

법과 정치에서 배우는 내용과 관련된 기사가 나오지 않는 날은 없다고 할 정도로 법과 정치는 시사적인 문제와 가장 밀접한 관련이 있는 과목이다. 2020년 4월 15일에 실시되는 국회의원 총선거를 앞두고 얼마 전 우여곡절 끝에 공직선거법이 개정되었다. 이 기사를 보고 소선거구제, 중선거구제, 대선거구제 등 선거구제에 관한 내용을 읽어 보면 집중이 저절로 되면서 머리에 쏙 들어오게 돼 있다. 또한 비례대표와 지역구대표의 숫자를 둘러싼 협상 과정을 보면서 다수대표제, 소수대표제, 비례대표제의 장단점을 찾아서 공부를 하는 것이다. 어느 정당이 비례대표 의원정수 확대에 찬성하는지 반대하는지와 연계하면 장단점에 대한 이해가 쉬울 것이다. 거대정당인 더불어민주당과 자유한국당(현 미래통합당)이 반대하고, 정의당을 포함한 소수 정당이 비례대표 의원정수의 확대와 그 배분 방식에서 연동형에 찬성하는 것을 보면, 비례대표제가 소수 정당에 유리하다는 것을 자연스럽게 이해할 수 있다.

공직선거법이 개정됐지만, 이제 더 중요한 문제가 남았다. 바로 선거구 획정 문제이다. 어떤 선거구를 없애고, 어떤 선거구를 늘릴지는 각 당만이 아니라 총선에 출마하고자 하는 후보들 모두에게 사활이 걸린 문제이다. 이와 관련해서 게리맨더링이란 용어도 찾아보고, 투표 가치의 평등에 대한 헌법재판소의 결정을 확인하는 것이다.

한편, 2020년 총선을 앞두고 정당들의 이합집산과 신생 정당의 출현, 비례자유한국당(현 미래한국당)이라는 편법적인 수단의 정당 창당 등이 보도된 바 있다. 이와 관련해서 정당제도의 의의와 기능, 정당제의 유형, 우리나라 정당 제도의 문제점 등을 비교해서 정리할 수 있다.

최근 눈이 내리지 않아 건조한 상태에서 화재가 자주 발생하고 있는데, 이와 관련해서 어떻게 권리구제를 도모할 것인지 법원이나 헌법재판소의 권한에 대해 확인해 보고, 권리 침해 시 구제수단에 관한 부분을 찾아서 발췌독하면서 정리를 해보면 된다.

이런 시사적인 사건은 주로 신문이나 방송을 통해 접하게 되는데, 방송은 시간 제한 때문에 심층적인 사건의 배경을 설명하지 못한다. 그래서 방송보다는 신문이 더 좋다. 신문을 읽을 때는 사건의 내용만 소개하는 기사보다는 사건의 배경에 대한 해설 기사, 칼럼, 사설을 읽는 것이 도움이 된다. 가능하면 주간지까지 구입해서 읽어 보는 것이 더 좋다. 스마트폰을 통해 공짜로 기사를 읽을 수 있는 것이 현실이지만, 가능하면 구독해서 읽는 것이 더 좋고 양심적인 일이다. 공짜 기사에 길들여지면 결국 좋은 언론사가 존립할 수 없게 되고, 쓰레기 언론과 '기레기'들로 가득 찬 언론 환경이 만들어질 수밖에 없다. 그래서 나도 일간 신문과 주간지를 정기적으로 구독해서 읽고 있다.

내 아들도 초등학교 때 사회 성적이 40점대였는데, 초등학교 6학년 2학기부터 주식 투자를 하면서 뉴스도 보게 되고, TV 토론도 보면서 시사 문제에 관심을 갖게 된 후 중학교에 들어가서 서술형 문제를 포함해 100점을 받은 바 있다. 시사 문제에 관심을 갖게 되면 사회 과목에 대한 공부를 해야 한다는 동기 부여가 되면서 성적으로 연결되는 것이다.

한편, 세계적인 위인들도 신문기사를 필수적으로 읽는다는 사실을 참고할 필요가 있다. 존 피츠제럴드 케네디 미국 대통령의 어머니 로즈 여사는 식사시간에 《뉴욕 타임즈》의 기사에 대해 토론을 시켰다. 이 영향으로 케네디는 열다섯 살부터 《뉴욕 타임즈》를 정기 구독했다. 힐러리 클린턴도 고등학교 때부터 꾸준히 신문을 읽었다. 투자의 귀재라 불리는 워런 버핏도 열 살 때 공공도서관을 찾아 투자 관련 책을 모조리 읽었고, 열한 살에는 주식 투자를 하면서 경제 신문을 읽었다. 특히 지금도 경제 신문인 《월스트리트 저널》, 《파이낸셜 타임스》, 종합지 《워싱턴 타임스》, 《뉴욕 타임스》 등은 매일 꼼꼼하게 챙겨 본다고 한다.[67]

---

67) 최효찬, 앞의 책, 115쪽.

공부할 때도 자존감은 중요하다

○ 자아와 자아정체감

자아개념이란 자신의 특성, 즉 외모, 행동 성향, 정서 능력, 흥미 등에 대해 느끼는 생각이나 신념이라고 정의할 수 있다.[68] 자아정체감(Ego-identity)은 에릭슨에 의해 특히 강조된 개념으로 나는 어떤 사람이라는 것에 대한 인식으로서 개인이 지각하는 자기와 한 개인에 대한 타인의 지각과 기대를 반영한 것이다.[69]

○ 자아개념과 학업성취도의 관계

퍼키(Purkey)는 학업 성적이 우수한 학생들은 자아개념이 긍정적이어서 자기 자신을 가치 있고 바람직하고 유능한 사람으로 지각하는 데에 반해서, 학업 성적이 좋지 않은 학생들은 한결같이 자아개념이 부정적이며 자신감이 부족하고 자기를 비하하고 열등 감에 사로잡혀 있을 뿐만 아니라, 타인이 자기를 승인하지 않는다는 지각을 하고 있다고 결론 내렸다.[70] 부정적 자아 개념이 심하면 무력감을 학습하게 된다. 이를 '학습된 무기력' 또는 '학습된 무력감'이라고 한다.[71]

여기서 긍정적 자아개념은 긍정적 자아존중감과 자기효능감을 포함하고 있음을 알 수 있다.

---

68) 김진경·이순형, 『유아발달』, KNOUPRESS, 2017, 244쪽.
69) 장미경·정태연·김근영, 『발달심리』, KNOUPRESS, 2017, 230쪽.
70) 이성진·박성수 공저, 앞의 책, 108쪽.
71) 조화태·김계현·전용오 공저, 앞의 책, 152쪽.

○ 자아존중감

표준국어대사전에 따르면 자존심은 '남에게 굽히지 아니하고 자신의 품위를 스스로 지키는 마음'을 말한다. 용어도 시대에 따라 유행 정도가 다른데 요즘에는 심리학 용어로 '자아존중감' 또는 줄여서 '자존감'이라는 용어가 많이 사용되고 있다. 심리학 용어로서의 자아존중감은 주로 능력에 관한 긍정적 평가라는 의미로 사용되기 때문에 자신감이나 자기효능감과의 구별이 명확하지 않은 편이다. 그러나 논리적으로나 개념적으로나 자아존중감은 자신의 '가치'에 대한 것으로 사용하고 자기효능감은 자신의 '능력'에 대한 것으로 구별해서 사용하여, 이 둘이 자신감을 형성하는 요인이라고 이해하는 것이 타당하다. 즉, 자신감은 자신의 '가치'나 '능력'에 대한 믿음 내지는 신뢰를 말한다.

쿠퍼스미스(Coopersmith)는 개인이 자기 자신에 대하여 형성하고 유지하는 평가 또는 가치판단을 자아존중감이라 하였다. 데이먼과 하트(Damon & Hart)는 자신의 가치나 능력을 긍정적으로 받아들이는 사람은 대체로 자아존중감이 높으며, 부정적으로 받아들이는 사람은 대체로 자아존중감이 낮다고 하였다. 이를 토대로 정리해보면, 자아존중감이란 자기 자신에 대해 유능하다고 지각하며 자신에게 긍정적인 가치를 두고 평가하는 신념으로 정의할 수 있다.[72]

자아존중감은 심리적 건강·자신감·사회참여·리더십·학교생활 적응·직업 적응 등에 긍정적인 영향을 미친다.[73] 비(Bee)에 따르면 높은 자아존중감을 가지기 위해서는 능력감이나 성취감, 유아가 중요하게 여기는 다른 사람의 긍정적인 평가 등이 중요한 역할을 한다.[74] 부모의 관심과 수용, 애정표현, 자녀의 자유로운 의사표현의 존중, 의사결정 과정에 대한 참여 등도 긍정적인 자아존중감을 형성하는 데 중요한 요소이다.[75]

---

72) 김진경·이순형 공저, 앞의 책, 245쪽.
73) 조화태·김계현·전용오 공저, 앞의 책, 152쪽.
74) 김진경·이순형 공저, 앞의 책, 252쪽.
75) 조화태·김계현·전용오 공저, 앞의 책, 152-153쪽.

○ 자신감과 자기효능감

자신감은 자기 자신에 대한 신뢰감을 말한다. 그 신뢰의 대상이 자신의 능력일 경우 특히 '자기효능감'이라고 표현한다. 자기효능감은 반두라에 의해 제시된 개념인데 그는 "개인이 어떤 결과를 산출하기 위해 요구되는 행동을 성공적으로 수행할 수 있다는 개인의 신념"이라고 정의하였다. 즉, 자기효능감은 자신의 능력에 대한 스스로의 믿음을 말한다.[76]

높은 자기효능감은 긍정적인 자아개념을 촉진하고, 지속적으로 과제지향적 노력을 하여 높은 성취 수준에 도달하게 하지만 낮은 자기효능감은 부정적인 자아개념을 갖게 하여 자신감이 결여되고 성취지향적 행동을 위축시킨다. 즉, 자기효능감이 높은 것은 긍정적인 자아존중감 형성의 기초가 된다고 할 수 있다.[77]

---

76) 송인섭, 앞의 책, 49쪽.
77) 김진경·이순형 공저, 앞의 책, 246쪽.

참고 문헌

■ 고성환, 『언어와 생활』, KNOUPRESS, 2017.

■ 김경태, 『일년만 닥치고 독서』, 미다스북스, 2018.

■ 김상운, 『1등의 기술』, 랜덤하우스코리아, 2007.

■ 김진경·이순형, 『유아발달』, KNOUPRESS, 2017.

■ 노구치 유키오, 김용운 역, 『초학습법』, 중앙일보사, 1996.

■ 리타 앳킨슨, 홍대식 역, 『심리학개론』, 박영사, 1992.

■ 박석무, 『풀어쓰는 다산이야기』, 문학수첩, 2005.

■ 박윤주, 『영어 교수법』, KNOUPRESS, 2019.

■ 송인강, 『지금 당장 자기주도학습을 시작하라 만점공부법 특별판』, 행복
   한나무, 2010.

■ 송인섭, 『현장적용을 위한 자기주도학습』, 학지사, 2006.

■ 순자, 김학주 옮김, 『순자』, 을유문화사, 2017.

■ 신정근, 『맹자와 장자 - 희망을 세우고 변신을 꿈꾸다 성정의 세계를 대
   표하는 두 거장의 이야기』, 사람의무늬, 2014.

■ 이성진·박성수 공저 『교육심리학』, KNOUPRESS, 2018.

■ 이수원 외,『심리학 - 인간의 이해』, 정민사, 1993.

■ 이승헌,『뇌교육 원론』, 국제뇌교육종합대학원출판부, 2010.

■ 이원호,『조선시대 교육의 연구』, 문음사, 2002.

■ 이이, 이민수 옮김,『격몽요결』, 을유문화사, 2008.

■ 이익섭·고성환,『국어학개론』, KNOUPRESS, 2017.

■ 장미경·정태연·김근영,『발달심리』, KNOUPRESS, 2017.

■ 전국국어교사모임,『문학시간에 옛글 읽기』, 나라말, 2009.

■ 정갑수,『BRAIN SCIENCE』, 열린과학, 2009.

■ 정민,『다산선생 지식경영법』, 김영사, 2010.

■ 조화태, 박종배,『교육사』, KNOUPRESS, 2017.

■ 조화태·김계현·전용오 공저『인간과 교육』, KNOUPRESS, 2018.

■ 최효찬,『세계 명문가의 독서교육』, 바다, 2010.

■ 하혜숙·강지현,『심리학에게 묻다』, KNOUPRESS, 2018.

■ 헨리 뢰디거 외, 김아영 옮김,『어떻게 공부할 것인가』, 와이즈베리, 2014.